FROM QUESTIONS TO SUGGESTIONS

A HANDBOOK OF EDUCATIONAL RESEARCH FOR SCHOOL TEACHERS

➤ 教师成长，从微研究开始

➤ 面向一线教师、基于实践的教研指南

从问题到建议

——中小学教育研究行动指南

张　丰㊢

教育科学出版社
·北　京·

序 言

旨归研修策划的岗位使命

顾泠沅*

我与本书作者相识于2001年。当年他是浙江省台州市教科所的副所长，他当时写了一本关于中小学教育科研方法的书。全书始于实践立意，继而探寻框架，读后很佩服这位青年学者的钻研精神与毅力。2002年他调任台州市教研室主任，2006年调入浙江省教育厅教研室。那段时间，我受邀主持教育部“创建以校为本教研制度建设基地”的全国项目，本书作者是该项目的“铁杆”战将。我欣赏他的努力。他是一位研修策划的高手，在策动、指导、评价等方面，均有自己独到的见地与运作才能。

由科研转向教研，这是一段颇有个性的履历。教研崇尚务本与求实，科研讲究理性与方法；教研在我国有半个多世纪的积淀，堪称中国基础教育的“国宝”，科研在改革开放时期应运而生，已成创造与突破的“利器”。履历决定成长，岗位蕴含使命。

每个岗位都有自己的藩篱。比如教研与科研曾经划着清晰的界线，不相往来；研究与培训各有所求，敲锣卖糖，各干一行。今天，教育改革已经进入了深水区，发展课程、改进学习、完善评价甚至提升教师素养，已密不可分！藩篱已成瓶颈，隔阂理应打破。本书作者来自基层，在那里工作，上面千条线，下面一根针。正是在这一点上，他敏锐地抓

* 顾泠沅，上海市教育科学研究院原副院长，华东师范大学教授、博士生导师。

住了要害。其一，他赞同现代教研要跳出单纯的学科教学，进入课程视野，关注体系变更，解决实施难题；其二，他努力去推动学生学习方式的变革，坚持为学而教的课堂变革；其三，教研方式已转向数据实证与叙事，兼及理性思辨，凭证据说话，用评价导向；其四，教师专业化的现实途径成为不容忽视的焦点，当今大多用工作历练的方式取代以往的注入式培训是中国校本研修项目的历史成就！

如此深刻的变更，要求我们的不仅是教研与科研的互补，而且还须将“研”与“修”融为一体。本书作者身居教研岗位，以上述多项重要使命为旨归，多年来苦心搜求教师做研究的思路与方法。积其心得，著书以立一家之言，难能可贵。其中值得一提的是，作者把岗位使命作为冲破藩篱的根据，于是“研修策划”便自成鲜亮的工作特征。

第一，问题驱动的策划。教师的研究其实是一种体验。体验往往不能用道理来替代，越是清楚说出的道理越不是道理本身，这叫“道可道，非常道”。只有当它变成问题，变成你切身经历的困惑，或者尽其所能的挣扎，才能真正明白。当然，问题有真假之别，这里说的问题不是那种不是问题的问题、不着边际的问题、不可解决的问题，而是发生在教师身边、经常困扰他们、经过挣扎有望解决的真实问题。例如本书作者提倡的“在整理中思考”，学会整理日常教育生涯中所见、所闻、所思、所议的问题，或作备忘的记载，或作细节叙写以备日后深究，处处留神皆研修。教研员不看对象说问题、讲道理不是好办法，不相信教师越俎代庖更无益，只有让教师卷入其中、津津乐道才有效。这是现场体验学习的总体思路。

第二，行动研究的策划。教师研究的对象理所当然是发生在学校中的真问题，因此这种研究应以学校为基地进行，嵌入日常的教育、教学工作，不忘持续的专业学习与引领。教师研究的主要方法还是行动研究，基本精神还是计划改进与成效反馈之间的螺旋上升。这种方法具备改善行动的独到机制，非常适用于学校教育工作的改进，而且已经成为教师、校长专业发展的重要手段。但是，行动研究方法在确定假说和理论支持力度上明显不足，因此，必须有其他方法的补充或链接。当代的行动研究，正出现从单纯行为的改进向精细实证、融入理性的方向发展。本书作者指出，研究之所以是教师的需要，是因为它有助于教师解决自身的问题。他以浙江某小学为例，针对学校“教”、“研”两张皮的现象，主张研究就是教师“寻招”的实践，由此策划了适合该校的研修活动。

第三，传播共享的策划。教师研究的成果在于物化为教育质量的提升，它不只是体现在文本上，更重要的是书写在学校教育的土地上。上世纪80年代，当时还是教研员的我，曾将社会传播学的特定模式导入教师研究的流程，得出一般传播都要通过信息流、感情流、影响流而起作用。科技成果推广，其受传主要是“劝服”（劝其信服）和决定的过程。教研成果则不同，其受传主要是选择和“内化”的过程，不能强制，要自愿；不是照搬，是内化！我很赞同本书作者简化教师研究形式的主张，丢弃土、洋八股，挤干空话、套话和不想使人明白的话，让研究回归朴素。什么叫“素”，素者不饰，过度包装，实在要不得！我相信本书作者的另一段话：“教师在研究中收获的，未必仅是新的结论，而是自己面对学生时的能力、信心与智慧，以及教师职业生活行走方式的改变。”于是，他不把研究当作个人的事，而当作一个团队、一个地区的大事，在团队与地区中传播共享，这就是第三种研修策划。

粗读作者的这本新作，我感到，问题驱动、行动研究与传播共享，这三种策划似乎已成作者自叙其研修方法的总领与核心。这是别的教育研究工作者不大有的研究视角。这三种策划不是具体的方法，但却是中小学教师研究的方法指引。它凝结了一大群出色的教研工作者的经验精华。这既是往日工作的总结，又是未来改进的模本。本书三种策划的意义正在于此。

推荐这本书，是因为这是基于教育教学实践的教育研究的思考。

于2013年酷热之夏

目录

CONTENTS

第二章 问题的分析

第三章 行动的计划

第四章 研究思路的展开

第五章 研修的策划

第六章 实践的观察

第七章 成果的总结

后 记

案例目录

绪 论

让教师研究返璞归真

推动教师研究的真正意义是让更多的教师以研究的方式改进教育教学，在研究中实现专业发展，倡导“教与研的相融”，“研与修的结合”。

真正的研究是与教育教学工作“无缝衔接”的研究，中小学教育研究的目标已从“关注概念创新”渐渐走向“关注实践改进”。

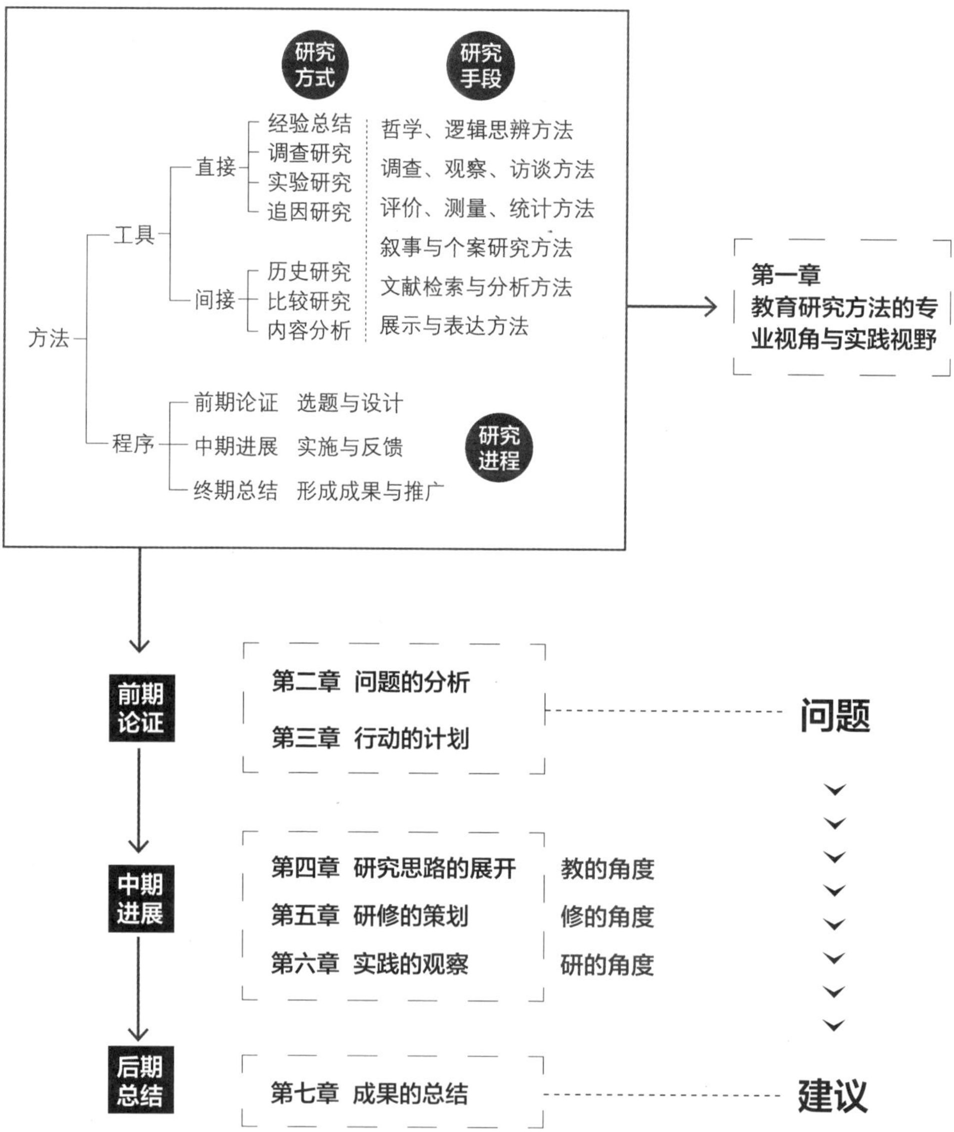
研究方式
研究手段
方法
工具
直接
经验总结
调查研究
实验研究
追因研究
间接
历史研究
比较研究
内容分析
哲学、逻辑思辨方法
调查、观察、访谈方法
评价、测量、统计方法
叙事与个案研究方法
文献检索与分析方法
展示与表达方法
程序
前期论证 选题与设计
中期进展 实施与反馈
终期总结 形成成果与推广
研究进程
第一章
教育研究方法的专业视角与实践视野
前期论证
第二章 问题的分析
第三章 行动的计划
问题
中期进展
第四章 研究思路的展开
第五章 研修的策划
第六章 实践的观察
教的角度
修的角度
研的角度
后期总结
第七章 成果的总结
建议

只要教育教学活动存在，就应该有教育教学研究的发生。教育教学研究就是教师为改进教育教学而开展的思考与探索。这是教师职业的自然部分。它朴素地存在于教师的常态工作中。

20 世纪 80 年代初，上海最早在中小学推广教育科研。到 90 年代，上海已形成群众性教育科研的良好氛围和以研究促进教育事业发展的良性机制，成为全国的榜样。“九五”期间是全国省域推动中小学教育科研的活跃时期。浙江省中小学教育科研发展的关键事件是 1996 年浙江教育科学“九五”规划的首批课题立项。

一、从兴起到回归：中小学教育研究的发展

“教育科学研究”（以下简称科研）与“教学研究”（以下简称教研）都是我深爱的事业。在我的心目中，两者是相融不可分的。我认为，“教研”与“科研”的意义，并不是学科与综合的分工，也不是经验取向与理论取向的区别，更不是研究组织形式是“课题”还是“课堂”的不同。其实两者的目标是一致的，都是为了提高教育教学质量，提高教师专业素质。只是从工作传统看，“教研”更关注课程教学活动，“科研”更强调研究方法。但从“教研”与“科研”的本质看，“教”是对象与领域，“研”是途径与方法。对于中小学教师来说，教育教学活动是他们的工作之本，研究则是他们改进教育教学的重要的工作方式。

当然，我们要历史地看待“教研”与“科研”的区别与结合。这里将我国中小学教育研究的发展分成四个阶段。

（一）自然之态

新中国成立以前，陶行知、晏阳初、梁漱溟等教育家既研究社会现实，又研究教育改革；既进行教育理论研究，也研究教材教法和教学组织。当时，并无“教研”、“科研”的分化。解放初期，全国为了迅速解决当时的师资困难，建立了各级教学研究机构，开展备课辅导和教学研讨，编写学科教学资料，帮助教师适应教学。这也便成为教研系统的工作传统。“教学研究”从教育研究中分离出来，犹如技术从科学中分离出来一样，侧重在教学中的实践应用。几十年来，教研工作为稳定教学秩序、提高教学质量、提升中小学教师的教学水平，作出了重要的贡献。这就是早期中小学教育研究的自然状态。除了朴素的教研活动外，

还有少数高校专业工作者与中小学的合作教育实验和以经验总结为主要方式的教师自发研究。当时的教师研究相对缺乏成果意识，教师如能在专业期刊上发表论文是十分令人羡慕的。

（二）兴起之初

20 世纪 90 年代是教育科研的初兴时期，各级教育行政部门开始推动群众性教育科研活动。那些年里，“科研兴校”的主张得到基层的响应，教师的反思精神活跃起来，关心教育理论的教师多了，教育教学改革风生水起。很多教师通过教育科研方法的普及和教育教学改革活动的亲身实践，拓宽了视野，学会了研究，他们的教育教学能力也得到了发展。当时的口号是：教育科研“要为教育行政决策服务，要为教育教学改革服务”。我们当时以“教育科研并不神秘，教育科研不可代替，教育科研要花力气，教育科研其乐无比”①，来阐释教育科研的朴素性、必要性、艰巨性和成就意义。这一时期的积极意义是，中小学教师研究逐渐从零星的、自发状态的研究走向有规划、有组织的研究，应用科学研究方法、从综合视野来研究教育教学活动的逐渐增多。教育科研的发展同时也促进了教研工作的进步。

（三）普及之后

新世纪初的 10 年，随着基础教育课程改革的启动、推进与深化，教育研究空前活跃，“教研”与“科研”的互动与结合大大加强，课程、教学、评价等领域的改革如火如荼，教育管理、教师专业发展等方面的探索创新不断。各地在经历教育科研普及运动后，也普遍建立起了课题与成果管理制度，以撰写论文、承担课题为标志的“显化研究”渐被强化，教师的研究参与情况与教师业绩评价的联系愈来愈紧密。

在中小学教育研究欣欣向荣的背后，这一时期既是大发展，也是大分化的阶段。一方面，教师研究在推动课程教学改革中发挥着积极的作用；另一方面，在功利因素催生下，一些异化的现象渐渐显现。2000 年，上海教育科研杂志社在一次研讨会上正面提出了“学校教育科研往何处去”的问题，尖锐地提出了“真科研”与“假科研”问题，并把

① 这是时任浙江省台州市教委副主任兼台州市教科所所长的陈及人先生的工作主张。退休后，许多同志尊称他为“台州教育科研之父”。

“假科研”恰当地比喻为“塑料花”①。华东师范大学陈桂生教授②与上海市教育科学院顾泠沅教授③随后都撰文回应这一讨论。现在看来，中小学教育研究确有一些发展中的问题需要反思。如：（1）混淆了教师研究与专业研究的区别，好高骛远的、过于务虚的、生硬创新的研究不少，超越一线教师需要与能力的研究要求，会使一些教师对研究“敬而远之”；（2）教师研究的评价局于文本，拘于格式，导致平庸模仿、追究形式包装的成果渐多，“真”、“假”研究鱼目混珠；（3）将研究等同于申报课题与撰写论文，忽视研究的实践性，脱离教育教学改革搞研究，助长了“重结果、轻过程”、“重文本、轻实效”的不当思想；（4）强调了有形的研究形式，要求教师人人参与有形的研究，忽略了“隐性研究”④的存在与意义，忽视了教师研究需求的差异，挫伤了部分教师参与研究的积极性，拉大了教师与研究的距离；（5）研究动机悄然变化，“成果驱动”替代“成长驱动”渐成主流，急功近利的研究多了，潜心修学的研究渐少。

中小学教育研究中出现的这些问题，并不是“教师不需要研究”，也不是“研究本身的错失”，而是我们对中小学教育研究的特点、方式与价值的理解有所缺失，在策动、指导和评价中小学教育研究中，存在着认识和技术上的问题。

（四）回归之时

如何让研究与教学“无缝衔接”？如何看待研究中的“做”与“写”？如何变被动研究为主动研究？最近几年，在形式主义的研究渐渐蔓延之时，教师们对研究实践的反思愈渐深刻，中小学教育研究正在走向回归。

我们看到，基础教育研究的选题逐渐从关于宏观问题的大课题走向面对教育教学中的真实问题的小课题；研究方法也从强调定量方法的教育实验的倡导，走向尊重质性研究、尊重真实教育情境的案例研究、行

---

① 胡兴宏，等．学校教育科研往何处去［J］．上海教育科研，2001（2）．

② 陈桂生．漫话教育研究中的“塑料花”［J］．上海教育科研，2001（4）．

③ 顾泠沅．金达莱与塑料花：读《教师成为研究者》有感［J］．上海教育科研，2004（10）．

④ “隐性研究”是相对于“显化研究”而提的。它指的是教师在没有承担课题任务且无意形成论文报告的情况下，自然开展的思考与探索活动。或可称“非正式研究”现象。

动研究；真正的研究是与教育教学工作“无缝衔接”的研究，中小学教育研究的目标已从“关注概念创新”渐渐走向“关注实践改进”……

这其实是一种规律，是中小学教育研究发展的方向。它没有继续向宏大、豪华、独立的方向发展，而是走向与教育教学活动的融合，回到教师们朴素的职业生活和具体的教育教学改革中来。

二、教研相融、研修结合：新时期教育研究的倡导

“研”是为了更好地“教”。在忽视研究方法的早期，普及研究方法，建立研究规范是重要的。但研究不是目的，推动教师研究的真正意义是让更多的教师能够以研究的方式来改进教育教学，在研究中实现专业发展。因此，回归之时的中小学教育研究，倡导的是“教与研的相融”、“研与修的结合”。这是让教师研究回归本真的选择。

（一）鼓励教师以研究的方式来工作

在中小学，教育教学研究与教育教学工作应该是合为一体的。前者是后者改进与发展的支持系统。在中小学，不能像高校一样要求教师“教学与科研双肩挑”。科研工作不应是独立的活动，而是教师在日常教育教学实践中解决问题的一般工作方式。科研工作的价值在于其提供的方法论“武器”。

在实践中，教师常会遭遇林林总总的困难与问题。有些教师会等待上级行政或学校领导的措施和命令（基于命令），有些教师会凭直觉和自己的经验来应对（基于经验），也有一些教师会向同行请教或到网络、书籍中找办法（基于学习），当然，还有一些教师会通过问题分析—对策探寻—实践观察的路径，来了解规律，自己得出解决问题的办法（基于研究）。这四种工作方式都是客观存在的，但不同工作方式的结果却是不同的。“基于研究的工作方式”更能透过形式把握教育教学的规律，并得到只有亲身实践才可能有的体验与经验，这是教师专业成长的必需“元素”。

> 研究的真正境界是教师以研究的方式来工作，而非独立于工作之外搞研究。

所以，我们要将研究通俗化，鼓励教师将研究视作自己重要的工作方式，让研究渗透于日常活动中，在真实的教育情境中开展教育行动研究。要让教师知道，研究其实很朴素，研究就是我们提高工作质量的一种态度与习惯。教师研究并不

都是做课题、写文章，琢磨一节课，就是研究，琢磨解决一类问题，也是研究。只要教师在完成工作的同时，不忘思考工作的策略，不忘讨论此中的道理，便可以认可这些朴朴素素的活动也是一种研究。要让研究成为随时随地都可能发生的活动，它便可能成为教师的自觉行为。

研究之所以是教师的需要，是因为研究有助于教师解决实践中的问题。在案例积累中，教师会渐渐明晰所要研究的“真问题”，于是在真实的教育情境中开展教育行动研究，通过实践探索与实践分析的螺旋式上升，解决实践中的问题，完成一个探究性实践研究的过程。

（二）积累改进教育教学实践的案例

从研究的路径设计看，中小学教育研究主要有两种思路。一是“自上而下”的“先概念框架，再实践例证”；二是“自下而上”的“先案例积累，再思考提炼”。从一线教师的工作特点看，应以后者为主。实践案例的积累其实是教师研究的萌芽。从萌芽状态的“在整理中思考”、“在案例中反思”，再到身体力行的研究与探索，教师将渐渐进入研究状态，这是一个不可操之过急的悄悄的进步过程。

“在整理中思考”是渗透于教师日常工作的最基础的研究。学会整理教育教学生活，整理每天教育生活中的所见、所闻、所思、所议，记录和整理有关的资料和思想，是教师的基本功之一。苏霍姆林斯基的《给教师的一百条建议》就是他对自己每天教育工作的整理。这样的活动看似很平常，但却是教育教学研究的重要准备。

在工作中，教师们肯定会遇到一些印象深刻的、重要的、有启发的事件，有些教师在现场想法很多，热血沸腾，但随着时间的推移，这些想法又会“了无踪影”，教育教学行为仍是“涛声依旧”。这其实是教育研究资源的浪费。不过也有一些教师，他们会及时针对这些事件进行深入的思考。我们把教师面对重要事件进行反思分析的活动视作一种研究状态——“在案例中反思”，教师从片段思考走向问题聚焦，并开始有基于教育事件的主题研讨以及实践改进的初步行动。这就是教育教学改革的萌芽。

所以，教师们不要急于构建研究的框架，而要实实在在做好具体的教育教学过程的反思与改进。这是研究的前身。“不积跬步，无以至千里。”一线教师常常是在一些具体案例的积累与整理中，形成研究思路，继而展开研究行动的。

（三）简化研究成果报告的形式要求

最近几年，课题研究报告越来越厚，成果包装越来越精美，概念满天飞、模式遍天下、文本沉甸甸、八股格式文随处可见。这些偏离教师研究实质的不当倾向，是因为教师对成果评价标准的误读，是因为研究报告的形式要求较高。为了克服教师在研究过程中的形式主义，我们主张简化教师研究的形式要求，开展“教师研究成果挤水行动”，引导教师减少研究中的“奢华浪费”。具体要求有：

1. 要简明实在地呈现研究成果，删除空话、套话

倡导教师研究，当然要鼓励教师将成果物化，通过成果物化来激励教师的持续进步。但成果物化必须建立在实践思考的基础之上，必须坚持简明、务实、适宜的原则。研究报告要少些空洞的文字，不要动辄数万字，洋洋洒洒，就连课题负责人自己都未必有耐心完整读完。研究成果附件材料只需收录与本研究有本质联系的说明性材料，不必都制成“巨砖”，将一些只有丁点联系甚至毫无联系的材料都汇集入册。

2010 年教育部组织的首届基础教育课程改革教学研究成果奖评选，就要求研究总结字数不超过 5000。真正写过报告的教师会发现，现在是“写长容易写短难”。规定研究报告字数的上限，就意味着研究者要在有限的文字中，把研究表述清楚，最后留下的往往就是必需和核心的文字。今天有些教师不敢或不愿参与研究，对繁长的研究报告的怵和对冗长虚夸的包装的憎，是其中的重要原因。“以长取胜”、“以精美包装来赢好评”的投机取巧之风不能被助长。

2. 研究报告应尊重课题的特质，不必拘泥于形式结构

研究报告应是陈述研究策划、过程与所得的自然表达。但今天的教师在撰写研究报告前，往往会先搜索获奖成果报告作为“母版”，依照其结构，逐块组拼，是为“遵守规范”。但是，我们看到的却常常是一些面目相似的结构、可有可无的文字以及迂回重复的表达。这种平庸的文本模仿并不是研究，有的只是东施效颦。

在研究的起步阶段，了解研究报告的一般结构和要素是需要的。但在研究走向常态后，研究报告应尊重研究课题（研究主题与方向）的特质，不必拘泥于一般的形式性的框架。研究报告各部分的标题应能反映研究内容与核心成果，而不是几乎雷同的“研究界定”、“研究设计”、“研究方法”、“研究步骤”、“研究内容”、“研究成果”。这同时要求在成果评价环节，评委们不要过于强调研究报告的规范性。

3. 研究话语应通俗易懂，以同行能够理解的方式表述成果

在成果总结中，刻意创新、臆造理论、杜撰概念的现象还颇为常见。有的研究者为了制造“创新”的效果，采用大量的舶来或生造的词汇。这是不值得提倡的。好的研究，它形成的是同行能够理解、认同，并易于推广的成果。研究报告要用通俗简明的语言来表述。教师研究的“返璞归真”，要求中小学教育研究从“关注概念创新”走向“关注实践改进”。

（四）倡导基于课题研究的教师团队研修

中小学教育研究的真正意义与贡献在于教育教学改革的推动，在于师资队伍素质的提升。对于基层中小学教师来说，研究首先是学习的过程，基于学习开展实践探索。研究是学习的动力，因为研究任务的驱动，促使教师主动学习。教师在研究中收获的，未必就是创新的结论与成果，而是自己面对学生时的能力、信心与智慧，以及教师职业生活的行走方式的改变。

> 教师做课题，不一定是做成果，更多的时候是以研究的名义来组织专业学习。

在中小学教育研究越来越普及的今天，与其说教师们在“研究”，还不如称大家在“研修”。研究应该是最有效的学习，这是以课题为载体组织教师开展更为具体而有针对性的团队研修。所以，校本研修的策划也加入到中小学教育研究的大范畴中。

新世纪以来，我国教育已从规模发展转向内涵发展，教师专业发展问题受到前所未有的重视。教师培训（继续教育）工作成为各级教育行政部门的重点工作之一，投入很大。在区域教育管理上，这是与教学研究、教育科研有交叉、也有区别的工作领域（至少教育行政部门的分管领导不是同一个人）。有些地方、有些学者比较在意三者的界定与区别。但笔者认为，这三者虽有分工，但实质上是统一的。特别在学校层面，我们要以教育教学实践为主战场，以科研为方法论，开展改进实践的探索，同时实现教师进修提高的目的。所以，“教研相融”、“研修结合”更为符合基础教育的实际，更加尊重一线教师的立场。那些人为地对三者进行刻意区分的政策，可能会给教师们平添许多负担和迷象。

> “研”是途径，“修”是成效，“教”才是主阵地，三者的主体必须是教师。

当前很多场合都在提“教研训一体化”。这必须要以基础教育的改革与发展为基本立场。更确切的应该称其为“教研修一体化”。如果，我们强化了“训”字，就有可能剥夺教师的主体地位。这与当前教育改革与发展的形势是相悖的。

教育研究是一种“事理”研究。它不可以脱离主体人而存在。其深远意义不只是对教育教学活动规律的理解、方法的发展，而是主体人——教师的素质乃至气质的改变。

三、研究性工作风格：教育研究者的气质

教育活动的形态和规律以及不同阶段的活动，都不可能描述成统一的模式，它们更多地呈现着各自不同的特色。因而，教师应该具有研究者的气质，学会具体问题具体分析。这也是推广教育研究的重要目的——如何让教师体会并践行研究性的工作风格。

研究性的工作风格常反映在个人在行为处世中有无敏锐的判断与清晰的逻辑；问题分析、对策思考、改革尝试、总结完善、建议推广等，是否成为他面对工作、面对问题的通常行为。我们将研究性工作风格的特质概括为以下四个方面。

（一）问题意识：在习惯的“成绩思维”中多一些“问题意识”

辩证唯物主义者认为，事物的发展是矛盾的消解与产生的螺旋式上升。积极地正视矛盾是科学决策的重要前提。现实中的管理决策活动往往习惯于“成绩思维”，用卓著的成绩来激励人、鼓舞人，这种正面教育的方向固然不错，但我们也发现，一些致力于造成绩、编数据来谋求升官发财的人“混珠”在其中。我们认为，在客观辩证地认识成绩与进步的同时，实事求是地正视问题是十分必要的。当然，问题意识并不是对工作的否定，而是积极而理性地看待问题，中肯地分析，积极地解决。

（二）过程意识：在习惯的“目标管理”中多一些“过程意识”

唯物辩证法中关于量变与质变的分析，描述了事物变化发展的规

律。然而现实中我们较多地采用“目标管理”的模式（譬如学生成绩排名与学校升学任务指标等），这固然能加大工作推进的力度，明晰责任与权限，但这种机制却助长了功利色彩，有些教师只做能帮助提分的事，却无视不当做法对学生长远发展的消极影响。在经验管理走向科学管理的过程中，目标管理确曾发挥了重要作用，但多一些过程意识是十分必要的。要考察达成目标的方式、过程与成本，要考察过程措施的科学性、适切性和实效性。教育行动研究就要求研究者在研究过程中保持对研究方案的内省与调整，根据实效性的反馈作适时的变化，以适应教育改革发展实践的需要。

（三）创新意识：在习惯的“统一思维”中多一些“创新意识”

现在的学校教育与管理中，“统一的联动”较多，个性与特色少了。不少学校将课程、教学进度、教案、作业、考试都统一起来，试图保证底线的水平，但过多的统一会束缚教师的创造性。国家课程的二次开发，就是一项重要的研究。能在统一的大背景下，保持独立思考和积极行动是难能可贵的。再如“减负令”的施行也应有研究与调整，简单地“一刀切”势必会导致“学业负担的反弹”，而只有创新地解决“减负”的技术性问题，才能在源头上克服这种现象。

（四）改革意识：在习惯的“继承思维”中多一些“改革意识”

学校教育是有时代性的，随着时间的推移和时势的发展，许多方面都要与时俱进。教育教学活动也是一样，不同阶段的重点与工作策略也会有所区别。人们往往更愿意在原有的基础上“小修小补”，而要勇敢迈出改革这一步却十分困难。但改革是发展的动力，改革是必需的。许多今天已习以为常的做法（如月考、成绩排名、重教轻学的课堂），本来就存在问题。如果不能及时扭转与改革，教育教学便会背道而驰。

研究者的气质其实是综合的，它反映在工作精神与方法论上。教育研究对教师提出了更高的要求，通过研究活动能够反映教师的许多品质，如敬业精神、职业认识、业务追求与实践智慧。加强教育研究，有利于建立起教师的自我发展机制。它促使教师思考自己是如何在工作，自己为什么要这样工作，这也便促使教师提高自我判断和自我监控的能力。

所以，教育研究的意义绝不是写了多少文章、做了几个课题、获得了哪级奖项，它对于教师的思维与能力的锻炼和展现的作用无可替代。

四、本书的阅读建议

2001 年，我在担任浙江省台州市教育科学研究所副所长时，针对学校教育科研指导，结合五年的工作积累，写了《问题与建议：中小学教育科研方法新谈》① 一书。主要通过具体研究课题的分析与点评来辅导教科研方法。当时的思路是避短扬长，区别于学术性较强的教育科研方法著作，从“基于实践的教育科研方法”立意，尝试设计一线教师学习教育科研方法的一个新框架。

在那本书的前言中，我曾写了这样一段话：

> 这本书写在台州中小学教育科研经历了迅速发展的“九五”之后，写在新世纪之初出现一个令人踌躇的“平台”之时，我们感到使命与困惑交织，进步与混乱相随。广大老师们意识到了研究需要，但却可能是很模糊的，甚至于还夹杂着错误的需要。教育科研工作者应该站出来，做一些理性的事，做一点初级的指引与澄清。

这就是当时的写作背景。这本书就是本书的前身。本书书名基本保留了原书的关键词。只是将并列的两词，换成了有方向意义的“从问题到建议”，以更好地体现研究进展的逻辑。新加的副标题“中小学教育研究行动指南”限定了本书与其他同类著作在取向上的区别——关注实践与行动。

本书绪论部分，主要从中小学教育研究发展 30 年的历史分析中探讨当前中小学教育研究的定位与方向，提出了“教与研的相融”、“研与修的结合”两个核心主张。“第一章 教育研究方法的专业视角与实践视野”主要是帮助读者形成对教育研究方法体系的初构，在多种分类思路中理解各种研究方法，并从教师研究与专业研究的比较中，探讨实践取向的研究的特点与逻辑思路。

---

① 为纪念浙江省台州市教育科学研究所建所十周年，2001 年 11 月，我们出版了“台州教育科研发展丛书”五册（国际文化出版公司出版），分别是：《有限的进步 无限的努力——台州市教育科研“九五”工作回顾》《以研究的策略推进素质教育（上）（下）》《基层教育科研发展与管理》和《问题与建议：中小学教育科研方法新谈》。前三册是文集，后两册是著作。

第二至第七章是本书的主体，基本是按照研究进展之序撰写的。

“第二章 问题的分析”、“第三章 行动的计划”、“第七章 成果的总结”写的是研究之始与研究完成这两端的主要思路与方法。本书尝试将前期论证阶段进一步分解为五个递进的任务（发现问题、归因分析、文献研读、主题提炼、形成方案），以使选题的思考过程更具操作性；将终期总结阶段的任务展开为七类“微型研究”的积累，以鼓励教师根据教育实践的特点开展小课题研究。

对于具体研究过程，本书“第四章 研究思路的展开”、“第五章 研修的策划”、“第六章 实践的观察”分别从“教”、“修”、“研”的立场对如何展开研究，提出支架，提供案例分析。“第四章 研究思路的展开”具体分析了课程、教学、评价、德育四个领域的主要研究方向。之所以增加“第五章 研修的策划”，是因为我们倡导“基于课题研究的教师团队研修”，它也是研究中不可忽略的内容。在一些同类著作中，“第六章 实践的观察”所对应的内容常会用墨很多，因为前人成果已非常成熟，教师们能方便找到，所以本书只从实践操作的角度，结合实例简要说明问卷调查、访谈调查、观察研究与测量调查的方法。

另外，在每章章尾我还设计了若干“随章任务”，以作课后作业，引导读者在具体实践任务中体会和掌握研究方法。全书的随章任务主要有三类：一是运用书中某一研究方法，在尝试研究中体会方法要领的运用性任务；二是以书中某一研究实例为背景，引发一项新课题的链接任务；三是关于研究的认识以及研究方法的元思考的思考性任务。

第一章

教育研究方法的专业视角与实践视野

对于教师来说，研究不是任务，而是一种习惯和工作方式。

“基于研究的工作方式”主要体现在：

- 是否善于透过成绩发现潜在的问题，直面发展中的问题；
- 是否善于洞悉问题的因由，在调查研究的基础上判断析理；
- 是否敢于尝试，善于实践，抓住可能有所作为的切入点，在探索性的实践中获取解决问题的方策。

从专业视角与实践视野看

中小学教育研究

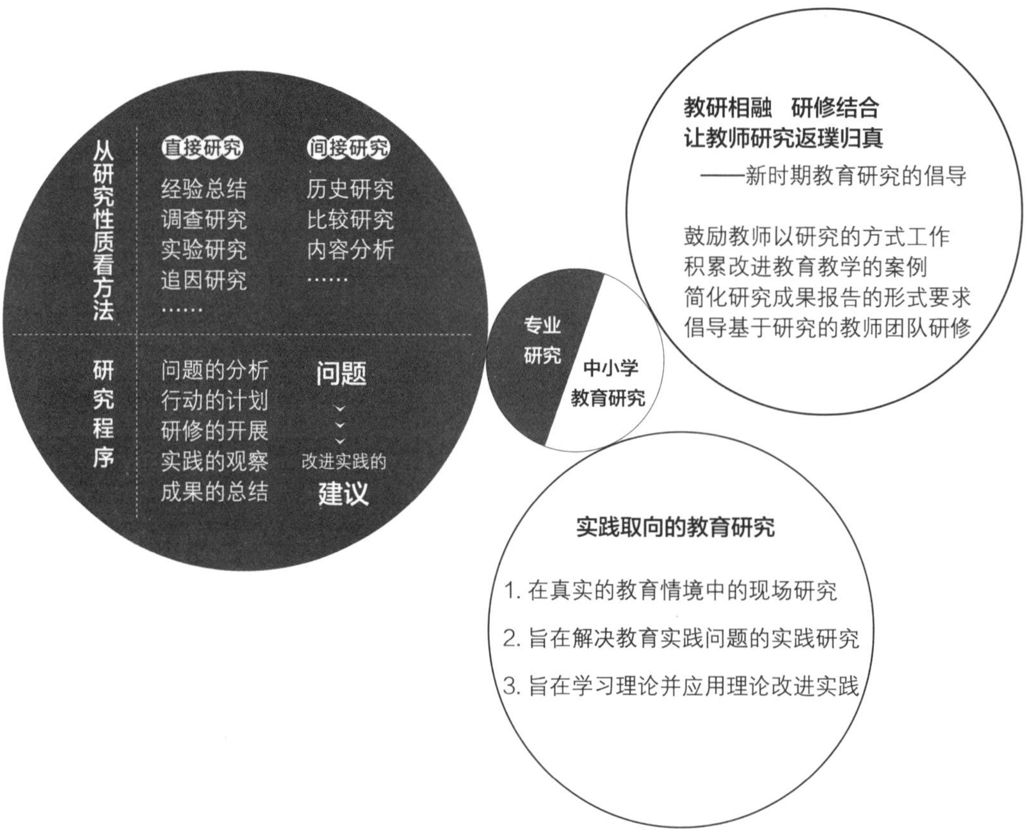

一、教育研究方法体系的专业视角

关于教育研究方法的分类，思路很多，教育研究方法著作通常会有自己的逻辑体系，虽然大致相近，但又各具特色。

如李秉德教授从抽象到具体将教育研究方法分为三个层次：第一层次是马克思主义认识论及逻辑学，它揭示了关于自然、社会和人的思想发展的普遍规律，为具体的科学研究提供方法论的指导；第二层次是独立应用于教育研究的具体方法，如调查法、观察法、实验法、经验总结法、比较法、历史法、文献法、教育预测法等；第三层次是一些为具体方法服务的辅助性方法，如统计法、测量法、表列法、图示法和内容分析法等。①

研究方法的选择与研究任务、研究对象的性质相关。面对不同类型的研究问题，人们需要以不同的方式或策略来应对与回答。裴娣娜教授依据研究问题与回答方式的类型，将教育研究分成：历史研究、描述研究、相关与比较研究、实验研究、理论研究。②

美国学者威尔斯曼（W. Wiersma）论述了教育中定性研究（Qualitative Research，最近常被译为“质性研究”）与定量研究（Quantitative Research）的连续性特征，并将研究分成实验研究、准实验研究、调查研究、历史研究和人种学研究等（见图 1-1）。③ 这是专业领域对教育研究方法的最常见的分类。

还有不少著作依据研究过程各阶段的任务，进行教育研究方法的分类。有的分为搜集材料的方法、分析材料的方法和撰写研究报告的方法三类；有的分为确定课题、查阅文献、研究设计、抽样设计、测量与数据的搜集、数据分析、撰写研究报告等方法。这些分类方法的好处是将任务与方法一一对应起来，反映了任务与方法之间的密切联系，有助于初涉教育研究的教师的学习与运用。所以，这是中小学教师较为容易接

---

① 李秉德．教育科学研究方法［M］．北京：人民教育出版社，1986：30.

② 裴娣娜．教育研究方法导论［M］．合肥：安徽教育出版社，1995：11.

③ 威尔斯曼．教育研究方法导论［M］．袁振国，等，译．北京：教育科学出版社，1997：21.

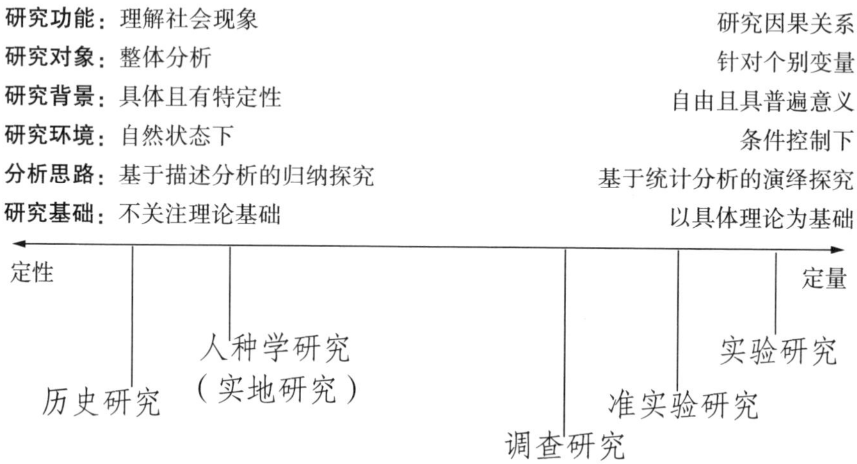

图 1-1　教育中定性—定量研究的连续性特征①

受的框架。但如机械地理解这一分类思路，就会窄化某些研究方法的功能。②

回顾教育研究方法的演进，可以看到，古代学者对教育的研究大都以玄想、猜测为主，驻足于哲学、伦理观点的引申，其论述具有个人经验的色彩。近代学者重视对实际教育经验的思辨，试图通过对自然界规律的认识，借助类比、演绎等方法建立专门的体系。随着心理学、生物学的研究方法的引进，现代教育研究开始采用自然科学实证的方法，但伴随而来的是精密科学实验与社会学角度研究的尖锐矛盾。人类学、生态学的研究方法的兴起与植入，又使现代教育研究走在多元的发展之途。

二、程序与工具：教育研究方法体系的新理解

在我国，“方法”的古义是“度量的规范”，今天解为“关于解决思想、说话、行动等问题的门路、程序等”③。古希腊的“方法”是由

① 威尔斯曼．教育研究方法导论［M］．袁振国，等，译．北京：教育科学出版社，1997：17.

② 叶澜．教育研究及其方法［M］．合肥：中国科学技术出版社，1990：30.

③ 中国社会科学院语言研究所词典编辑室．现代汉语词典［M］．6 版．北京：商务印书馆，2012：365.

“沿着”与“道路”两词组成的。这与我们不谋而合。它们表示了“方法”的程序性和规范性。

黑格尔在《逻辑学》中写道：“方法就是工具，是主观方面的某种手段，主观方面通过这个手段与客体发生关系。”[①] 从现代科学意义来理解，方法是“人们把握现实，为达到某种目的而采用的途径、手段、工具和方式的总和”[②]。这体现了“方法”的工具性。

我们认为，**教育研究方法指的是教育研究的程序与工具，包含研究进程的操作程序和研究中应用的工具两大方面**（见图1-2）。

研究进程

- 方法
  - 程序
    - 前期论证　选题与设计
    - 中期进展　实施与反馈
    - 终期总结　形成成果与推广
  - 工具
    - 直接：经验总结、调查研究、实验研究、追因研究
    - 间接：历史研究、比较研究、内容分析

研究方式	研究手段
经验总结	哲学、逻辑思辨方法
调查研究	调查、观察、访谈方法
实验研究	评价、测量、统计方法
追因研究	叙事与个案研究方法
历史研究	文献检索与分析方法
比较研究	展示与表达方法
内容分析	

图1-2　教育研究方法体系的新理解

（一）程序性的研究进程

从课题研究的操作时序看，可以分为前期论证、中期进展与终期总结三个阶段。每一阶段，都有相对侧重的研究策略和方法。如前期论证的重点在于问题的梳理、文献的分析、研究的设计；中期进展的重点在于研修的策划、实践的观察、信息资料的采集与积累；终期总结的重点在于材料整理、观点提炼、报告撰写等，在成果呈现中还要用到图示、表列等技巧以及视频、实物等的集成。

---

① 转引自：列宁．哲学笔记［M］．北京：人民出版社，1974：236.

② 安文铸．关于教育科学研究方法的再认识［J］．高等师范教育研究，1992（4）.

（二）研究中应用的工具

具体包括研究手段与研究方式两方面。研究手段与研究方式的关系可以比作“抡锤打铁”，研究手段就像那只沉甸甸的铁锤，研究方式就像铁匠蓄势抡臂的动作。

1. 研究方式

在研究中，以研究者与研究对象是否彼此接触，有无互动关系的可能为判据，可以将研究方式分为直接研究（接触性）与间接研究（非接触性）。前者包括经验总结、调查研究、实验研究、追因研究等。这些是对教育事实的活动形态的认识方法，也是当前中小学教育研究的常用方法。后者包括历史研究、比较研究、内容分析等。这些是对教育事实的文献形态的认识方法，在教育理论研究界应用颇多。

2. 研究手段

图1–2罗列了若干研究方法，这些应用于多样研究实践中的方法就像是解决问题的手段，它是难以穷尽列举的。有的研究手段对应于某种研究方式，如历史研究中的文献检索与分析。但在大多数研究中，研究方式与研究手段是交叉的、综合的。随着科学与技术的发展，还会有一些其他领域的方法迁移并应用到教育研究中，如心理学、社会学、管理学、系统工程等领域的研究方法以及信息技术的应用等。

对于教育研究方法体系的新理解显然无法全部概括诸多研究方法，也难以完全厘清各种方法之间的区别与联系。它只是从研究进程、研究方式、研究手段三个维度对纷繁的研究方法的一种整理。这三个维度不是彼此孤立的。研究方法的选择往往是三维的“交点”——在某一阶段，以何种方式应用哪些手段，如“研究初期的一次心理调查”、“前期论证阶段的文献分析”、“教育实验的中期评测”等。也就是说，选择研究方法需要同时考虑三方面的分别定位。在三个维度中，研究方式是核心，它反映的是研究的主要思路；研究进程反映的是研究背景与时机；而研究手段则是凭借，是真正意义的工具。在通常的研究中，教师往往注重研究阶段的特征，关注研究的具体任务，但却忽略了该以怎样的方式来完成该任务。所以，强调研究方式是研究设计的核心是必要的。

本书抛出的这一方法体系的框架还是粗浅的，肯定存在一定的局限。它主要是面向基层中小学教师开展教育研究的实际需要而架构的，突出实践研究的研究方法框架。在中小学教育研究的启蒙和普及阶段，工具性方法的逐章讨论没有程序性方法的剖析更受欢迎。这一阶段，要推广有明确研究对象、研究设计和研究方法的较为正规的研究。但在教育研究渐渐深化并走向回归之时，一些有形的研究应该“融入”到教师的常态工作中去。这时，程序性的方法会渐渐消淡，而工具性方法的意义会进一步凸显。

三、直接研究和间接研究的方法

（一）直接研究的方法

在中小学教育研究中有大量的直接研究。从研究环境的自然性（是否控制研究条件）看，实验研究与追因研究需要对研究条件加以控制。从研究相对于时间的方向性（是“前行”还是“回溯”，是“循因求果”还是“由果索因”）看，经验总结与追因研究是特殊的，它们往往是回溯研究，由果索因。直接研究的进一步分类如图 1–3 所示。

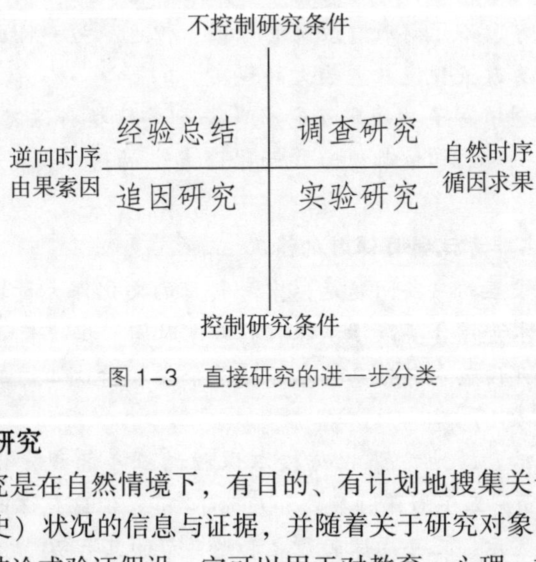

图 1–3　直接研究的进一步分类

1. 调查研究

调查研究是在自然情境下，有目的、有计划地搜集关于研究对象的现实（或历史）状况的信息与证据，并随着关于研究对象的客观认识的积累而得出结论或验证假设。它可以用于对教育、心理、社会事实的描述、认识和总结，是关于事件、分布和关系等的客观性的透视。这是中小学教育研究的常用方法，目前很多研究工作都包含调查研究。

从搜集资料的手段看，调查研究具体有问卷调查、访谈调查、观察调查和测量调查等方式（详见第六章）。观察也是一种调查，它是实地调查研究的核心方法。

案例 1-1

初中课程计划实施情况的调研

针对当前初中阶段课程开设不规范，随意增减课时现象比较严重的现实，我们开展以“规范课程开设，改进教学过程”为主题的调研，通过面向校长与学科教师的问卷调查，了解当前初中课程实施的真实现状。

（一）“两张课表现象”的验证

在校长调查中，要求分别填写“省教育厅规定的各课程周课时数”与“目前学校实际执行的各课程周课时数”，以了解校长对课程计划的熟悉情况与目前基层存在的“两张课表”现象的严重程度。

在课程规定课时数的调查中，完全写对或写错 1~2 科的校长为 36%；有 3~5 科错误的有 32%；令人意外的是还有 32% 的校长对省定课程计划几乎没有概念，大部分科目的规定课时数都记错了。这既有部分校长脱离教学、不了解教育政策的原因，但也从另一侧面反映了基层教育实际与教育政策规定相差较大的现实。

校长们分别填写了“规定课时数”与“实际执行课时数”两张表。如果将两表不一致的学校都视为“两张课表”的话，实行“明暗双表”的学校约占 79%。

（二）挪占非考试科目课时的情况

目前课程设置的主要问题是，中考科目的文化课大量增课，占用了信息技术、艺术、综合实践活动课程的教学时间。据校长调查，仅 38% 的学校按规定开设艺术与信息技术课，其余学校对这 4 课时都有不同程度的挪用（见表 1）。

综合实践活动、地方课程与校本课程的三年的规定课时分别是 4 节、5 节和 5 节，三年周课时数之和应为 14 节。但这是课时挪用最严重的领域。调查显示，三年周课时数之和达 7 节的只有 70 所学校。

表1　艺术与信息技术课程的课时设置模式

	艺术课程的课时数	信息技术课程的课时数	比例
按省定计划规范开课	3年各2课时	3年各2课时	38%
七八年级规范开课，九年级减少课时			11%
艺术2节3年 信息1节3年	3年各2课时	3年各1课时	17%
七八年级如第三行，九年级减少课时	3年各2课时	3年各1课时	10%
艺术1节3年 信息2节3年	3年各1课时	3年各2课时	6%
艺术1节3年 信息1节3年	3年各1课时	3年各1课时	13%
其他			5%

(三)“文化课课时紧张问题”的教学管理分析

学校应规范设置各类课程，但为什么文化课课时紧张问题还如此突出？这应该从教学活动管理方面分析原因。一些不当倾向的蔓延应引起重视。

倾向一　试图通过延长教学时间来提高学业成绩

目前延长教学时间的主要方式有日常挤课、课外补课和提前复习。

表2　关于教学时间管理的调查结果

调查观点	认可并实施	认可但未实施	不赞成但跟随做	不赞成也不做
每节课压缩5分钟，增加学科总课时数	43%	14%	28%	15%
每节课压缩5分钟，增加自修课时数	80%	6%	6%	8%
教师利用自修课进行学科测验或讲课	13%	4%	60%	23%
加强题海训练来提高学生成绩	4%	13%	51%	32%
要依靠补课来提高学生成绩	10%	6%	50%	34%

调查发现（见表2），57%的校长认可缩短课节、增加课时数的做法，且有43%的学校按此施行，反对这一做法的校长约有43%，但随众实施的有28%。校长们有增加课时的强烈动机。但压缩单位课时时间，应该用来增加文化课，还是用作自修？86%的校长主张增加自修，这一倾向是令人欣喜的，但现实情况却令人担忧。在自修课的利用上，虽有83%的校长反对占用自修课上文化课或进行测验，但实际上60%的校长虽然反对，却在默许教师上文化课。调查显示，73%的学校中存在占用自修课上文化课的现象。这种现象的普遍存在，反映了基层对于“教学生”与“让学生学”的两种观点的对峙。

倾向二　依赖作业操练来提高学生应试的熟练性（略）

倾向三　频繁考试迫使教学节奏加快，质量不高的试卷干扰了正常教学

大部分初中仍保留“月考制度”，有的甚至把测试的周期缩短为两周。表面上这是加强学习的反馈与督促，但这却助长了“只关注短时识记，不关注长远能力”的功利教学思想。更为糟糕的是频繁测试占用了一定量的教学时间，加剧了“课时紧张”的压力。

对于中考科目的“月考制度”，73%的校长认为月考有利于提高成绩，但继续组织月考的约为42%，另外31%的学校碍于规定已暂停月考。49%的校长承认月考弊大于利，但还有17%仍然坚持月考。综合校长调查的结果，当前还有59%的初中学校保留月考制度。月考之所以如此“坚强”与人们的认识是有关的（见表3）。

表3　校长与学科教师关于“月考有利于提高成绩”的不同认识

	校长	数学教师	科学教师	语文教师	英语教师	思品教师
认同并组织	42%	7%	21%	32%	10%	27%
认同但不组织	31%	13%	21%	29%	11%	16%
不认同但还组织	17%	70%	42%	29%	77%	47%
不认同不再组织	32%	10%	16%	11%	2%	10%

对于月考是否有利于提高成绩，不同学科教师的认识是不同的，认可率最低的仅20%，最高的达61%。从教师调查看，保留月考的学校目前还有59%~87%。这比校长调查所得的比例还要大。调查显示，教师中选择“不认同但还组织”的较多，但校长中认同月考者众。这是一种

分歧。因为月考是校长管理立场的一种手段。

倾向四　考试结果的过度运用，导致强势课程与弱势课程的严重分化

正是因为文化课有密集的考试以及强势的考试结果的横向比较，加剧了文化课的学业负担。而且各地、各校常以学期末的学业考试科目的"统测"作为评价学校教学质量与教师教学成绩的唯一依据，促使学校增加文化课学习时间，挪用非文化课课时。评价结果的过度运用，在影响课程规范设置上，存在着较为显著的"放大作用"。

(四) 思考与建议(略)

[**案例分析**] 本案例有所节略。在本项调研中，保留了四种调查分析的设计。每项调查设计都与试图描述的现象或事件有关。(1) 假设的验证。大家都知道当前学校中存在着"两张课表现象"，是否真的存在？多大程度存在？本案例的第一项调查就揭示了这个问题。(2) 现状的描述。另一个常见现象是非考试科目课时被挪占，情况究竟如何？表1罗列了艺术与信息技术的各种课时设置模式，这与后面关于综合实践活动时间的文字一起简明客观地描述了非考试科目课时被挪占的现状。(3) 认识与行为的分析。在今天的学校教育行为中，有两个问题，一是认识分歧，二是知行不一。关于某一具体问题，有的差距在认识上，而有的却是即便认同但在行动上却做不到。表2呈现的是校长们对五种教学时间管理措施的判断。四个选项从认识与行为两个方面构成一个"田"字分析。(4) 不同人群的认识对比。表3呈现的是校长和不同学科教师对月考问题的不同认识。其间的对比也能看出端倪。

2. 经验总结

经验总结是对过去的教育事实或原因的认识和总结。它依据反映教育实践的事实（一般是积极的事实，如果是消极的事实，则应该是教训总结），分析教育现象，揭示其内在联系和规律，总结可供同行学习借鉴的做法，并阐明其中的机制与道理。经验总结既应用于直接研究，也应用于间接研究。由于经验总结法的综合性，它往往与其他研究方法结合使用。林崇德教授提出教育经验总结的基本思路（见图1-4）[①]。

经验总结的应用很广泛，有常规总结、专题总结和综合总结；有面

---

① 林崇德. 教育科研：教师提高自身素质的重要途径［J］. 中国教育学刊，1999（1）.

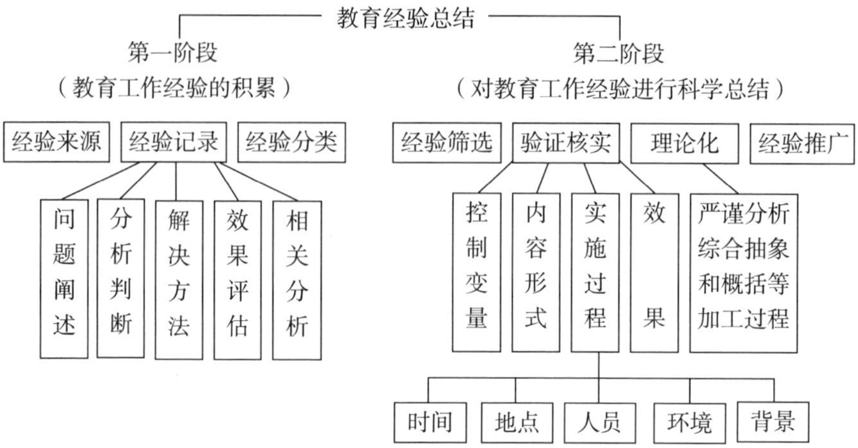

图 1–4　教育经验总结的基本程序

上的总结与点上的总结；有历史经验总结和现实经验总结等。经验总结报告一般包括：（1）工作的简要回顾；（2）主要措施；（3）实施情况与结果；（4）体会与进一步工作的建议。许多教学调研也是按照经验总结的思路展开的。

案例 1–2

在整理中学会学习

——温州实验小学“整理课”的实践与意义①

（一）“整理课”的产生与发展

朴素意图的“整理课”；

课程化的“整理课”；

意在改进教与学的方式的“整理课”。

（二）“整理课”的操作要素

根据儿童年龄特点，规划学习能力的目标序列；

借助任务提纲的“导航”，科学落实及时复习环节；

关注预习指导，指向本质的学习能力；

重视对学生学习体验的疏导，克服情绪因素对学生学习生活的

① 浙江省教育厅教研室调研组．在整理中学会学习：温州实验小学“整理课”的实践与意义［J］．教学月刊，2009（9）：3．收录时仅保留提纲。

干扰；

个别化的呈现问题与求答过程，让交流成为更深层的主动学习。

（三）“整理课”的教育启示

有指导的自修课，客观而辩证地体现“以学生为主体”的精神；

关注学生学习行为的变化比课堂形态更重要，要通过学习习惯的养成，来提高学习能力，学会学习决策；

以学生自主探索为主的教师指导，是提高学生学习能力的主要途径；

重视教师的综合意识，强调教师要基于学科，超越学科。

（四）推广“整理课”的建议

从“学习指导”的视野来构建学校课程或地方课程；

切忌像学科课堂教学研究一样来研磨“整理课”上教师的教学设计与课堂艺术；

借整理课来促进教师教学理解和教学方式的转变，努力触及学习机制的变革。

[**案例分析**] 这份报告产生于温州实验小学探索“整理课”近七年的时候。如何分析与总结他们的“整理课”经验？经验总结的目标与目的应该是什么？这份调研报告从“整理课”发展完善的内在线索、操作要素、教学改革的创新意义（机制）和进一步推广的建议四个方面描述了“整理课”的实践及其发展，挖掘了“整理课”中潜存的教育价值。成果推广常常是经验总结的续曲，所以，负责任的经验总结还要对如何推广作必要的思考。

3. 教育实验研究

教育实验研究是采用自然科学实验的方法来研究教育问题。其目的主要是验证教育措施与教育结果的因果关系。研究者基于某一假设，在教育活动中建立起能够验证假设的系统和环境，在排除无关因素的干扰的情况下，通过控制研究对象，探索教育现象与教育措施间的因果联系，从而验证研究假设。在严格的教育中，实验参与者是随机指定的。但实际情况下，实验参与者往往是按一定的程序选取出来的，所以一般都是准实验。

教育实验研究有两种相互冲突的研究取向。一是模仿自然科学方法，强调严格条件控制与定量研究的理性主义范式；二是倾向人文科学的方法，强调对象的整体性与定性研究的自然主义范式。前者强调教育实验的本质功能是验证假设、鉴别理论、创造理论，追求研究方法和操作过程的科学化与规范化，试图尽可能逼近自然科学实验的标准；后者将教育实验看作是一种特殊的教育活动，强调教育实验对教育实践活动的改善、优化作用，追求教育实验的人文化，并试图通过实验直接获得某种教育结果。①

实践中的教育实验主要有以下三大类型。

（1）注重因果关系定量分析的验证性的教育实验

起初的教育实验主要通过可控制的教育措施（自变量的操作），有目的地变革教育现实，在干预与影响研究对象的发生、发展过程（因变量）后，对有干预与无干预两种情况下获得的教育事实进行比较，探讨教育发展内在的因果关系。它们一般有较为严格的关于自变量和因变量的假设和验证，要求自变量可控、因变量可测以及无关变量的排除等，是一种相对严密的研究方法。我国20世纪80年代出现的一些典型的教学法改革实验属于此类，如小学语文“集中识字，大量阅读，分步习作”实验、“注音识字，提前读写”实验②、小学生运算思维品质培养的实验③、中学数学自学辅导教学实验④等。

（2）注重教育实践改进的探索性的教育实验

现实中的教育问题往往是综合的，为了验证因果关系的严格意义的教育实验相当困难，一些教育实验对部分操作因子作些改变，形成教育实验的另一种基本类型。如顾泠沅教授领导的青浦县数学教学改革实验，虽然实验初期并没有基于严密理论思路的研究假设和操作措施，但课题组历经四个阶段，探索形成了以教学实践为基础、具有方法论意义的新教育实验。这四个阶段分别是：①现状调查，获取问题信息；②通过控制条件不是很严密的经验筛选，在行为改进中建立和完善假说，初成模型；③开展若干小范围的教学实验，探索以“尝试指导”和“效果回授”等心理效应改革数学教学，获得关于教学方法的可靠知识，验证教学模型；④在成果推广中，将实验成果上升到一般教学原理，解决大

① 杨章宏．教育实验研究［M］．杭州：浙江教育出版社，1998：9.

② 王敏勤．国内著名教改实验评价［M］．青岛：青岛海洋大学出版社，1993：13.

③ 林崇德．小学生运算思维品质培养的实验研究［J］．教育研究，1983（10）.

④ 卢仲衡．中学数学自学辅导教学实验81届扩大研究结果［J］．教育研究，1985（6）.

范围的问题[①]。

因为研究对象的特殊性，教育实验只是一种“准实验”，所以这类探索性的教育实验与实际最为接近。探索性实验的特点往往是实验之初，研究假设都还未明确，自变量的定义与控制也并不完善，研究者试图在研究过程中，逐渐明朗研究假说，逐渐形成稳定的干预措施（自变量），并探索干预措施与教育结果的因果关系。

案例 1-3

小学数学示例演练教学的实验研究[②]

（一）实验的基本假设

示例演练教学可以激发学生学习数学的兴趣，增强学生学习数学的信心。在这种教学模式中，根据认知技能的层次理论，由低到高按小步子原则编排教材，有利于学生自学，顺利地从起点走向目标。

示例演练教学既能减负，又能直接获取数学规则，从而提高学业成绩。认知心理学认为，数学学习主要涉及程序性知识和策略性知识的学习，这两类知识主要通过学习者的自身练习而形成。由于课堂中学生通过考察分析示例和边学边练，可以直接获取数学规划，并当堂发展为熟练的认知技能，从而形成高效的学习方法，示例演练教学可以发展学生的自学能力。在这种教学模式中，教师只对重要的知识点及其相互关系作简要的讲授，强调学生通过分析示例进行学习，从中发现和归纳成功解题的规则，并发展为问题求解的认知技能。

（二）实验目标

研究目标：（1）探讨示例演练教学在小学数学教学中应用的可行性；（2）总结示例演练教学的操作方法，归纳总结示例演练教材的编写原则和技术；（3）分析探讨示例演练教学的心理机制。

教学目标：（1）培养学生学习数学的兴趣与信心；（2）减轻学生的学习负担，提高普通生的学习成绩；（3）培养学生的自觉习惯与自学能力。

---

① 顾泠沅．教学改革的行动与诠释［M］．北京：人民教育出版社，2003：13.

② 椒江区实验二小课题组．小学数学示例演练教学的实验研究［M］//陈及人，张丰．以研究的策略推进素质教育（下）．北京：国际文化出版公司，2001：183.

（三）实验的设计

采用自然实验法。在三、四年级设实验班和对照班。自变量为示例演练教学，因变量为学习数学的兴趣与信心、学习成绩和自学能力等。

1. 实验班的组织与教学措施

教学措施：实验班以自编的《小学数学示例演练学习材料》为主要教材。对有些不便于示例演练学习的内容，使用省编教材进行教学。课堂教学以学生按教材自学为主，要求学生考察分析教材中具有解答步骤和答案的样例，按例题做练习，在演练中归纳概括解题的策略和原则，而教师主要发挥组织学生学习和辅导答疑的作用。

效果检测指标：（1）学习数学的兴趣与信心；（2）学业成绩；（3）自学能力的发展和迁移；（4）学科能力的全面发展。

测试方法：（1）学习数学的兴趣与信心：用 Likert 量表法自编；（2）学业成绩：由区教研室命题，按原始成绩计分；（3）自学能力：从人教社教材选取未学过的一段内容，测试自觉成绩，可看出自觉能力的迁移；（4）学科能力的全面发展：以各学科的期终测验及毕业考试来考察。

2. 对照班的组织与控制

教学措施：对照班按省颁小学数学教学大纲及教材、教学参考书进行常规教学。

对比条件：进行实验前测，提供比较基础。与实验班教学时间相同，不加班加点。

（四）示例演练教学实验的具体措施（略）

［**案例分析**］这是一项应用学习心理学改进学科教学的研究课题。研究者在前期研究的基础上，提出“小学数学示例演练教学”的初步模式，编制了相应的学习材料，并假设应用该模式能够提高学生数学学习兴趣与成绩，促进学生自学能力的发展（因果关系的假设）。就像一般的科学实验一样，研究者选择两个条件相当的学生班级，分别采用往常的教学方法与改进后的教学方法（自变量，实施教育措施）开展一个阶段的教学活动，然后通过学生学习状况调查、学业测验和自觉能力评估等（因变量，教育成效的评估），比较验证“示例演练教学”的作用，分析“示例演练教学”中的学习机制，提出完善“示例演练教学”的建议。

（3）意在学校整体改革的综合性的教育实验

教育是一个复杂的多因素系统，学校又是诸多要素有机结合的整体。20 世纪 80 年代，一些教育理论工作者与中小学合作开展了一些著名的整体改革实验，如杭州市天长小学与杭州大学教育系合作开展的“小学生整体教育与最优发展综合实验”[①]、上海师范大学与上海市实验学校开展的“中小学教育体系整体改革实验——探索常态儿童超常发展的途径”[②] 等。他们或改革学校管理的结构和方法；或改革课程设置，调整课程内容；或改革教育方法，丰富教育形式，为学生生动活泼的发展创造条件；或综合协调课内外、校内外多种教育力量的作用，协调取得教育的整体效益。这些综合性的教育实验，成为教育科研初兴时期很多课题的榜样。但跟随而起的学校整体改革综合实验中成功案例不多。

4. 追因研究

追因研究是指在事实发生后，通过控制变量的方式追溯探讨与该事实结果相关的原因的研究方法。与根据个人经验推测事件原因的方法相比，追因研究更重视实证与逻辑依据。

追因研究的步骤主要是：确定结果与研究的问题；假设致此结果的可能原因；设置分组以便比较；查阅有关资料进行对比；检验；反复验证得出结论。

（二）间接研究的方法

间接研究的时间与空间，要比直接研究大得多。它纵可追溯历史，横要放眼世界。这是高校专业研究的重要研究方法。但在中小学教育研究中，可被结合运用。间接研究的具体方法主要有：历史研究、比较研究、内容分析等。

1. 历史研究

历史研究主要是对过去发生的事件的了解和解释，其目的是通过对以往事件的原因、结果或趋向的研究，帮助解释当前事件和预测未来事件。也就是要从历史的发展中发现规律，捕捉对今天的实践有价值的信

① 杭州市天长小学，杭州大学教育系综合实验组．整体优化教育的理论与实践［M］．杭州：浙江教育出版社，1991.

② 恽昭世．走向未来的学校［M］．北京：人民教育出版社，1993：10.

息，如学习指导的基本模式及其发展趋势研究①、我国综合理科课程发展述略等。

因为历史研究的对象是过去的某一问题或现象，要从过去的资料的解释中获得信息，所以必须利用文献或其他资料，通过批判性的探究来重建过去。袁振国教授的用文献研究与比较研究来代替“历史研究”②，强调这一方法必须通过对已有资料的分析，应用逻辑推理来探索事物之间的联系。

作为研究方法的历史研究与传统的教育史研究有一定的区别。具体反映在：历史研究方法的关键是从教育的历史范畴来认识教育活动和现象，将教育活动和现象与一定历史条件和认识方式联系起来研究，而不是关于教育发展的具体史实的追析。它更重视的是其形成和发展的研究。

案例 1–4

教材研究的历史观察③

教材是为学生设计的某一学程的学科内容的书面性指导材料。早期教育的“百科全书式”倾向，形成了注重闲暇娱乐的西方的“七艺”和注重德行的东方的“新六艺”两大教材体系。但因为对思想的追求甚于对传播方式的考究，教材并没有也不可能成为古代学者的研究专题。在我国古代和西方文艺复兴时期，常常直接以学者的原著为教材。在教育科学的萌芽时期，教育活动也被视作专业的研究方向，此时，教材的系统化、组织化得到应有的关注。本文从历史分析的角度，对教材研究的过去与前景进行讨论。

从夸美纽斯（J. A. Comenius）在《大教学论》中以“教与学的彻底性原则”为标题提出了六点教材编制原则起，教材研究开始成为教学论研究的重要分支。纵观教材研究的两百年，大致可分为三个时期。不同时期的研究有不同的关注重点与方法论支持。

---

① 李如密. 学习指导的基本模式及其发展趋势［EB/OL］.（2005－01－07）［2013－07－30］. http：//jiaozhimei. bokee. com/1287095. html.

② 袁振国. 教育研究方法［M］. 北京：高等教育出版社，2000：13.

③ 张丰. 教材研究的历史观察与对象系统［J］. 浙江师范大学学报：社会科学版，2000（4）：56. 收入时有较大删节。

(一) 教材结构化——关注教学内容的选择的教学论研究时期

18—19 世纪是教材研究的第一阶段，学者们较为关注教学内容的选择，而且基本上从教学论的角度展开，我们称之为教材研究的教学论研究时期。

德国教育家巴泽多（J. Basedow）在 1768 年论证了编制教材的意义，并有第斯多惠（F. A. W. Diesterweg）、狄尔沃慈（T. Dilwolth）等学者身体力行，进行了教材编制的具体实践，这是教材研究的初始阶段。在近代教学论迈向现代教学论的 19 世纪初，新人文主义站在形式训练说的立场，突出教学内容问题，定下了教材研究的第一个主题。当时的教材理论研究有以赫尔巴特（J. F. Herbart）为代表的传统教育派与以杜威（J. Deway）为代表的进步主义教育派两大派别。赫氏继承了新人文主义的观点，坚持教材具体内容的实用价值，主张以知识的逻辑顺序为线索，强调学科教材。受赫尔巴特影响的维尔曼（O. Willmann）在用实质训练说抨击形式训练说的过程中，试图使教学内容结构化，并提出课程编制的基本原理和教学内容构想，规定了教学内容序列的心理顺序原理与历史顺序原理。另一位追求教材的教育性的学者戚勒（T. Ziller）倡导中心统合法课程，他主张教材应符合学生的智力发展阶段，并以个体发生与人类发展相一致为前提，倡导文化史阶段说。他们在突出知识体系序列的同时，已意识到考虑心理发展因素。

杜威坚持教材建设应从学习者的经验开始，去引申合乎科学的教材编制策略。他认为，学科教材是历年科研的产物而非儿童活动的结果，教材的基本源泉应是儿童的直接经验。他特别强调活动教材在教育中的作用，并于 1896 年在芝加哥进行了历史上首次的教材实验。他指出：教材具有逻辑和心理两方面特点，应以个体的经验作为教材的主线。这一关于教材心理化的观点对教材建设的意义巨大，尽管杜威倡导的经验中心式或生活中心式教材的改革在 20 世纪初的美国受到多方批评，但这一思想对于教学论的贡献是无疑的。

(二) 教材心理化——关注编制顺序的心理学研究时期

20 世纪前 60 年的教材研究的重心在于教材的编制顺序。由于现代教育与学习心理学的迅猛发展，关注学习心理的专家都不同程度地介入了教材理论研究，并作出了丰富的贡献。我们暂称这一时期为教材研究的心理学研究时期。(略)

（三）教材工艺化——关注承载媒体的传播学研究时期

20世纪70年代以来，投影、幻灯、录音、录像、电影、多媒体计算机接连涌入教学领域，使传统的教材分类体系中增加了物理载体的分类，也拓展了教材的传播学研究视阈。在这方面日本学者有较多的涉猎，教育工艺学专家坂元昂从教育技术的角度分析教材的构成和功能，佐藤隆博以教育信息工程的角度探索教材的界面设计。

应该说，教材研究的第三阶段也是教材研究综合化的阶段，从教材的媒体属性或技术学角度展开的研究成为教材研究的新热点。（略）

从世界教材研究的历史分期中，三个阶段的研究重点的演变中蕴含着规律。教学内容的选择、教学内容的编制顺序、教学内容的承载媒体正是教材研究的对象系统的三大要素。我们可以将教材界定为：教学内容及其内在组织的静态呈示。

[案例分析] 这是一篇运用历史研究方法研究“教材研究”发展线索的简要案例。运用历史研究方法，必须收集、钻研大量的专业文献，在纷繁的信息中抽取出编织“经”、“纬”的线索。本文的“经线”是历史分期，“纬线”是不同学者的观点的对立与交叉。在历史研究中，也要采用比较研究的思维，在诸多观点的比较辨析中，将相近的观点集中在一起，但又要以彼此间的区别来呈现观点的发展。

2. 比较研究

比较研究是按一定标准对彼此有联系的事物进行对照分析，以确定它们的共同点与差异点、共同规律与特殊本质，从而得出符合客观实际的结论。它有狭义理解与广义理解。

在教育研究中，比较教育学已作为一个学科分支，专指教育问题的国际比较。所以，狭义的比较研究专指跨国、跨文化的研究，如“英、美、瑞三国普通高中办学模式的比较研究”①、“德国教科书管理的研究”。历史研究是跨时间的比较，重在古为今用；而比较研究是跨空间比较，重在“洋为中用”。它要在两国（地区）教育的某一方面的比较分析中，发现共同特点与差异之处，并着重从机制层面分析他人经验之于我们的启示。

① 喻小琴. 英、美、瑞三国普通高中办学模式的比较及其启示［J］. 上海教育科研，2012（12）：55.

在广义的理解中，比较是作为人类认识事物的一种思维方法。所以，两个（或以上）有联系的事物间的比较和一般的跨区域比较也都视为比较研究（或称对比研究），如“学校综合实践活动课程实施的典型模式及其比较研究”等。同一与差异是事物间普遍存在的一种客观联系，比较过程中追求的是“同中求异”和“异中求同”。

在比较研究之初，一般应先确定比较的问题，制定比较的标准，然后搜集资料，并加以分类分析，最后形成结论和教育建议。

3. 内容分析

内容分析是传播学研究的常用方法。它以各类文献为研究对象，采用定量方法进行客观、系统的描述，以作出关于事实的判断和推论。其实质是对文献中包含的信息量及其变化的分析。它可以用来进行现状分析、趋势分析、比较分析和意向分析，如“面向信息时代中小学教师专业发展的研究现状及趋势——基于《中国电化教育》和《电化教育研究》的内容分析”①，研究者统计分析了这两份期刊上的相关文章，从现状与趋势两方面分析了信息时代对教师专业发展研究的影响。

规范的内容分析法的一般过程是：建立研究目标、确定研究总体和选择分析单位、设计分析维度、抽样和量化分析材料、评判记录和分析推论六部分。但随着传播媒体的发展，作为分析对象的文献逐渐推衍到报纸、电视、教材、信件、日记、学生作业和试卷等多样的有意义的分析材料。

四、中小学教育研究的实践取向

“中小学教育研究”是多义的。它既可理解成以中小学教育工作者为主体的研究，也可理解成以中小学教育为研究对象的一切研究。本书讨论的“中小学教育研究”主要指与基础教育相关的教师、学校管理者以及相关专业人员关于基础教育及其发展的研究。

在群众性教育科研兴起的初期，借鉴专业学术研究的思路与方法已取得显著进展。但在教育科研普及之后，尊重中小学教育研究与专业理论工作者的研究之间的差异，探索相应的操作范式和价值取向显得十分迫切。

---

① 张冬玉．面向信息时代中小学教师专业发展的研究现状及趋势：基于《中国电化教育》和《电化教育研究》的内容分析［J］．中国电化教育，2010（8）．

（一）中小学教育研究与专业学术研究的区别

1. 研究的目标与定位

专业学术研究的目标，主要是繁荣教育科学，追求学术发展，强调研究的知识生产功能。而中小学教育研究的主要目的是教育实践的认识与改进，是关于现实存在的困难与问题的解决。更多的专业学术研究是“关于教育的研究”，而中小学教育研究常常是“为了教育的研究”。

2. 研究对象和方法

专业学术研究主要是描述与解释教育，它关注的是对某一现象或规律的认识，要探索具有普适性的教育规律，因而要设计严密的研究方案，提出研究假设，依靠理论思辨、实证分析和自上而下的逻辑推演。而一线教师的研究，关注的是自然情境中的教育问题，重视教师对个人经验的叙事分析，更多的是自下而上的实际案例的讨论。大家在日常教育教学工作中发现问题，收集分析教育教学过程中的资料，基于实践探索解决问题的办法。

3. 研究的实践参与性

专业理论工作者一般是置身教育活动之外的审视观察者。他们通常不是教育现场的“局内人”，所以要先取得教师们的信任与合作，才能有效展开研究。而教师一直置身于教育活动之中，是教育实践的当事人。他们在实践中的内省与反思就是研究的“涓涓细流”，随时参与实践，或可称“田野式研究”。

4. 研究的评价

专业学术研究往往以论文、著作等成果的多少为评价标准，看重成果的创造性、先进性和科学性。而中小学教师的研究须强调研究对教育教学实践的改进与推动作用，强调研究的现实成效和教师的成长进步，关注研究的可推广性。如果套用专业学术研究的思路来评价中小学教育研究，教师们容易把研究简单地理解为写论文，把写文章等同于搞研究，“为研究而研究”、“重结果轻过程”的现象就容易出现。在评价要求超出教师的能力范围时，便会诱使教师移花接木，抄袭成果。

> “实践取向”是中小学教育研究的核心特点，研究要从“关注概念创新”走向“关注实践改进”。

当然，强调区别并不是放弃合作。中小学教育研究仍然要学习与借鉴专业学术研究的精华，在坚持“实践取向”的基础上，加强与专业学术研究的合作。专业理论工作者与一线教师的研究合作，应以基础教育发展为立场，在互补互惠、平等合作的基础上，寻求在一致的活动主题下的不同收获。专业理论工作者要尊重教师积累的丰富经验的价值，并将改进实践视作己任；一线教师应虚心向专业人员学习，提高方法意识，积极将思考与建议转化为教育行动。陈桂生教授曾与他的同事、学生一起走进上海市打虎山路第一小学和无锡扬名中心小学，开展合作研究。这是专业理论工作者与一线教师开展合作研究的一个经典。在著作《到中小学去研究教育》中，陈教授说：“强调理论工作者要做实践者的‘先生’，先得做实践者的‘学生’，通过平等的合作研究，共同参与对教育行动的反思，破译行动的意义。”①

在自然科学研究中，研究者往往有很强的对象感。研究者与研究对象有着截然的主体与客体的关系。而在中小学教育研究中，研究者与研究对象的关系变得复杂。有的研究，只是通过文献资料的字里行间或视频影像的帧帧画面来展开（非接触式研究）；有的研究，研究者走近教育活动现场，或与被研究者见面互动，但还是以清醒的旁观者的角色介入（接触式研究之一）；有的研究，走进现场的研究者由“局外人”变成“局内人”，甚至“当事人”，成为教育干预措施的具体实施者（接触式研究之二）。

从研究者在教育活动中的介入程度与介入方式看，中小学教育研究的走向有以下几种。

（二）“实践取向”之一：在真实的教育情境中的现场研究

很多人习惯将“研究”理解为“对事物的冷眼观察与剖析”，所以出现很多非接触的，无利益关联的研究方法。尽管文献研究、思辨研究也是必要的，但当前的中小学教育研究已不倡导只有思辨与文献分析的研究，而是思辨与实证相结合，且以实证为主的研究。

研究社会、学校中的教育事件，从本质上说，是对“人的行为”的理解。而人们的行为与处境是分不开的。脱离情境、脱离现实的教育研究违背社会学的研究原则。只有在发生行为的现场观察行为，才能更好

① 陈桂生．到中小学去研究教育：“教育行动研究”的尝试［M］．上海：华东师范大学出版社，2000：3.

地理解行为。所以，实地研究成为当前中小学教育研究的主流。走进学校做研究，让研究发生在教育现场。

1. 倡导教育研究与教育实践的密切整合

"现场研究"也称"实地研究"。研究者走入教育教学活动的现场，面对面地观察、描述研究对象，并作出定性判断或解释①，有时也通过研究设计获得量化分析的信息。现场研究通常没有明确的理论指向和结论假设，而是重视亲历过程，旨在获得整体"画面"。它倡导到自然与真实的社会环境中研究儿童心理、教育教学过程、学生行为等，反对以典型家庭、理想学校和虚构环境来对教育现象作不切实际的所谓研究。②它包括跟踪研究、参与观察和深度访谈等，研究者可以直接参与活动的过程。

这种研究方法首先运用于人类学研究，或生态学研究。它不像教育实验一样追求严密，但更体现"人本精神"，避免了分割对象整体以及环境与对象之间联系的危险③，体现社会科学的研究特点。其目标不在于必然性的揭示，而是真实性的描述。它要求研究须取得被研究者的合作，以身临其境地体验他们的心理和观点。至于事先是否要作具体的设计，早期的实地研究（特别是人类学研究）强调纯自然状态，今天的一些实地研究比较重视研究目的的操作性设计，但依旧强调自然状态。

2. 推动教师成为研究者：现场研究的意义

只有研究者成为教育活动的"局内人"，他才能合理地理解和解释各种真实发生的事件与行为，才能在理解和解释的过程中，发现这些事件或行为背后所隐藏的规律，不会将事件中的各部分间的联系割裂开来。④ 这正是今天推动教师成为研究者的原因。让教师们感受并承担起研究的责任，让研究渗透于朴素的教育教学实践中。

在真实的教育情境中开展研究，有助于研究者在实然状态下理解应然的教育理想，思考实然与应然的差距，探索逼近应然的策略，以具体鲜活的案例描述教育内在的东西；有助于研究者理解教育问题的复杂性，防止简单、线性地理解教育活动中的因果关系；更重要的是有助于

---

① 袁振国．教育研究方法［M］．北京：高等教育出版社，2000：13.

② 朱永祥．国外教育研究方法论的发展趋势［J］．教育科学，1991（4）.

③ 叶澜．教育研究及其方法［M］．合肥：中国科学技术出版社，1990：32.

④ 张景斌，等．在真实的教育情境中研究教育［M］．北京：首都师范大学出版社，2003：2.

研究者与被研究者（实践者）的角色整合，推动教师成为研究者。

3. 观察与访谈：现场研究的方法与技术

现场研究强调真实情境。而如何面对真实的教育现场是一种方法与技术。实地研究面对的是自然的、未加修饰的、完整的、包含细节的情境。开展实地研究需要注意：

（1）进入现场要有充分的准备。研究者应事先了解和评估一下自己与现场活动的关系、现场的性质以及现场人们的特点，避免研究者的到来对现场活动的干扰。

（2）视实际情况决定是否公开研究者的目的与身份。进入现场可以隐匿身份，以避免研究对象觉察研究者的存在而出现行为掩饰，但为了取得研究对象的合作与支持，应征得允许再进入。公开研究目的与身份可以避免研究伦理的尴尬，对于需要多次联系的人们，公开声明身份更是必要。

（3）注意现场观察与记录的规范。观察、访谈、搜集资料是非干预性的现场研究的主要方法。要从不同维度收集各种信息，并利用多种不同资料进行交叉验证；要选择可靠的信息提供者，建立信任和密切关系；现场记录应是描述性的，要及时将自己的体验与想法补充进去；尽可能完整参与研究过程，对研究对象有完整的体验。①

（4）重视个案研究。现场研究能够接触到完整的研究对象，要获取针对每个个案的综合的、系统的、有深度的信息；同一项研究中可以有多个个案，并注意多个个案间的比较分析；个案记录应便于管理、提取、汇集。

（三）“实践取向”之二：旨在解决实践问题的行动研究

在传统的理解中，教育研究指向教育活动的理解和教育规律的描述。在20世纪80年代推广教育实验研究时，很多研究试图阐明某种教育措施与某一教育结果的因果联系，但这不应是教育研究的关键。教育研究的使命更应是发展教育，改进教育教学，解决教育实践中的问题。

> 中小学教育研究的主要任务是改进教育教学，解决教育实践中的问题。

这就是说，在真实教育情境中的研究者不能只是旁观者，他还应是教育活动的干预者。这正是强调“实践者就

---

① 袁振国．教育研究方法［M］．北京：高等教育出版社，2000：171.

是研究者”的行动研究的要义。从验证性的认识规律的研究转向探索性的解决问题的研究，从弱参与性的观察分析走向干预性的行动研究，是当前教师研究务实转型的方向。

不过，这种干预可能是片段性的教育措施，也可能是系统化的教育教学改革。研究的聚焦点要从静态规律的深入认识，转移到探究性的教育教学改革中去。教育规律的深入分析，主要是回答“为什么”（why）的问题。而教育教学改革关注的是实践行动的进一步优化，重点在回答“如何”（how）的问题。当然，探究性的行动研究也要建立在对教育规律的深入研究的基础上，这是一个理论联系实际的课题。

1953年，美国学者科里（S. Corey）在《改进学校实践的行动研究》一书中介绍了行动研究的理论基础、特点、实施原则、实施程序与注意事项。他认为，“所有教育研究，只有由研究结果的应用者来主持，研究结果才不会浪费；同时，只有教师、学生、管理者以及家长等以个体或集体的形式，采取积极态度，发挥创造性思维，提出合理化措施，并勇敢地加以检验，通过讲究方法地、有系统地收集资料，确定新措施的效果，这种方法就叫‘行动研究’（Action Research）”①。

20世纪70年代以来，教育行动研究迅速发展并推广开来。虽然各方对行动研究的定义众说纷纭，但其倡导的“教师成为研究者”、“教师即反思的实践者”等主张得到广泛认同。教育行动研究是一种探索性的研究。它将教育实践的具体改革与研究紧密结合。它避开教育实验比较严格的方法限制，结合了人文学科研究与自然科学研究的特点，倡导在真实、自然的教育情境中，以实践者为主体，以提高行动质量、改进实际工作、解决实践问题为首要目标，按照一定的程序，综合运用多种方法开展研究。其特点可以概括为以下四点。

1. “为了教育而研究”

假如传统的教育研究的旨趣是获取真理，是为增加或繁荣教育科学知识而研究的话，现代的教育研究应把教育的改革和实践放在第一位。基层开展的教育行动研究不是为了建构新理论，而是为了改进自身的教育教学实践，其研究方式必然是“实践取向”的。

2. “对教育的研究”

这是以教育行动为对象的，“以问题为中心”的研究。其目标是教

① Corey S. Action Research to Improve School Practice [M]. New York: Teachers Colleges Press, 1953.

育问题的解决。因为教育行为与教育环境之间的关系是特定的，所以必须联系地、结合起来研究。当然，在行动研究中，无法直接获得普遍性的规律与认识，这需要进行“普遍性试验”的再加工。

3. “在教育中研究”

教育行动研究不能离开教育实践活动，不能脱离教师平时工作的实际环境，所以，从事研究的人就应该是研究成果的应用者。这样，研究成为教师职业活动的一部分的同时，也成为教师学习的重要途径。教师在行动研究中，对自己教学行为进行持续的观察和反思，并通过交流与学习，加深对自身教育实践的理解，从而提高自己。

4. “通过教育进行研究”

“在教育中研究”强调研究活动的环境，而“通过教育进行研究”强调了作为研究手段的教育活动。教师们通过教育工作检验自己对教育问题的看法是否正确，检验自己解决问题的设想和办法是否有效，并通过教育活动进行教育改革措施的反馈调整，通过教育活动实现学生培养和教师成长的“双丰收”。

“行动研究意在帮助实践工作者省察他们自己的教育理论与自己的日复一日的教育实践之间的联系；它意在将研究行动整合进教育背景，以使研究者能在实践的改进中发挥直接而迅捷的作用；它意在通过帮助实践工作者成为研究者，克服研究者和实践工作者之间的距离。”[①] 这是行动研究的意义，也是当前中小学教育研究范式转变的深刻理由。教育行动研究的经典案例可参阅陈桂生教授等著的《到中小学去研究教育——“教育行动研究”的尝试》[②]。

（四）“实践取向”之三：旨在学习理论并应用理论改进实践的研究

尽管中小学教育研究应是“实践取向”的，但如果没有一定的理论或方法论的支撑，研究很可能只是经验式的工作。

关于教育理论与实践的关系问题，学术界有许多研究，主要有四种主张[③]：（1）主张理论与实践应该统一、结合。强调教育理论源于实践，

① 胡森．国际教育百科全书：第7卷［M］．贵阳：贵州教育出版社，1991.

② 陈桂生．到中小学去研究教育：“教育行动研究”的尝试［M］．上海：华东师范大学出版社，2000：1.

③ 丁念金．研究方法的新进展［M］．教育科学出版社，2004：214.

应该向实践靠拢，服务于教育实践，受检验于教育实践；教育实践也应该向理论靠拢，在教育理论的指导下进行。(2) 主张不宜过分强调两者的结合与一致性。因为教育理论的形成与发展有着相对于教育实践的独立性。(3) 主张当前的主要任务不是两者的统一，而是两者的分离。(4) 主张教育理论与实践的关系，不可笼统地回答，宜分类而述，不同类型的理论与实践的关系也不同。

我们认为，教育理论与教育实践是自然结合的。凡是研究教育活动的理论，必然有其实践目的。反之亦然，实践者应有关于做什么、怎么做、为什么这样做以及预期目的等方面的系列思考。这些朴素的联系就是内在的理论。所以，并不存在“理论是否有用”的质疑，而是我们是否善于发现实践中的理论，是否善于学习理论并运用理论来指导实践。

1. 如何发现实践中的理论

理论与实践之间存在一种模糊的渐变关系：系统的理论—朴素的道理—理解与判断—实践建议。教师们关心最后的实践建议在情理之中，但是没有判断、没有理解，没有关于“之所以然”的道理，教育建议也会失去说服力。

其实，教育实践的背后必然有理论在支持，如“上好课”需要“教学设计理论”、“教学心理学”和“学科教学论”的支撑；“带好班”需要“德育原理”、“班主任工作原理”与“学生发展心理”的支撑。如果通俗地将教育研究视为“思考＋行动”的话，理论就是“行动中的思考”。

2. 如何学习理论并应用理论来指导实践

不少教师认为理论对实践的指导作用是“有限”的。但概括性与普遍适用性是理论的重要属性。教育理论很难将研究指向少数实践者的情境，它必须是关于规律的普遍性认识，具有一定的普适性。而实践工作者关心的却是针对性结论，希望得到关于自己的实践情境的具体建议。这是一种分歧，一条“鸿沟”。

我们建议教师在学习理论时，一要认识到“理论是关于普遍性问题的”，它的针对性转化应由应用者自己完成；二要同步进行关于实践的理论的“消化”，可以设问两个问题：“该理论中的哪些论述可能于己有用？”“在具体实践中，它将表现为怎样的教育建议？”在具体的教育研究中，实践就是“基于思考的行动”。

3. 突破“思维壁垒”的思路过程

虽然理论与实践的关系是朴素的，但在很多教师的心目中，教育理论与教育实践之间的认识“隔离”犹如一道“壁垒”。教育研究活动可以比作透过“壁垒”的行动（见图1－5），穿透教育实践，抓住研究问题，把握教育规律，尝试改进实践。

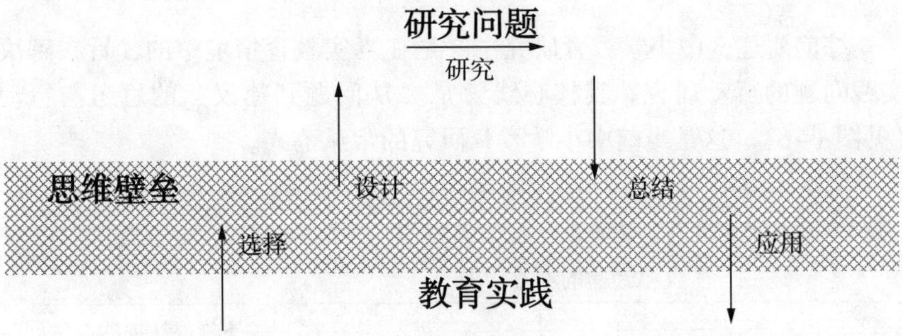

图1－5 关于研究对象和研究过程的关系的示意图

如图1－5所示，研究问题总是“包裹”在教育实践中。之所以我们不能轻易发现并描述它，这是因为理论与实践间存在“思维壁垒”。从教育实践中发现并厘清问题，需要突破“思维壁垒”，这就是“选择”与“设计”环节。“研究”环节主要是实践探索与观察。在其基础上的“总结”环节既包括认识的发展，还包括实践的提炼。最后的“应用”环节是研究成果的可推广性的考验，考验它对于同类的教育实践有无帮助与启发。

在将研究过程分解成“选择—设计—研究—总结—应用”五步后，“选择”、“设计”与“总结”恰好对应于本书的“第二章 问题的分析”、“第三章 行动的计划”与“第七章 成果的总结”；而“研究”包括了本书的“第四章 研究思路的展开”、“第五章 研修的策划”与“第六章 实践的观察”，这是本书展开的一条线索。

刘良华教授在教育行动研究的核心文献的研究中，将行动研究的核心特征概括为“参与”、“改进”、“系统”和“公开”[①]。“参与”即强调教师参与行动研究；“改进”指的是研究旨在改进学校实践，以及改进教师的理解和实践者所处的社会情境；“系统”关注的是“行动研究必须符合某种‘科学的方法’，而不使自己沦落为‘随意性问题解决’”[②]。这三点与前述的“在真实的教育情境中的现场研究”、“旨在解决实践问题的行动研究”、“旨在学习理论并应用理论改进实践的研究”的意义正

① 刘良华．校本行动研究［M］．成都：四川教育出版社，2002：148.

② 刘良华．教育行动研究：解释学的观点［J］．教育理论与实践，2001（11）：5－10.

好契合。这说明关于教育研究的发展走向的理解正在统一。

五、从问题到建议：教育行动研究的核心线索

综前所述，中小学教育研究主要是在真实教育情境中的，旨在解决实践问题的行动研究。其核心线索是“从问题到建议”的思考与行动（见图1–6）。这是当前中小学教育研究的常见范式。

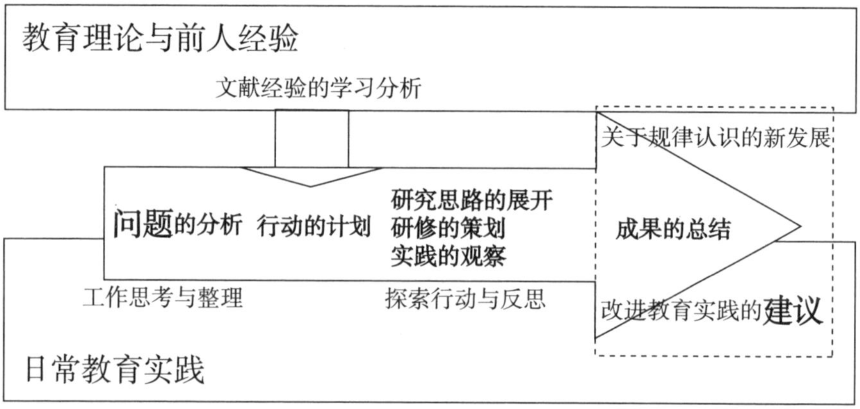

图1–6　体现研究意义的教育行动

（一）研究范式的特点

该研究范式包含问题的分析、行动的计划、研究思路的展开、研修的策划、实践与观察、成果的总结等环节。其主要特点是：

（1）研究始于问题，试图通过研究解决问题；

（2）研究旨在形成改进教育教学实践的操作性建议；

（3）“问题分析—行动计划—研修开展—实践观察—建议总结”的过程是体现研究意义的教育行动的主线索；

（4）问题源自日常教育实践的思考与整理，结合文献与经验的学习分析形成对策行动的计划，通过持续开展的、探索性的行动及其观察、反思、总结，形成成果；

（5）在改进实践的过程中，研究者既形成了改进教育教学实践的建议，积累了有效的教育教学资源，同时应该在理论或规律的认识上取得新的发展。

（二）研究的思路线索

我们将对话式的方法辅导应用于此，归纳了问题分析、行动计划、研修开展、实践观察、成果总结五个环节中的“自我提问单”。

1. 问题的分析

该环节主要是筛选、梳理、分析教育实践中的问题，并进行归因，确定研究问题。

问题1：我们遇到的是什么问题？

问题2：该问题主要表现在哪些方面？

问题3：该问题是普遍性问题，还是特殊性问题？

问题4：出现该问题的可能原因是什么？

问题5：各项原因之间有关联吗？

2. 行动的计划

该环节主要是在学习文献与经验的基础上，将“问题”转化为“课题”，确定研究主题，形成对策设想，设计研究方案。

问题1：研究试图改变教育教学的哪些方面？

问题2：以往解决该问题的思路与方法有哪些？

问题3：本研究设想的解决对策是什么？突破点在哪里？

问题4：探索解决该问题需要思考哪些问题？

问题5：研究过程如何安排？

3. 研修的开展

该环节主要是将研究方案化为具体的研究活动，根据研究领域的特点规划、策划和开展各种活动，并在研究活动中体现研修结合的意义。

问题1：如何将研究方案转化为具体的思考与行动？

问题2：怎样在研究活动中体现研修的意义？

问题3：如何提高研修活动的有效性？

问题4：对策行动的关键因子是什么？有无机制意义的突破？

问题5：不同领域的研究行动各有哪些不同的特点？

4. 实践的观察

该环节主要是在对行动的持续的观察与反思中，积极完善行动措施，积累认识与体验。

问题1：研究过程中需要收集哪些资料？

问题2：研究的进展将反映在哪些方面？

问题 3：如何选择或综合运用实践观察的方法？

问题 4：如何合理地获得反映研究进展的证据？

问题 5：如何基于证据评估和完善行动措施？

5. 成果的总结

该环节主要是整理研究资料，总结认识的发展与实践的进展，向同行提出改进教育实践的建议。

问题 1：改进实践的行动建议是什么？

问题 2：行动建议的操作性和可推广性如何？

问题 3：为什么采取这样的对策建议？（关于行动背后的理由及其理解）

问题 4：精练地呈现成果的必需材料有哪些？合理的呈现形式是什么？

问题 5：本研究有哪些局限性？还有哪些需要进一步研究的问题？

（三）教育行动的研究意义

教育行动的研究意义主要体现在“基于行动的思考”与“基于思考的行动”两个方面。具体体现在：

1. 实践性

中小学教育研究的逻辑起点与逻辑终点都是实践，是实践探索与实践分析的“螺旋式上升”的过程。所以，它是“做”出来的，而不能只靠“写”来完成。研究者的思考不能脱离实践，同时又积极地将自己的思考转换为行动。研究不能只是实践的总结，但更重要的是“有理由的实践”，这是实践有可能继续发展的基础。

2. 针对性

中小学教育研究应指向某一具体问题。该问题应该是与研究者工作相联系的、客观的、可能有所作为的问题。研究寻求的是该具体问题的普遍性解释与针对性解决，这是学习理论并应用理论改进实践的过程。针对性并不是狭隘的、专属的，重视研究者将知识由一个情境转移到另外一个情境的能力，也是教育行动研究的特征。

3. 建设性

中小学教育研究意在形成对改善教育教学有意义的、可操作的建议，形成能为同行认可且对同行解决同类问题有帮助的建议。所以，研究成果应以同行为读者对象，从同行读者学习推广的需要出发，构思成果的呈现。

4. 资源性

在中小学教育研究中，除了形成反映理性认识与实践建议的主体报告外，还会积累一批教学设计、案例、素材、课件等具有典型性和操作性的材料。这些也是重要的成果，是成果推广的资源和深化教育教学改革的“台阶”。特别是综合实践活动和学校课程建设等研究，务必要重视研究中生成的具体资源。

5. 学习性

中小学教育研究在本质上是一种基于学习的研究，教师们在学习的基础上开展。研究同时又是学习的动力，因为研究任务的驱动，促使教师主动开展学习。联合国教科文组织通过 APEID 计划，在基层学校推广行动研究模式，试图在学校建立行动研究机制，达到培养教师针对实际工作情境进行独立研究的意识和技能，使他们养成在实际工作中不断发现问题、诊断问题和解决问题的习惯，并形成以学校为基地，以一线教师为主体的新型的教师培养和培训机制。①

---

① 汪利兵．教育行动研究：意义、制度与方法［M］．杭州：浙江大学出版社，2003：56.

随章任务

1. 什么是研究：你的观点与例说

以下是作者关于“研究是什么”的若干心得，观点不一定全面或正确，你可以赞同，也可以反对。请有过研究体验的你浏览并对照思考，选择1～2个观点，结合实例作附和论证或质疑反驳。

（1）研究的直接目的是解决问题，其目的是发现规律，并得到建议。

（2）研究应以可以观察到的现象或经验为基础，它只接受那些能用观察证实的事情。

（3）研究需要准确的观察与描述。可能的话，尽量采用合理的定量方法来说明。但这并不意味着质性方法比定量方法落后。相反，质性方法可能更科学。

（4）研究活动有时是随机的、不系统的，尝试与错误在研究中也是常事，但研究不能是盲目的、“蜻蜓点水”式的考察。

（5）研究为的是完善自己的认识，自我感觉特好、无法正视自己不足者，往往很难完成好研究任务。

（6）研究不是目的，而是更好地工作的手段。不能因为要做研究而忘了自己“真正要去的地方”。

2. 总结身边的经验

案例1－2“在整理中学会学习”是专业人员对温州实验小学“整理课”改革的调研总结，它与图1－4一起呈现了如何总结经验、分析潜在机制的思路。请以自己或身边一位你佩服的老师（或小组）为对象，选择相对成功的值得骄傲的某一做法为切入点，尝试写一篇经验总结报告。

3. 在自己的研究中寻找“行动研究”的特征

美国学者阿特莱奇特（H. Altrichter）将行动研究分为如下三类①。

① 阿特莱奇特，等．行动研究方法导论：教师动手做研究［M］．夏林清，等，译．台北：远流出版社，1997.

(1) 内隐式“行动中认识”(Tacit Knowledge-in-Action)。通常实践者对自己的实践知识及其来源缺乏意识，无法清楚地用语言说出来。他们无法将自己的思考和行动分开，“我们知道的比我们能说的要多”。“行动中认识”的研究便是对实践者日常行动进行的研究，通过观察和反思了解实践者的内隐性知识。

(2)“在行动中反思”(Reflection-in-Action)。当一个人在行动中进行反思时，他就成了实践脉络中的一位研究者。这种研究者不是依靠现存的理论或技巧来处理问题，而是针对一个独特的情形来思考问题。他将目标和手段视为一种相互建构的关系，根据彼此之间的需要进行相互的调整。他的思考不会脱离实践事物，所有的决定都一定会转化为行动，在行动中推进自己对事物的探究。

(3)“对行动进行反思”(Reflection-on-Action)。这是指参与者将自己抽离出行动，对自己的行动进行反思。虽然这么做减缓了参与者行动的速度，干扰行为的流畅性，但催化了他们对自己行动的细微分析，有利于他们规划变革。将参与者的内隐知识明朗化，将自己的实践性知识说出来，可以增加他们的知识的可沟通性，有助于他们应付更加复杂的社会问题。

请认真阅读和体会以上观点，并以你曾尝试过的行动研究为例，说明上述三类研究的存在与证据。

第二章

问题的分析

问题分析环节的主要任务是筛选、梳理、分析教育实践中的问题，并进行归因，以确定“研究什么”。

问题 1：我们遇到的是什么问题？

问题 2：该问题主要表现在哪些方面？

问题 3：该问题是普遍性问题，还是特殊性问题？

问题 4：出现该问题的可能原因是什么？

问题 5：各项原因之间有关联吗？

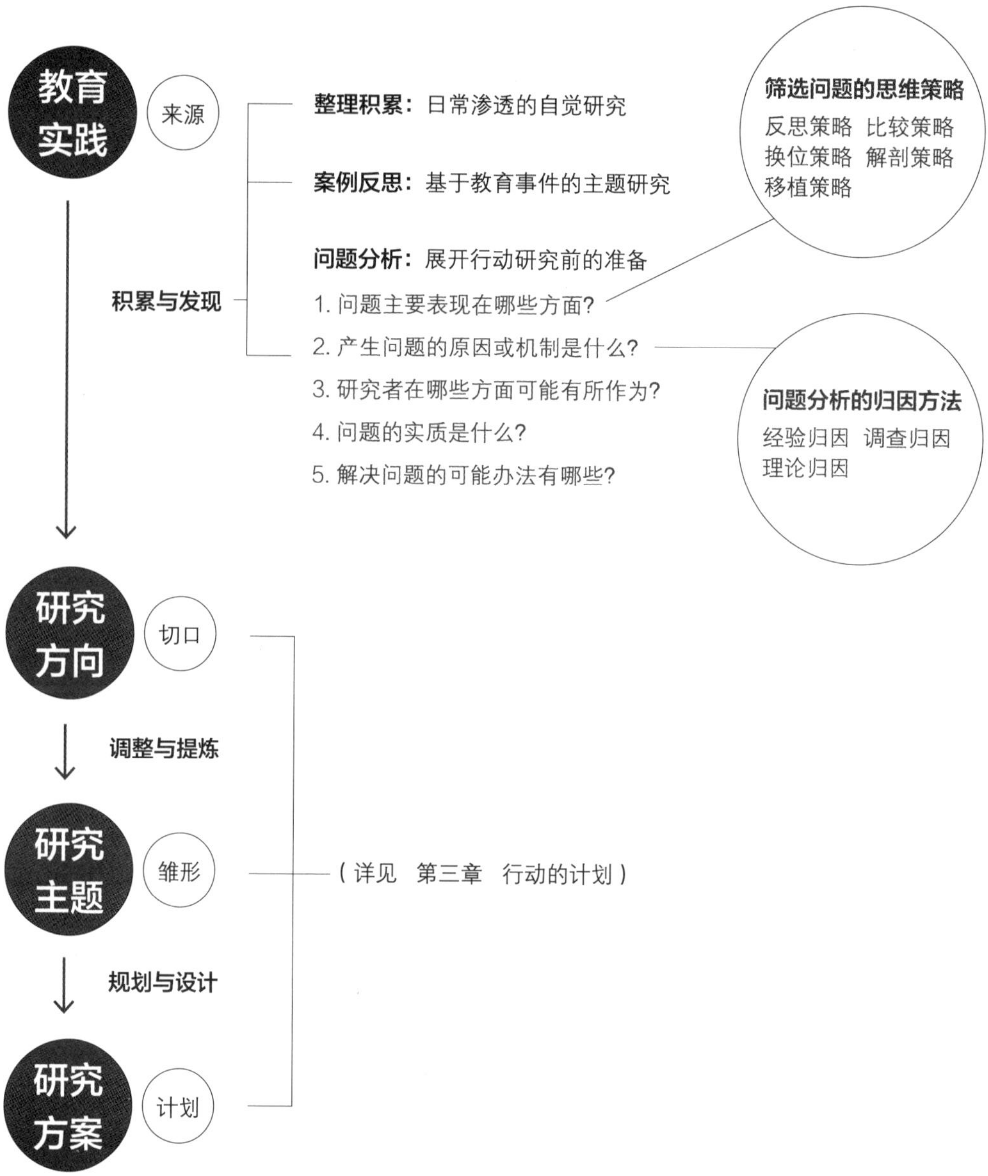
教育实践
来源
整理积累：日常渗透的自觉研究
案例反思：基于教育事件的主题研究
问题分析：展开行动研究前的准备
积累与发现
1. 问题主要表现在哪些方面？
2. 产生问题的原因或机制是什么？
3. 研究者在哪些方面可能有所作为？
4. 问题的实质是什么？
5. 解决问题的可能办法有哪些？
筛选问题的思维策略
反思策略 比较策略
换位策略 解剖策略
移植策略
问题分析的归因方法
经验归因 调查归因
理论归因
研究方向
切口
调整与提炼
研究主题
雏形
（详见 第三章 行动的计划）
规划与设计
研究方案
计划

研究始于问题。科学哲学家贝尔纳（J. D. Berner）曾说：“提出问题比解决问题更困难。”

什么是问题？问题就是你遇到的一个情境，一个没有直接现成的办法和途径可以遵循的情境。问题是具体的，是人们面对的既棘手又有所期待的情境。爱因斯坦曾说：“解决问题也许只是一个数学或试验上的技能。而提出新的问题、新的可能性，从新的角度去看待旧的问题，需要有创造性的想象力。”①

理解与表述问题有四个要素：（1）起点，问题的初始状态，已经明确的问题的条件；（2）目标，期待的问题解决后的状态；（3）当事人，研究者与被研究者；（4）差距，指起点与目标之间的距离，需要通过一定的思维活动才能找到答案。

解决问题是中小学教育研究的主要目的。解决问题一般有两种方式：一是知识的一般应用，二是问题解决。两者的区别在于知识应用之后有没有产生新规则。如果有，则为问题解决。教育研究活动也是一样，在运用理论和经验解决实践问题之后，会有新的认识的生成，或关于为什么要如此解决的道理的说明。如果没有，那只是一件工作的完成。

研究同时包含“思考”与“行动”两部分，两者是彼此联系和互相支持的。

教育研究的选题过程是一个从“问题”到“课题”的系统的过程。问题的产生与分析可以视为从纷繁的教育实践中发现问题，形成研究方向和研究方案的一个完整的思维过程（见图2－1）②。

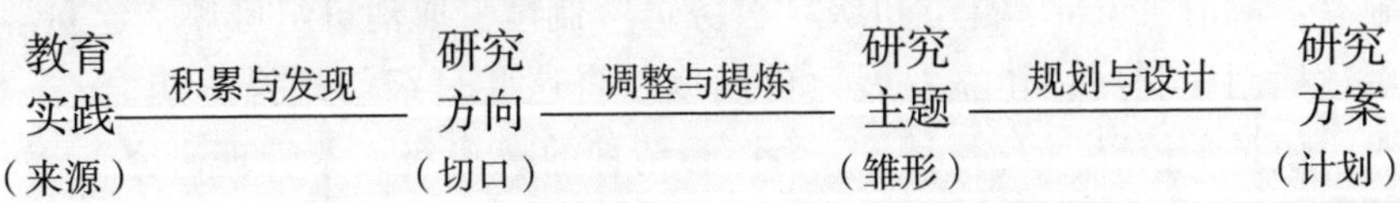

图2－1 课题的前期论证：问题的产生与分析

第一个环节是“**教育实践中的积累与发现**”。教师要做教育实践的有心人，在提高本职工作质量、克服工作困难的过程中，积累与发现身边的、可能的研究点。这是反映研究者的洞察力和敏锐性的所在。最容易成为研究问题的是，教育实践中的“最成功”之处和“最困难”之处。

① 爱因斯坦，英费尔德．物理学的变化［M］．上海：上海科学技术出版社，1962：66.

② 张丰．发掘、凝炼和设计：教育科研课题前期论证三部曲［J］．教学与管理，1999（1）：30－32.

如许多教师反映，坐在教室最后几排的学生的在校表现与成绩常常不是很理想。于是教师 A 提出了“后排学生问题研究”的课题。这是一项非常朴素又非常现实的课题，是在“最困难”之处选择课题的典型例子。但教师 B 听说这一例子后表示，这一现象在他的班级中并不存在。因为在他的班级中，学生成绩与表现的分布自然而均匀，与座位无明显相关，他认为后排学生问题不值得研究。我们试想一下，教师 B 的班级中没有出现“后排学生问题”的原因会是什么？可否假设：因为教师 B 教育教学的某一特点，已不知不觉地克服了“后排学生问题”。如果认真对此展开研究，可能会对同事们有所启发和帮助。这又变成了在“最成功”之处选择课题的例子。

第二个环节是“研究方向的调整与提炼”。教育活动中的现象并不一定能直接转化为研究的问题。在直觉发现某一研究点后，还需要一个思考与调整的过程，明确研究范围，概括出研究主题。这一方面要借助文献分析，帮助厘清问题（详见第三章），另一方面要靠研究者灵活、巧妙、专业的思辨。调整思路通常有四点：问题的分解、问题的组合、问题的转换、问题的迁移。

例如班主任工作是非常重要的工作，许多教师觉得这个领域可以研究的课题很多。教师 A 在诸多工作艺术中选择“批评艺术”进行研究，设计了课题“小学教师批评艺术的研究”，择一点自己有兴趣、有思考的方面进行深入研究。学校 B 对班级管理进行了综合性的改革。主要措施有：取消班干部，建立班级“公务员”制度；取消班纪班规，建立学生达标创优制度；建立发展评价制度。将这些班级管理措施组合在一起，便是学校以“人本主义”为核心精神的“班级人本管理研究”。教师 C 针对“撒谎”这一常见的“偶发”事件，开展“小学生撒谎现象分析和诚实教育途径的探索”研究，通过对学生撒谎现象的归因分析，开展“诚实教育”主题教育活动。通常情况下，学生的不文明行为和违纪现象是在教师批评教育下“被动”地改正的。教师 D 试图借用医院的“主动求诊”机制和针对性的“分科矫治”模式，培养学生的自我教育能力，尝试了“以‘红领巾文明医院’优化学生自我教育”的研究。

上述关于班主任工作的四个研究课题都来自于日常的实际工作。研究者面对具体问题，分别采用问题的分解、组合、转换、迁移等思路，提出一个指向明确，且有一定操作性的课题方向。如“批评艺术”是班主任工作艺术的一个方面，这就是分解大问题，找出小问题；体现“人本主义”的班级管理是多方面措施的组合；教师关注的是撒谎现象，但着力点却移到诚实教育，因为教师不擅长在心理问题上切入过深，所以要重在发掘实践智慧；在日常行为规范方面，如何让学生从被动教育转变成自我教育，借鉴与迁移医院的机制甚为巧妙。

第三个环节是“研究方案的规划与设计”。在明确研究主题后，研究者就要规划研究目标，展开研究思路，形成具体可操作的研究计划。这一环节的关键在于研究思路的展开。“你想从哪些方面思考与讨论这个问题?”它描绘的是课题试图回答的具体问题。

表面上，教师们都是重视这一环节的。因为课题申请表的填写对于课题能否立项影响甚大。但是，很多教师将设计研究方案当成应付性的“写作”，照着别的课题的方案模仿、拼凑新方案，因而研究方案中常有很多形式性的套话。其实研究设计本身就是一项重要的研究，它是整个研究的基础。

一、教育实践问题的积累

教师走进研究，是一个渐进的过程。其萌芽状态有两种，一是日常工作中的思考与整理，二是基于教育事件的分析反思。在这样的基础上，研究的触觉开始从“具体的事”转向“概括的问题”，通过缜密的问题分析，做好启动行动研究的准备，我们也称此为教育教学改革的课题化实施。

（一）整理积累——日常渗透的自觉研究

研究始于普通的工作，教师们养成整理和思考日常工作的朴素习惯，保持对教育教学活动的琢磨是最重要、最基础的研究。

有些学校倡导教师撰写教育日志，让教师定期进行日常教学情境的回顾和反思，以提高关于教育现象的洞察力和教育教学的驾驭能力。这是教师们学会反省的重要方式，是学会研究和解决问题的起点。

有些学校通过教师研究需求的调查，促使教师在日常教育实践中分析与提炼问题，并将这种工作方式潜在制度化。教师研究需求的调查一般在每个学期或学年的结束时，让教师结合自己工作填写若干张“教师研究需求调查表”（见表2-1），然后在学科组与年级组会议上交流讨论，再确定自己下阶段的研究方向。对于相近研究方向的教师，可以联合组成“问题小组”，共同探讨。

表 2–1 教师研究需求调查表一例

填表人		教　龄		职　称		任教学科	
附议人							
实际工作中的问题与困惑							
可能的原因							
已采取的措施及成效							
拟在今后采取的措施							
还需哪些帮助							

在这个教师需求调查表的填写过程中，教师们朴素的研究就已经开始，大家思考确定“研究主题”的过程就是一种教师自主研修。如果教师们还没有养成在日常工作中主动反思、积累问题的习惯，可以借助表 2–2的“教历”来作为教师平时思考和积累问题的“支架”。

表 2–2 帮助教师日常积累问题的一种“教历”①

姓　名		学　科		班　级		时　间	
事　由							
表　现							
归　因							
措　施							
反　思							

① 汪利兵. 教育行动研究：意义、制度与方法［M］. 杭州：浙江大学出版社，2003：95.

（二）案例反思——基于教育事件的主题研究

教师对“具体的事”要比对“抽象的问题”更敏感。但具体的事的后面通常都隐藏着一个或多个问题。所以，教师研究的起步也可以从关于具体教育事件的案例反思开始。起初，只要教师把教育事件叙述清楚，并将其中的思考阐述明白就可以了。慢慢地，引导教师们去学习和了解叙事研究的基本方法，学会基于案例的反思性学习，从而开展基于教育事件的主题研讨，甚至改进实践的初步行动。

教育叙事研究是近十年流行开来的研究方法。它反映了教师对日复一日的“经验式”工作状态的不满，以及对“灰色”的教育理论的厌倦。[①] 它是教师“叙说”自己在教育活动中个人化的问题解决的经历和“经验事实”，以及在反思的基础上转变教育观念和行为的过程；是通过对有意义的教学事件、教师生活和教育教学实践经验的描述分析，发掘或揭示内隐于日常事件、生活和行为背后的意义、思想或理念的研究方法。[②]

> 基层教师喜欢叙事研究，是因为它所聚焦的是教师关心的教育现场，所运用的是教师自己的话语方式。

从一线教师的角度看，教育叙事研究主要有以下三种变式。

1. 讲述教育故事

教育教学工作每天都在进行，故事每天都在发生。许多教师以教育日记、课程故事和教育自传等多种方式，叙说自己在教育岗位上与新课程共同成长的经历，讲故事成为教师喜闻乐见的校本教研成果的表达形式。教育故事比较重视教师的亲身经历以及故事的情节与细节。它人文气息浓郁，接近生活，易于理解。因而，教师们比较喜欢这些充满智慧的“心灵的叩动”。

2. 案例分析

与教育故事相比，案例在故事情节与细节的描写上简单了许多。它记述的往往是包含有问题或疑难情景的、真实发生的典型性事件。它要突出问题（问题的产生，问题产生的原因分析，问题解决的方案）与问题解决（问题解决的具体过程，问题解决的初步成效）的过程，强调在问题解决过程中的反思与讨论（对问题解决利弊得失的分析，发现的新

① 鲍道宏．教育叙事研究现象透析［J］．上海教育科研，2006（10）：21－22．

② 程方生．质的研究方法与教师的叙事研究［J］．江西教育科研，2003（8）：22．

问题以及后续解决问题的打算）。

3. 实践反思

与有着明确问题指向的案例分析和白描手法的教育故事相比，实践反思更突出教师对自己教育教学行为的自觉内省。一个具有良好反思意识的教师，往往会保持积极探究的心态，他们不"唯上"、不"唯权威"，而以独立思考者的姿态履行教职；他们容易发现并阐述自己的教育思想和实践性知识，并善于发现并提取出自己教育教学行为中的问题，从而为自己的专业发展提供可能。而当这种反思内省成为教师的自觉习惯的话，教师便会在教育教学活动中及时自发地作出自觉的反思判断，这便会大大改进教师的教育教学行为。这种习惯就是教师研究的基础，也是教师研究的目标之一。①

基于案例的反思性学习，关键要培养教师"从现象看本质"、"从过程看规律"、"在实践中发现问题"的意识与能力，在感受、描述教育故事中分析朴素的道理，在整理经验或检讨教训中发现对今后工作有所启示的想法与建议。它降低了研究在形式上的难度，但它要求研究"形影相随"地嵌入在日常工作中。

（三）问题分析——展开行动研究的准备

研究者的独特气质在于：善于透过成绩发现潜在的问题，直面发展中的问题；善于洞悉问题的因由，在充分调查研究的基础上判断析理；敢于尝试、善于实践，抓住可能作为的切入点，在探索性的实践中获取解决问题的方策。

教育实践中的问题林林总总。在日常教育活动和真实教育事件的积累的基础上，教师们渐从片段思考走向问题聚焦。接下去，如何进行问题的梳理、筛选与分析呢？

任何一个问题都有其实践表现层与概念本质层。前者应以发散思维列举出来，而后者则要通过收敛思维概括出来。"归因"是这两个环节的过渡与衔接，"对策"则是走出问题的努力。在问题分析环节，可以通过逐步"剥笋式"地设问，逐步厘清问题。

① 张丰．校本研修的活动策划与制度建设［M］．上海：华东师范大学出版社，2007：135.

① 问题主要表现在哪些方面？
② 产生问题的原因或机制是什么？
③ 在哪些方面，研究者可能有所作为？
④ 问题的实质是什么？
⑤ 解决问题的可能办法有哪些？

案例 2－1

“导教促学”的音乐学业评价体系的构建与实践[①]

（一）音乐教学中的问题

课程改革以前，中小学音乐课堂往往以知识技能为主，忽视学生的音乐审美体验。而课程改革以后，音乐课堂又以体验音乐为主，忽视了知识技能的学习。两种不同的音乐课堂特征与音乐学习的本质和规律不甚相符，影响着音乐课堂教学的质量，制约了音乐课程的发展。

（二）现象与问题背后的原因

出现课程观非此即彼的摇摆的原因很多，如关于课程定位的认识飘忽不定；教师的专业理解与教学把握能力不够；音乐学业评价的陈旧与落后；学校重视演出评比，不重视音乐教学；有些音乐教师个性较强，兴趣点不在课程教学等。

（三）可能有所作为的方向

在上述的原因中，有些问题的克服需要长时之功，有些问题是一种间接原因。如果是一线教师，其改进的切入点应该在专业理解与教学把握；而作为大市的音乐教研员，他就可能以改进音乐学业评价为切入，来“四两拨千斤”，即通过评价改革，导向教学改革。

（四）问题的进一步分析

中小学音乐学业评价中存在的问题也有很多，具体表现在：评价内容单一，过于关注歌唱技能的评价，忽略学生对音乐的感受等情感、态度、价值观领域的评价；评价方式单一，以一张知识卷或一首歌来评定学生，忽略音乐课程的多元评价；评价操作随意，只凭教师自行组织，唯有教师的主观评判，缺乏评价准绳与评价依据……

① 本课题负责人系浙江省杭州市普通教育研究室中小学音乐教研员罗迎春老师。

（五）问题的归结点与改革的切入点

音乐学业评价中的这些问题的关键是，忽视音乐学业评价对音乐学习的导向功能，为评价而评价。如果不能及时扭转音乐学业评价的落后局面，音乐教学的改观也是困难的。于是，课题组从教研工作的特点出发，从音乐学业评价细则的构建入手，发挥评价的“导教促学”功能，推动音乐教学实践的改革。具体从以下三方面展开：

（1）以音乐课程标准为依据，设计体现三维目标的、符合学段特点（从小学到高中）的，以音乐教学内容四大领域和鉴赏模块为主要项目的音乐课程评价目标序列和操作细则。

（2）研究、积累体现音乐课程学习特点的多元化的评价方式与评价工具，以更为真实地呈现学生音乐学习领域中知识和技能的掌握、审美能力的提升、艺术情操的形成的程度或水平。

（3）在构建评价细则的同时，形成关于该目标的教学建议，规范中小学音乐教学，引导教师运用评价来促进教与学，使评价真正成为促进学生、教师、课程发展的纲领。

[案例分析] 这是一项比较经典的教研员主持的课题。研究从音乐课程教学的深层次问题的思考入手分析了这些现象与问题背后的原因。结合教研工作特点，按照“必要”与“可为”的原则，选择以改进音乐学业评价为切入点。

二、筛选问题的思维策略

选题是一个价值搜寻的过程，如何从教育实践问题中找到研究的切入点，形成初步构思呢？上海市教科院普教所的专家关于研究选题的建议很有参考价值（见图2-2）。

以下是关于问题分析的五点策略。

（一）反思策略

善于研究的人，往往是敢于怀疑的人。在人们已习以为常、见怪不怪的现象中，他们能够敏锐地发现问题，从观点与习惯的对立面上寻找研究切口。如有教师针对课后补课现象，提出课后补差不如课前补差，花同样的时间在课前补差可能比课后补差的效果更好。对此，“课前补差”

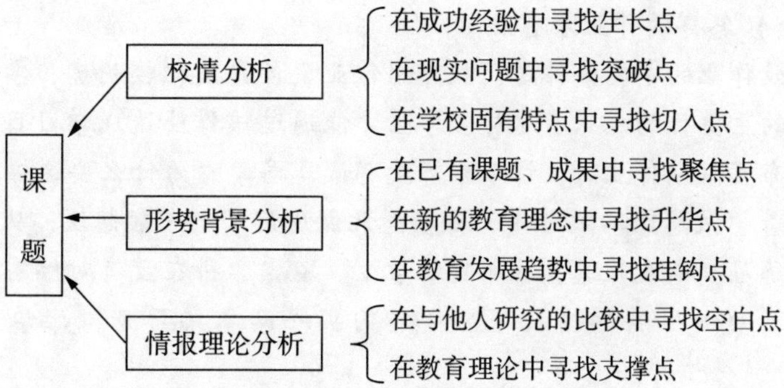

图2-2 教育科研课题的来源分析①

可能就是一个研究的生长点。又如有教师对目前的统一性的备课检查提出异议，认为不同发展阶段的教师在备课环节所关注的问题与主要任务应该有所区别，由此提出“提高教学准备有效性的分层次要求”。

多一些怀疑性的研究思维，常会引发人们对某些具体实践的重新审度。教育改革常常源于对实践的反思。不过，因为反思策略是典型的驳论思维，也会出现“矫枉过正”的现象。因而，怀疑的假设可能被证实，也可能被证伪。但假设的证伪并不意味着研究的失败，这只不过是另一种形式的收获而已。

案例2-2

呼唤体现“假期学习”特点的作业②

又要放寒假了，老师轻声地问自己：“这些假期作业有效吗？”看网络上一些孩子们“购买代做作业服务”的活跃帖，这究竟是孩子的错，还是也有老师的不当呢？在人们的认识中，布置假期作业是一种惯例。但据笔者观察，除少数学校会认真进行假期作业的策划外，大部分学校直接选用成册练习册，或是简单提一些数量化的任务要求，作为假期作业。这些假期作业只是师生彼此心照不宣的一种浪费。

① 郑慧琦，胡兴宏．学校教育科研指导［M］．上海：上海教育出版社，2001：47.

② 张丰．呼唤体现“假期学习”特点的作业［N］．浙江教育报，2011-12-15（1）．收录时有所改动与删节。

（一）怎样的作业才有效？

有效作业的重要条件是，教师的作业设计意图比较明确，学生明白该作业的主要目的。只有这样，学生才能通过该作业达成学习目标。可是，在布置假期作业时，许多老师没有认真思考“为什么要这样布置”，只是由着“做总比不做好”、“做多总比做少好”的一般想法，从各处找来一些练习，未及筛选，就印发给学生。不少学科在没有对编写思路和内在质量细细咀嚼的情况下，指定购买一两本练习册，让学生全册完成。

这样的意图不明的重复操练，只能“占领”学生时间，限制学生玩耍，难有针对性的作用。因此，老师对此并无期待，事先一般不会去做，事后也不批改。于是，一些心领神会的孩子有了“歪招”。

（二）为什么假期作业会低效？

为什么今天的假期作业总体上是低效的？问题在于无视学习时段特点的“作业同质化”，假期作业与学期中作业基本类似且重复，缺少相互区别与配合。

从学习时段看，有的作业要求学生当堂完成，有的作业要求学生课后及时完成，因为这些作业针对具体学习内容而设置，不过，有些作业没有紧密联系具体的学习内容，如语文与英语的积累性作业；有些作业则是配合某一单元的及时复习；还有周末作业与假期作业等。它们的设计与布置都应该考虑其特定时段的学习意义。

然而现实中，及时性的课后作业与单元作业、周末作业、假期作业基本雷同，主要都是一些与正式试卷相似的练习，都以提高熟练性为目的，加大训练密度。这样的同质化的练习的作用是不大的。周末作业讲究的是及时整理，单元作业讲究的是诊断与补偿功能，而假期作业，必须体现“假期学习”的特点。

（三）假期应该做怎样的作业？

“假期学习”是学生在相对集中的一段时间中的，基于自觉状态的学习。与“学期学习”相比，“假期学习”的特点主要有：

1. 从“班级集体学习”到“个体分别学习”，尊重学生差异

在学期中，教师通常以班级为单位组织教学。尽管学习是个体独立发生的，但往往受到班级集体学习的影响。所以，“学期学习”难以兼顾学生差异。但“假期学习”就完全不同了。假期基本上是学生独立自主支配的时间，这为尊重学生差异提供了可能。教师主要通过布置假期

作业来影响学生的时间支配。如果假期作业仍然是“一刀切”地统一布置，就会浪费假期的大好机会，导致学优生停步不前，学困生的问题又得不到及时纠正。

在假期中，不同的学生应该做不同的作业。教师可以设计多层次与多类型的作业任务，采用指定、建议或学生自主选择相结合等形式，让学生做更适合自身特点的、更有针对性的作业。这是对学生独立学习的尊重与充分利用。

2. 作为连续学习后的集中休整，应重视梳理、诊断和补偿

经过一个学期的连续密集的学习，学生接收到了大量的学习内容，但还来不及拾掇整理，细细消化，还没有串成“项链”，形成结构。如果不及时将这些零散的知识系统化的话，学生就容易遗忘，或者顾此失彼。假期是学生知识整理的黄金期。假期的任务是将一个学期的收获与欠缺进行回顾与整理。把收获夯实，对欠缺打“补丁”。

但是，很多教师布置的简单机械的重复训练，挤占了学生的时间，让学生无暇去完成更值得做的事。在假期这段相对集中的时间中，学生应该开展的是在诊断的基础上的补偿学习，应该开展的是阶段学习的整理，来发现自身的薄弱环节，并及时进行针对性的克服，在帮助学生知识建构的同时查漏补缺。这是我们今天的假期作业所忽视的。

3. 利用假期的从容，少些功利的操练，多些从长计议的积累意义的学习

学习的意义在于知识点的理解掌握，以及运用相关知识解决实际问题的能力的锻炼。各门课程往往都有体现其本质意义的学习途径。但是，在强势的应试氛围下，教师布置的作业常常是类似考试测验的操练式的题目，学生被“浸泡”在功能单一的训练中，处于被“前追后堵”的状态。这样的学习状态对于学生的长远发展肯定是不利的。

假期是难得的相对从容的时间。许多在学期中无暇顾及的体现课程本质意义的学习，应该是假期学习的重要部分。如增加真实情境的问题解决任务，鼓励学生在综合性作业的问题解决中学以致用；增加体验性的作业，以及开放性的作品展示，激发学生的创意，触及学生的心灵；重视学生的积累性学习，培养学生的信息搜集与分析整理的能力等。如果在假期，还不注意引导学生学习方式的多样化的话，那学生的学习将完全被禁锢，而没有潜力。

4. 鼓励学生先行学习，切实提高自学能力

学生能够自己学会的，千万不要等到教师教时才学会。教师教会的“会”与学生自己学会的“会”，是两个不同性质的“会”，也是两个不同水平的“会”。所以，学生的自学能力是关键。在长期“重教轻学”的习惯下，很多学生对教师的“教”产生了很强的依赖性。那些“浸身”于补课“洪流”中的孩子，将无法离开教师的“拐杖”而独立行走。

假期应该是一种自觉状态的学习。很多家长以学生缺乏自我控制能力与自我学习能力为理由，将学生置于强势的他律与他控的环境中。殊不知，学生自我控制能力与自我学习能力的缺失，是教师强势约束与夹扶的结果。学生不能永远处于约束与夹扶之中。体验与适应假期的自觉状态，是培养学生自学能力的绝好机会。因此，假期作业中还应有一些预习作业。教师不能笼而统之地要求学生预习哪些内容，而要认真研究与设计预习任务，借此帮助学生学会预习。

[案例分析] 缘于对现实中学生面对假期作业的无奈的体察，以及对人们习以为常的学校布置假期作业的做法的反思，提出了假期作业有效性这一课题。通过“怎样的作业才有效”、“为什么假期作业会低效”、“假期应该做怎样的作业”三个方面的递进式追问，试图“撕剥”下当前假期作业中的低效学习与“伪学习”的“面具”，形成体现“假期学习”特点的假期作业的操作体系。这种基于现实教育现象展开反思的策略，可以为中小学教师所借鉴。

(二) 比较策略

善于研究的人，往往善于在相似中发现特质。比较策略指在孤立分析某一对象一筹莫展时，通过与相似事物的比较来发现特点，进而展开研究的思维方式。很多表面上相似，但却存在深层差异的地方，正是值得研究的切口。

案例 2-3

超媒体阅读、多媒体阅读与传统文本阅读的比较研究

很多语文老师谈到阅读与阅读教学时，总会狭隘地将阅读等同于文本阅读。但是随着信息技术的应用，特别是网络的发展，人们的阅读方式已发生了很大的变化。与老师们相比，中学生对于阅读方式的改变更敏感，阅读方式的改变对学生学习方式的影响更为深远。所以，基于比较思维，老师如何通过对这三种阅读的差异分析，借鉴信息技术环境下阅读的积极机制，改进目前仍然是主流的、传统的文本阅读的阅读指导；如何站在学生立场，体会与研究多媒体阅读与超媒体阅读，对学生正确利用多媒体阅读和超媒体阅读提出建议，是值得研究的课题。比较既是切入主题的方式，也是研究的方法。在比较研究中，要分析不同信息介质的呈示特点与机制，以及阅读者兴趣反应的特点以及持久性等。

（三）换位策略

善于研究的人，往往善于多角度分析问题，在事物与事物的结合与交叉中产生思路。有位学者曾说“思维活动中最困难的是重新编排整理一组熟悉的资料，从不同的角度去看待它，并摆脱流行的理论”①。因为，教师们常常会束缚于习惯、经验和思维定式。

换位就是要灵活处理已有认识，转换思考视角，从不同角度发现问题解决的切入口。按习惯方式思考许多问题，会觉得顺理成章但却“黔驴技穷”，此时转换角度去讨论可能就会海阔天空。

案例 2-4

加强表达与写作 促进学生积极阅读的研究

通常的阅读教学研究，往往在阅读指导、阅读选文、加大阅读量、阅读题型训练等方面着力。但有老师建议，促进学生阅读的最好办法，是创设学生表达交流的平台，让学生多一些正式表达的锻炼。

---

① 姜念涛．科学家的思维方法［M］．昆明：云南人民出版社，1984：109.

阅读更多的是信息获取的过程。如果能够建立将阅读获得的信息顺畅地表达出去的平台或机制，人的阅读就容易处于积极主动的状态。反之，很可能是应付性的阅读。

于是，课题组构想了在阅读指导的同时，在语文课中安排固定时间，坚持开展学生阅读交流与展示，锻炼学生的口头表达（包括自由和正式的）能力；鼓励学生及时将口头表达转化为书面表达，以有阅读活动为背景的真表达替代单调的考场作文训练，从加强表达与写作的角度，促进学生积极阅读。这一思路与原来的读写结合比较，显然有新的超越。

变换角度思考问题会有助于建立联系的观点，会有助于在边缘地带开展填补“空白”的研究。我们不妨把研究的着眼点放到事物与事物的结合点，或事物发展不同阶段的结合部。因为结合与交叉之处容易产生思路方法的兼容与综合，更容易解决问题，形成有价值的成果。

案例 2-5

班级协同教研

通常的教研活动都是以学科为单位举行的。同一个学科的教师在一起就本学科的教学内容、方法等展开研讨。但是杭州市上城区却在推广一种新型的教研模式——以班级为单位开展教研活动。胜利小学是这个项目的先行者。

分科教研时大家较多地聚焦在学科问题。但教育问题的真正研究对象是学生。特别在小学阶段，学生的学习问题不是孤立的。任教某一班级的教师定期集中在一起，就班级中学生的基本情况、突出问题、典型学生的情况展开有主题的讨论，是一种很好的形式。他们先请任教某班的语文、数学、音乐、美术、英语、体育、科学 7 科教师独立写一写对本班的认识，从而确定研讨的主题；确定主题，如“驱动非主动参与学生的教学智慧”后，每位任课教师独立罗列班中课堂参与不够的学生的名单，然后汇总确定 9 名重点观察对象，并根据观察对象的特点加以分类；各任课教师一起课堂观摩，然后共同研讨对策。

[案例分析] 不管从教研活动的角度，还是从科研选题的角度，这都是一个新课题。其意义在于从“学科为本”走向“学生为本”，有利于各任课教师间的互相理解，有利于形成教育的合力。研究着力在结合

与交叉中寻找生长点，不同学科的差异视角会产生加强与补充作用。

（四）解剖策略

善于研究的人，通常是善于分类、将大问题分解成小问题的人。与反思、比较、换位等思维策略不同的是，解剖策略不是同一层次的思维讨论，而要抓住事物的特征，厘清问题的多方面表现和相互联系，以构造分类的思维方式，形成“总—分”的概念框架。这样，研究思路也便豁然开朗。

案例 2–6

依据作业功能而展开的作业“研究簇”

在关注“教”的研究转向关注“学”的研究的今天，作业研究成为热点。作业是否有效？教师对该作业的功能、目的是否清楚是关键。作业功能所说明的，是该作业在学习活动整体中的作用。依据作业功能，可以将作业分为：

引导预习的作业、促进理解的作业、提高熟练性的作业、帮助记忆的作业、意在诊断与补偿的作业、促进知识体系形成的知识整理作业……

从相对于课堂学习的进程看，作业还可以分成预习作业、随堂任务、课后作业以及与学习进程无关的积累性作业。它们的进一步分类还有：

随堂任务（亦即课堂作业）：记录性随堂任务、思考性随堂任务、训练性随堂任务、讨论性随堂任务、运用性随堂任务、反馈性随堂任务……

……

[**案例分析**] 这里罗列了让人眼花缭乱的作业的“子概念”，乃至“孙概念”。每一个小类就是一个课题，如“整理性作业的设计与运用的研究”、“讨论性随堂任务的设计与引导的研究”、“单元学习中理解性作业与熟练性作业的组合策略的研究”、“体现××学科特点的预习作业的类型与要素的研究”、“关注作业的诊断功能：现状、经验与实验”……分类不能是新概念的杜撰，而是关键特征的概括。

（五）移植策略

善于研究的人，往往善于应用其他领域的原理、方法来解决问题，善于在似乎无关的事物（或现象）中发现启示。在思路方法的跨领域应用中，发展方法，积累策略，实现创新。例如，为什么电子游戏总比课堂教学更吸引学生呢？其中有无对改善课堂教学有所启示的机制呢？有人分析，电子游戏有六大特点：低起点、常激励、渐进式、多媒体、个别化、竞争型。这些通常是教学设计中忽略的或难以实现的。借鉴电子游戏的机制改善教学设计很可能就是一个课题。迁移研究，有的是方法迁移，有的是现象迁移。它切忌生搬硬套，要抓住事物的关键性特征，而不可机械地引用。

案例 2-7

初中思想品德抛锚式教学法的应用研究①

美国温特贝尔特大学研究小组提出“抛锚式贾斯珀教学法”设想：学习从近20分钟的历险录像开始，录像呈现学习情境，并提出各种挑战性问题。然后学生为了解决这些挑战性问题，必须发现和提出各种小问题，并在解决真实问题的过程中，不断镶嵌学科知识和技能学习，最终完成挑战任务。

当前，我国的社会类课程也很重视情境教学。但是，我们目前在学习中引进的情境多是远离复杂生活的、经过特定知识预设的、只需短暂的不充分学习便可获得“知识”或解决“问题”的“有限学习情境”。对此，尝试移植应用“贾斯珀教学法”，探索初中思想品德抛锚式教学。首先是改变学习思维序列，变“为了学习知识而进行有限情境的解题训练”为“学生在解决真实问题的过程中，镶嵌学科知识与技能学习”。其次是改变教学内容序列，从“按课文顺序按部就班上课”转变为“按解决真实问题需要而开展镶嵌式学习”，对学习内容进行模块化整合。在构建了本土化的多样化的抛锚式的思想品德教学课型的同时，提出若干实施建议：每学期安排2个4~8课时的、以纪实录像为学习情境的抛锚式教学方案；让学生自主构想解决思路，主动安排个性化学习过程，

① 郑明义．基于解决真实问题的学习［M］．哈尔滨：哈尔滨工业大学出版社，2008：1.

通过《学习记录单》记载与管理学习过程；从最接近现实的课型开始尝试，向最有价值的课型靠近……

[**案例分析**] 移植不是模仿。移植研究的关键是要“植活”，要抓住“移植体”的本质，并与“接入体”的实际结合好。郑老师在“有限学习情境”的描述中，反衬了“贾斯珀教学法”的机制意义。然后，把重点放在积极稳妥地实现本土化上，务实而创新的观点、课型、教学方案、学习设计、学习内容序列便相继出来了。这就是移植研究的“伏”与“起”。

三、问题分析中的归因方法

筛理出想要研究的问题后，便要分析问题的表现和成因。主要方法有：经验归因、理论归因与调查归因，三种方法之间的区别见表2-3。

表2-3 问题归因的三种方法①

方法	载 体	途 径	意 义	特 点
经验归因	本人、同行	同行交流、教研活动等	形成同行交流的习惯和氛围	凭感觉来判断
调查归因	教师、学生、家长等	观察、访谈、问卷、家访等	使教师养成一种科学精神，不想当然，不盲从权威、理论和专家	让证据来说明
理论归因	书本、专家	学习书本理论，听取专家报告，接受专家现场指导	使教师养成带着问题去读书和向专家请教的习惯	以理论为依据

① 汪利兵．教育行动研究：意义、制度与方法［M］．杭州：浙江大学出版社，2003：111.

（一）经验归因

面对问题，首先是凭经验来分析和判断。但教育教学问题的产生往往是一个复杂的系统问题，需要层层追因，从不同角度筛选问题产生的主要原因，寻找值得研究与可能研究的切入点。这是相对朴素的归因思路。

案例2-8

小学高年级学生课堂羞怯心理的归因与研究

教师们普遍反映，学生年级越高，课堂发言越不踊跃，这是为什么呢？

教师们根据经验对该现象进行归因，总结出原因主要有：学生心理发展的特点、教师的提问方式、教师的教学风格、家庭的教养方式四个方面。

在这四个方面中，学生心理发展的特点是比较稳定的，我们需研究并疏导之，但却不容易改变；家庭的教养方式其实也是影响学生心理发展的另一个原因，当然家长的家教行为是较为独立的，教师对其的影响与干预比较弱。由此看来，教师的对策研究应从可能作为的因素切入，主要应该在改进教师的提问方式，或者从鼓励学生表达的角度调整教师的教学风格。由此，可以产生以下三个小课题。

一是“小学高年级学生课堂羞怯心理的归因与辅导”，要帮助学生认识羞怯心理，切不可归因于年龄的原因，而要启发学生向可能克服的方面归因。如，发言羞怯是锻炼不够的原因，多试试就会好的；发言羞怯是因为不善于抓住教师问题的关键，怎样学会抓关键……这样的归因倾向会促进学生去努力克服自己的羞怯心理。

二是“旨在克服小学高年级学生课堂羞怯心理的课堂提问方式的改进行动”，怎样从鼓励学生课堂发言的角度，研究并改进教师的课堂提问方式。在实践探索的基础上总结提出教师课堂提问的“几戒几倡导”；讨论羞怯心理的不同成因对教师提问的要求……

三是“教师的教学风格对小学高年级学生课堂表达心理的影响”，这个课题相对要玄一些，而且只研究因果关系，不是一线教师的擅长。

其实面对一个事件或一种现象，也会产生许多课题。因为影响因素是多方面的，而且多种原因的性质又是多样的。所以，在课题选题环节，要重视对原因的性质的分析。如何归因更有利于形成研究方向，更有利于实践改进呢？成就归因理论认为，分析行为的因果关系有三个维度①：一是原因源，指行为原因究竟是内因还是外因；二是稳定性，指行为原因是否具有持久的特征；三是可控性，指行为原因能否为行为者所支配。各种事件的各种可能原因，基本上都可以归入由“内在—外在”、“稳定—不稳定”和“可控—不可控”三组关系构成的八个象限中（见表2-4）。

表2-4　个体行为的决定因素的分类

归因类别	成败归因维度					
	原因源		稳定性		可控性	
	内在	外在	稳定	不稳定	可控	不可控
能力	√		√			√
努力	√			√	√	
工作难度		√	√			√
运气		√		√		√

因此，在确定研究方向、策划教育教学改革时，一方面要如实描述可能的原因，另一方面要重点分析“可控”的、个体“内在”的以及相对“稳定”的因素。因为这些因素往往是研究者可能有所作为的，也是通过教育教学改革有可能加以改变的。抓住这一关键，有利于对策的形成与研究的突破。

研究者要敢于面对问题，清楚问题归因，抓住“可为”的因素，展开探索性的实践。这是研究的行动性和执行力所在。

（二）调查归因

经验归因是有局限性的。实证研究倾向反对经验归因。它要求每一个判断都应该有证据。以什么证据来证明这个问题的存在，证明这种因果关系的成立，来说明这一研究方向是值得研究的？研究开展之前进行一项小调查是一种常见的模式。

① 章志光．社会心理学［M］．北京：人民教育出版社，1996：157－159.

案例2-9

关于学生完成作业的独立性的调查与对策研究

课题组计划在学生独立完成作业的现状与相关因素调查的基础上，总结经验，调整教育教学行为，形成促进学生独立完成作业的教育对策。

首先是调查的设计。由于学生完成作业的独立性有一定隐蔽性，调查需要了解：(1) 该生平时是否独立完成作业？(2) 哪些作业能够独立完成，而哪些不能？(3) 学生对不能独立完成作业的归因方式是自我分析，还是迁怒题目？(4) 不能独立完成作业的主要因素是态度、习惯，还是能力，抑或其他？(5) 对他人不独立完成作业的看法。(6) 对不能独立完成作业的后果有无预期？

全部以问卷调查的形式来展开调查并不妥。因此，策划了四种调查。一是问卷调查，分两次进行。先是以征求对教师布置的作业的意见为名，了解不同学生对作业类型的适应性。再是了解学生对他人是否独立完成作业的态度，以及可能的想法。二是对重点学生的观察。三是对一些有代表性的学生的访谈。四是采用测验来检验学生是否确实独立完成作业。

要形成对策，光靠上述调查还是不够。一方面要对调查分析的结果进行有针对性的对策思考。另一方面还要对一些坚持独立完成作业的学生进行个案分析，总结经验。此外，还要总结和交流以前的经验与做法。三者结合形成对策方案。

（三）理论归因

调查归因提供的是一些证据，而理论归因提供的主要是分析的依据。

很多教育教学实践中的问题，在过去都曾被研究过。一些教育理论对此也已有阐述。研究者在研究之初可以通过理论学习，搞清楚问题背后的原因，找到研究的切入点。

曾经被研究，并不是这个方向不必研究的理由。因为新的研究者面对的可能是新情境下的新问题。对于教师来说，得知现成的理论解释也不等于问题就能迎刃而解。所以，理论归因是研究推进的一个可能和必要的过程。

随章任务

1. 身边的“最困难”和“最成功”的事

本章最开始提出的“后排学生问题的研究”很有意思。它在建议“要从工作最困难处选择课题”的同时，又建议教师们“要从工作最成功处选择课题”。在你的身边，其实也有好多类似的“两面”的例子。请你留心找一个点，提出两个简明的研究问题。研究设计尽量要有操作性。

2. 选题环节的“剥笋式”设问

在本章第59页，罗列了在选题环节中如何进行问题分析的5个“剥笋式”设问。循着这5个问题，就能基本厘清“为什么要研究这个课题”的思路。请以自己目前正在酝酿（或已经开始研究）的一项课题为例，尝试以这种“剥笋式”设问的办法，梳理自己提出研究问题的过程。

3. “新假期作业运动”

案例2－2呼吁广大学校都来重视假期作业的有效性，都来尝试改进假期作业。文中已有一些纲要性的分析思路与研究建议。请你在自己的学校中作一次宣讲。从自己做起，或策动本校、教研组、备课组一起开展“新寒（暑）假作业运动”。要针对当前假期作业中的弊端，在1～2个方面探索有特色的、有效的作业改革。

4. 我为“减负”寻计策

表2－4向我们呈现了成就归因理论怎样从“内在—外在”、“稳定—不稳定”和“可控—不可控”三个维度讨论影响因素的性质，从而引导研究选题的清晰思路。请以“减轻中小学生过重的课业负担”为研究背景，分析当前导致学生过重学业负担的诸多因素，并用上述分析思路分析这些影响因素的性质。继而模仿案例2－8，提出若干值得研究且一线教师能够研究的课题。

5. 新技术对读写的影响：尝试比较研究

案例2-3 介绍了关于超媒体阅读、多媒体阅读与传统文本阅读的比较研究。现代信息技术的发展已对人们的阅读产生了很大的影响。而新信息技术仍日新月异、层出不穷的，如“微博”与“微信”就是当前时尚的媒体。请以“微博（或微信）对中学生写作的影响与借鉴”为研究点，做一次写作教学的研究。如有兴趣，请再运用比较研究的方法，分析“微博时代的‘新写作’的 特点”。

第三章

行动的计划

行动计划环节的主要任务是在学习文献与经验的基础上，确定研究主题，形成对策设想，明确“怎样研究”的计划。

问题 1：研究试图改变教育教学的哪些方面？

问题 2：以往解决该问题的思路与方法有哪些？

问题 3：我们设想的解决对策是什么？突破点在哪里？

问题 4：探索解决该问题需要思考哪些问题？

问题 5：研究过程如何安排？

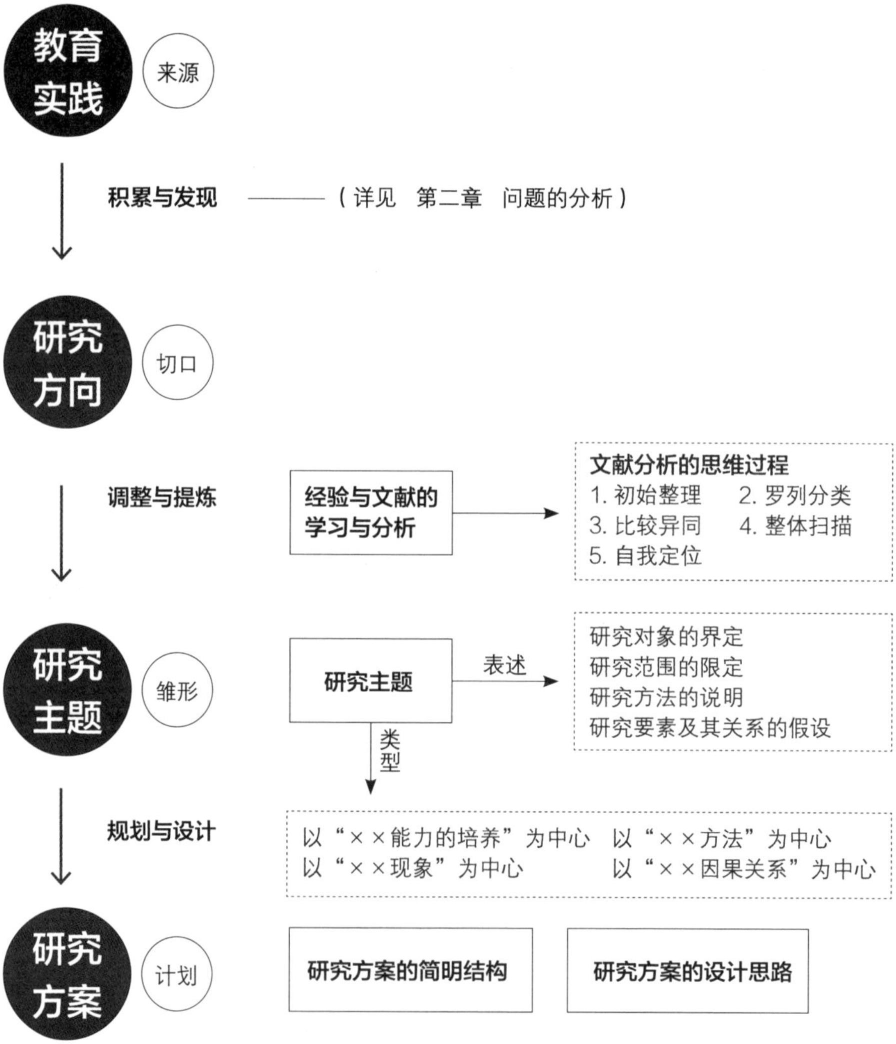
教育实践
来源
积累与发现
（详见　第二章　问题的分析）
研究方向
切口
调整与提炼
经验与文献的学习与分析
文献分析的思维过程
1. 初始整理　2. 罗列分类
3. 比较异同　4. 整体扫描
5. 自我定位
研究主题
雏形
研究主题
表述
研究对象的界定
研究范围的限定
研究方法的说明
研究要素及其关系的假设
类型
规划与设计
以“××能力的培养”为中心　以“××方法”为中心
以“××现象”为中心　以“××因果关系”为中心
研究方案
计划
研究方案的简明结构
研究方案的设计思路

在研究初期，初步确定研究问题后，就要进行经验与文献的学习与分析。这是从“选择研究问题”走到“明确研究方向”所必须经历的过程。

作为研究的基础工作，查阅文献的意义在于：

①了解研究背景，了解同行在本领域内已经做过哪些研究，提高研究起点；

②更为具体、深刻地确定研究方向与研究假设，完善研究方案，避免预想不到的困难与可能出现的差错；

③提供对于当前研究可能有用的研究思路与方法；

④为研究提供具体的内容参考，为解释研究结果提供背景材料。

在中小学教育研究中，文献研究主要是研究初期的重要“功课”。研究目的不是文献，而是利用文献做研究。

经验是中小学教育研究中的一类特殊的“文献”。有些经验已经有所抽象，它描述的是能够适应广泛情境的思路与做法，但还有一些经验仍与具体情境紧密相连。

“实践取向”的研究必须要重视对经验的了解、分析与借鉴。

经验作为一种文献，应是一种实景的文献。从载体形式看，文献可以分为文字型文献、音像型文献、机读型文献等。有些经验可能已有载体形式，但还有一些经验是一些实景的叙说。不少这样的经验对后续研究很有帮助。

经验作为一种文献，应是一种“一次文献”。从文献被加工的程度看，学术界将直接反映事件经过、研究成果、产生新知识与新技术的原始文献称为“一次文献”；将书目、索引、文摘等称为“二次文献”；将研究动态、进展报告、专题评述、数据手册等称为“三次文献”。[①] 经验是一种原始信息，接近于“一次文献”。经验的表述、概括与呈现是保证“经验”的参考价值的重要技术。

所以，在研究构思阶段，了解前人的经验与阅看理论文献是同等重要的。前人的经验有助于我们少走弯路，有助于我们明确所要奔向的“彼岸”。

① 高尔，等．教育研究方法：实用指南［M］．屈书杰，等，译．北京：北京大学出版社，2007：29－31．

一、文献的收集与分析

在一般的研究规范中，要求研究者对本研究方向的国内外研究现状先作综述。这是一项相当重要、但要求颇高的任务。在学位论文写作中，文献综述是一项基本功。

但在具体的研究中，不少一线教师缺乏文献的“门槛”，不了解一次文献与二次文献的区别，大量依靠网络流传的、被多重处理后的文章，采取组拼粘贴的方法来撰写“研究综述”，因而常有断章取义的片面之词，并没有对研究产生真正的帮助。我们应思考，如何以低调、简明、有序的步骤，开展思维渐进的文献分析工作。

（一）查阅文献的基本过程

1. 明确查找重点

弄清研究内容、对象、范围以及所属领域，并将研究内容归纳为引导文献检索的一系列问题。

2. 掌握研究概貌

阅读概括性的二次文献，以便对相关研究有全面的认识。

3. 检索教育期刊

根据关键词以及二次文献的标注，通过主题索引与年度索引，系统地检索有关研究资料，搜集到与本研究相关的一次文献。

4. 追溯重点文献

根据已掌握的文献资料，发现本课题相关领域中的核心文献与重点专家，对其作重点追溯。有条件的，可以走访或追踪。

5. 分析与分类

阅读并评估相关文献，对已掌握的文献作有意义的分类。

6. 撰写文献综述

较为全面地概括前人的相关研究，以此论证本课题的研究方向。

上述六点是检索文献的一般过程。要从二次文献入手，再来搜检一次文献，并以重点文献的追溯为补充。

除了专题性的重点突击检索，还要注意文献的平时积累。保持学习的毅力与敏感，重视在日常教育工作交流中收集信息、经验与资料，掌握学术性、动态性、综合性以及零碎的且有价值的情报资料。

（二）文献分析的思维过程

文献的分析与综述就是一项小研究。其思考的线索与步骤可以概括为以下六步。

1. 初始整理

对自己研究之始的初步认识与思路作一个小整理。如思考：我关心的是什么问题？我的初步观点有哪些？思考这个问题的初步设想是……

2. 罗列分类

在了解研究背景后，整理浏览已有成果，将各方面的观点罗列出来，并作简单分类。如思考：哪些方面前人已有研究？他们已得出过哪些结论？……

3. 比较异同

对各方观点与各类成果进行比较研究或流派分析，分析它们的共同之处与各自特色，从中寻找特色和有共同意义的规律。如思考：他们的观点是否一致？他们的分歧点在哪里？出现分歧的原因是什么？……

4. 整体扫描

将已有的各方研究放在一起，进行整体分析与评估，寻找研究的切入点。如思考：从整体看，大家关注较多的是哪些方面？哪些研究是有价值的？它们之间有哪些联系？哪些方面涉及较少或尚未涉及？为何涉及不多？有没有值得进一步研究的角度？……

5. 自我定位

将自己原先的认识与思路也放入整体中，与已有研究进行比照，分析彼此间的关系。如思考：自己的原有认识与思路与前人的研究或雷同？或对立？或包含？或各呈特色乎？……

6. 启示定向

最后思考这些已有成果对自己的启发，确定具体的研究切入点。如思考：受哪些观点的启发，哪些研究方法可以借鉴？进一步研究应该重视什么？从哪里切入？……

案例3-1

课堂变革：从“对话中心的课堂”到“任务中心的课堂”[①]

（一）课堂写生——目前课堂中的现象与问题

基础教育课程改革十年来，学校与课程确实有了一些改变。但从整体看，真正触及学生学习机制的课堂并没有发生典型性的变革。学生仍然被教着、被学习着，课堂仍然以教师的讲为主。当然，人们已经在反思“重教轻学”的教学传统的负面影响，但勇于挑战现实的探索还是凤毛麟角。

在很多课堂中，我们发现整堂课的主要活动就是教师与学生的问答。在这种“接力问答式”的课堂中，教师借问答的形式将学习内容一点点引发、展开、呈现出来。学生实现学习的主要方式是“听中思考”与“听中接受”。但在师生“接力式”的对答中，学习是否大面积地发生？

在这样的课堂中，学生的回答常是一些迎合性的“课堂猜测”。由于学生准备不足，师生的现场对答容易是肤浅的互动。表面上，学习内容在课堂上都出现过了，但孩子们是否理解，是否接受，还有很大的变数。于是，心存顾虑的教师便把课后练习当作补救手段。以讲代教、以听代学、以练补学成为当前课堂活动的一大特点。

当前，“讲—听”成为教师们默认的最重要的课堂学习方式，课后的重复操练成为弥补“讲—听”的最常用的手段。这种“言语中心的课堂”只不过为学习的发生创造了条件，而学生学习是否真正发生？学生应该如何实现学习？这些问题却被忽视。

（二）找寻学习——以“任务”促进学习的真正发生

学习是如何发生的？如何让“讲台上的学习”变为“课桌上的学习”？我们认为，学习的关键在思考，而推动思考的是一些具体的任务。（课例略）

“好任务”与“糟任务”的差别在哪里？在于预习任务的学习意义。

① 张丰．课堂变革：从“对话中心的课堂”到“任务中心的课堂”［N］．教育信息报，2011－07－07（3）．略有删节。

在于教师对学习任务的功能的准确把握和任务的多样化；在于任务是引导学生对学习要点的理解与运用的“学习性任务”，还是仿照考试测验的意在熟练训练的“练习性任务”；还在于根据任务特点设置的不同的反馈方式。

从这个角度看，教师备课的关键不是教师课堂语言的准备，而是学生课堂学习任务的设计。教师的课堂语言只是指导学生完成课堂任务的“穿针引线”与反馈指导。这种从“对话中心的课堂”向“任务中心的课堂”的转变，其实就是从“关注教”向“关注学”的转移，是实现学生学习方式转变的关键。

教师在课堂中的作用应该是什么？教师在课堂上的最重要的任务不是“讲课”，而是“组织学习”。

（三）实践丛林——梳理课堂变革的核心要素

回顾课堂变革的实践，必然会提到20世纪90年代中期相继涌现的农村课堂教学改革的几个典型。

江苏洋思中学的“先学后教，当堂训练”，是针对现实中低水平教师的低效的讲而提出的改革思路。这一“让教于学”的改革是在反思当前教与学的关系后的勇敢实践。尽管洋思中学所推崇的“学”的主要形式是“当堂训练”，尽管他们在推动“少教多学”时的一些措施有些简单机械，但洋思中学在我国农村课堂变革实践中的地位是突出的，它在资源与政策都未必有利的背景下，选择变革课堂，终于绝处逢生。

江苏东庐中学的课堂变革的切入点在于如何支持学生学的“讲学稿”。他们主张教师从“备教”转向“备学”，通过集教案、学案、笔记、作业、测试和复习资料于一体的“讲学稿”支持学生的预习，控制学生的作业，体现教师有效的教学准备工作。

而山东杜郎口中学则在洋思中学的经验上有了新发展，他们同样强调预习，但杜郎口中学充分利用学生预习成果的展示来促进学习，着力发挥小组合作学习在促进面向全体上的作用。他们提出的“预习+展示+反馈”的课堂模式曾经风传大江南北。

尽管这些自下而上产生的实践经验会有一些稚嫩与不足，但这些基础薄弱、条件艰苦的农村学校，能够成为我国课堂教学改革的先锋，靠的是“赤膊不怕穿衣服”的勇气。如果我们把这些薄弱学校的奋起视为农村学校的“揭竿而起”的话，那在今天的全国各地，课堂变革已成“星火燎原”之势。

研究过兖州一中、昌乐二中以及潍坊市的教学改革的同志会发现，课堂变革不只在农村。一些当地的窗口学校放下包袱，也是能够有所作为的。像兖州一中的“循环大课堂”，让学生的课间学习从复习为主，转向预习为主。不过，像山东、辽宁、内蒙古等北方省份的课堂变革行动主要依靠学校的强势推动。

相形之下，在南方省份的课堂变革行动中，有较多的专业力量的支持与策动。如余文森教授在福建开展的“指导—自主学习”教改试验，郭思乐教授在广东策动的“生本教育”实验都很有影响。上海市在推出静安教育学院附属学校的“后茶馆式教学”与青浦一中的“基于预学习的自主课堂”等经验后，逐渐成为课堂变革的城市样本。

静安教育学院附属学校的“后茶馆式教学”继承了段力佩先生的“读读、议议、练练、讲讲”有领导的茶馆式教学的思想。它主张“学生先学”，关注先学的方式、方法的多样性，关注教师在“先学”之后的“教”的方法。它强调“教师应该讲学生自己不能学会的”。学生自己能学会的，无须教师再讲，教师只需要通过“引导暴露”、“共同解疑”讲学生自己不能学会的。

其实，“先学后教”的探索，并不是今天的新生事物。我们回溯20世纪80年代的中学数学自学指导教学法、小学数学尝试教学法、魏书生的“六步教学法”、段力佩的“读读、议议、练练、讲讲”等教学实验与成功经验，它们的共同价值是“学生学习为先”。就连钱梦龙老先生的经典课例《故乡》，也被读出其中“先学后教”的思路。所以，我们有理由认为，“先学后教”其实是教与学的关系的返璞归真。是因为我们不自觉地提高了学习难度，增加了“先学”的困难，是因为我们习惯于夸大教师教的作用，而无形间剥夺了学的机会。不过，“先学后教”不能简单理解成时间的先后，而应该视为逻辑的先后，其实质是“以学定教”。

（四）研究视野——追求有效学习的先行探索

推动教育教学改革，不能只停留在方法层面的探索，而要站到思考“教学之道”的高度。目前国内研究课堂变革的主要路径有：

一是以福建师范大学余文森教授为代表的研究团队，以通俗的“先学后教”、“以学定教”来概括课堂教学改革的方向与特征。他们认为当前教学改革的核心就是要调整（变革）教与学的关系，凸显学的地位和作用，赋予学生权力和责任，激发学生学习的独立性和创造性，从而从根本上改变学生的学习方式和教师的教学方式。主张让学生先在教师指导（现场指导或借导学提纲引导）下进行“先学”，切实培养学生自主学习的能力，继而争取达到独立自主地“先学”的状态。他们研究了“学生自己教”、“同伴互助教”与“老师教”三种教的形式，并在福建开展“指导—自主学习”教改试验，践行他们的教学改革思想。

二是以华南师范大学郭思乐教授为代表的研究团队，以“教育走向生本”为口号，推动课堂变革。他们强调以学生的需要与可能为教学的出发点，“高度尊重学生、全面依靠学生、一切为了学生”，为“方便学”来设计教学。他们认为学习的本质是感悟，主张让学生“先做后会”，“先会后学”，“先学后教”，“少教多学”，直至“不教而教”。目前，广东省内外的部分学校在该研究团队的指导下开展“生本教育实验”。

三是以华中师范大学陈佑清教授和华东师范大学庞维国教授等为代表的学术理论研究团队，重点从学习心理学切入，对学生学习方法、学习方式、学习类型等展开研究。他们将学生的学习类型分为：符号学习、交往学习、操作学习、观察学习和反思学习等，并较为全面地梳理了关于学习形式的各种分析维度。他们的理论研究对于解释学习方式的转变是很有意义的。

四是以北京教育学院季苹教授等为代表的研究团队，重点从如何了解学生与研究学生切入，为重视学的课堂提供研究方法的基础。她提出“学生调研是教师教学基本功之基本”，强调教师要善于了解学生与研究学生。他们以大量具体的研究案例说明研究学生的方法，呈现观察与解释学习的思路。

其实，国内关注课堂变革的学者还有很多，不同的学者往往有不同的切入点。上海市教育科学研究院原副院长顾泠沅教授将以往的教学经验综合概括为两条：一是鼓励学生自觉学习，二是探索班级体制下不同类型学生的区别对待。他非常中肯地分析了“独立学习”与“帮助学习”的辩证关系，提出教师基于学生独立预学准备的“帮助式发展”的策略。

（五）研究展望——找寻变革课堂的实践支点

从教育理论界与全国各地教育改革实践的形势看，课堂变革已是当前基础教育领域的核心课题，其核心精神就是“以学生为本”、“以学生的学习为中心”。

对于一线教师的教学行为改变来说，除了更新教育教学理念外，更重要的是对操作要素的理解与适当的实践支点。我们要重新认识自学在学习活动中的比重与地位，在关注课堂改进的同时，注意对支持课前预学与提高课后学习效益的研究，通过支持学生有效自学的措施与载体和促进学生学习交流的机制与环境等，推动课堂变革。不同地区、不同学校在推动课堂变革时的着力点应该有所不同。

我们的研究可能是一个流派。我们的主题词是“任务学习”。我们主张“基于任务实现学习”，“以作业撬动学生学习方式的变革”，将“对话中心的课堂”变为“任务中心的课堂”。在学习任务（广义的作业）的设计与研究中，我们目前主要关注四个研究维度。

一是**学科维度**。不同学科的学习任务有着不同的特点，同一学科的不同学习内容可能需要设计不同的学习任务。任务设计与研究必须体现课程性质与学习内容的特点。

二是**过程维度**。从学习过程看，学习任务有前置性的预习任务、随堂任务、课后的及时任务、单元作业、假期作业、积累性作业等。在不同学习环节的学习任务，其设计、运用与反馈都各有规律，各有特点。我们甚至可以将学习任务的设计视作教学准备的关键。

三是**功能维度**。有效的学习任务，应该是意图明确，且有针对性的。有些作业是用来引导预习的、有些是促进理解的、有些是提高熟练性的、有些是意在诊断和补偿的、有些是促进知识体系形成的……教师研究作业必须要注意作业的功能。

四是**行为维度**。我们所有的研究都要通过教师的具体的作业行为才进入到学习活动中，所以，我们还要关注教师的备课行为、作业的选择与布置、作业设计、作业的批改分析与反馈等。教师的操作行为是有效开展学习活动的重要保障。

面对当前课堂变革的大势和基层学校如火如荼的响应，我们的态度应该是：理性借鉴先行经验，积极培育本土典型，努力形成实践流派，百花齐放，兼收并蓄。

［**案例分析**］这篇文章写在浙江课堂教学改革纷然兴起的2011年春。在基层自下而上的勇敢探索需要专业支持的阶段，本文以“（三）实践丛林”简要综述了全国各地课堂变革的草根实践的典型，从中梳理了“**独立预学**”（自学在学习活动中的比重与地位）、“**学案导学**”（支持学生有效自学的措施与载体）、“**全程助学**”（关注点从课堂延展到课

前与课后）和“**合作促学**”（促进学生学习交流的机制与环境）四个要素。再以“（四）研究视野”一节分析介绍了关于课堂教学改革的主要理论观点，并在回顾卢仲衡教授的“中学数学自学指导学习法”、邱学华老师的“小学数学尝试教学法”等教学改革成果中提出“先学后教，以学定教”不是新事物，而是针对当前“重教轻学”的现实，意在转变学生学习机制的返璞归真。全文以“实践丛林”、“研究视野”、“历史回溯”三方面的文献综述为基础，结合课堂案例提出了课堂变革的关键是从“对话中心的课堂”向“任务中心的课堂”转变的主张，从而凸显浙江对课堂教学改革的理解——“基于任务实现学习”。

二、研究主题的表述

通过文献与经验的学习分析，研究方向渐渐清晰，研究范围基本明确。此时的任务是概括研究主题，给课题起个名字。

（一）课题名称：研究主题的概括

课题名称一般包括：研究对象、研究范围和研究方法三个方面。好的课题名应该主题确切、切口适宜、言之有物、方法可行。

1. 主题：界定研究对象

主题是对研究对象内涵的界定，是整个课题的核心。像课题“农村小学生同情心培养的研究”，其主题就是“同情心培养”；课题“基于个性差异的班级管理策略的研究”，其主题是“班级管理策略”；“自然科学学科教学评价研究”的主题是“学科教学评价改革”。

较难处理的是一些“双主题”的课题。如“以红领巾文明医院活动，促进学生自我教育能力发展的研究”，研究者既研究这种活动方式，又研究那个能力的培养，导致研究主题分散，操作困难。所以，“双主题”应该一主一从，如前述课题中，“自我教育能力培养”是活动的目标与方向，研究点应该在“红领巾文明医院”这一活动创新上。课题名也可以改为“旨在发展学生自我教育能力的‘红领巾文明医院’活动的探索”。

案例3-2

美术教学中学生创造力培养的研究

——关于课题主题“腾挪”的实例

有课题原名为“美术教学中学生创造力培养的研究”，这是一个研究范围较宽的课题。构思者认为他在美术课教学中，坚持把重点放在“说画”的过程，在图画构成与主题表现作为关键讲解给学生后，再让学生动手画画。这种教学方法的教学成绩非常突出，学生在各级命题绘画比赛中屡屡得奖，因此他选择了“学生创造力”这个研究主题。

这确是一项有特色的课题，但这里的创造力指的是什么？创造力的评测手段是什么？如何证明这种教学方法与教师所指的创造力有关？而如果研究这位教师的教学方法，总结其教学特色却是很有必要。如果把研究主题“腾挪”到“××教学法”，将课题名改为“‘主题教学法’在美术教学中的运用的研究”的话，课题就变得容易操作。

[案例分析] 从题目看，原选题无疑是符合教改方向的课题。但研究的主题词选在“创造力”的话，对研究承担者的理论水平要求较高。而且如何衡量学生创造力水平的进步，如何分析美术教学中某一教学处理或某一环节对创造力培养的贡献，这一系列问题会在选题之初就注定研究的无奈。如果将研究点“腾挪”到某一体现创造精神和创造力培养方向的教学方法的研究上的话，普通教师就有可能完成研究。

2. 切口：限定研究范围

教育现象、实践、规律的背后一般都有特定的情境与特指的范围。所以，研究主题前还需加若干定语，以限制研究对象的外延，明确研究样本，使研究在自己力所能及的范围内。有的定语表示目的，有的定语表示途径，有的定语表示研究范围的缩小。增加定语，须体现代表性与典型性，否则便是失败的定语。

案例3-3

推敲课题名称实例之一

有课题名为“说明文教学中学生创新能力培养的研究”，其主题是“创新能力培养”，定语则是“说明文教学”。如果这一选题是恰当的话，那么研究者应能说出在培养学生创新能力方面，说明文教学与记叙文教学、议论文教学有哪些明显的区别与特点。否则，这一定语就是一个无效定语。

在寻找不同文体教学的特征时教师发现，说明文与记叙文、议论文有明显区别的是在提高“信息意识”、“信息能力”方面的作用。因此，课题可以变为“说明文教学中学生信息能力培养的研究”。

如果以信息能力的培养为主题，则意味着研究者对信息能力应有清晰的界定，且有相应的评测手段，否则以此为主题还不是很合理。如果将主题与定语互换一下，课题名再调整为“重视学生信息能力培养的说明文教学模式研究”，这时研究主题从“信息能力”移到“说明文教学模式”，显然容易研究得多。

3. 研究方法的说明

在研究方法比较单一时，可以在课题名称中加入研究方法，这样更为一目了然。如，“中小学教师作业行为的调查研究”、“小学数学示例演练教学的实验研究”等。不过在大多数课题中，因研究方法较为综合，很多课题名称中不出现研究方法，而是以笼统的“实践与研究”来概括。

案例3-4

推敲课题名称实例之二（四例）

原课题名：初中语文“研讨与练习”系统对语文有效教学的影响研究

现课题名：初中语文“研讨与练习”系统的分析与教学运用的研究

分析：如果要研究“因素A对因素B的影响”，那么两个因素之间的关系应有较为稳定的规律。本例显然不妥。而且“语文有效教学”也不是一个内涵明确的固定词汇。“有效”、“高效”等词汇是永远正确的定语，它不具有界定作用，对词义没有意义限制。由此看来，本课题研究的应该是"'研讨与练习'系统的教学运用"。

原课题名：初中语文"二元互融"型阅读教学模式的实践研究

现课题名：初中语文课内精读与课外多读的结合策略与常态坚持的研究与探索

分析：粗看题目，以为这是一个全新的教学模式。但细看方案，"二元互融"指的是"课内精读"与"课外多读"的结合。这是一个朴素选题的豪华包装。我们不提倡这样的新词杜撰。可否将课题改为"初中语文课内精读与课外多读相结合的教学模式的研究"？也不妥当。因为"课内精读"与"课外多读"肯定是正确的，两者相结合也不是新的主张，更没有相对稳定的教学操作结构。所以，它不是一种模式，而只是一种倡导。不是当前没有倡导，而是缺乏实践策略，坚持实施有困难。所以，若要研究，便应指向这两个"软肋"。

原课题名：利用影视欣赏，巩固"八大话题"，应对高考作文

现课题名：以影视欣赏开展高考作文指导的研究

分析：原课题名不规范。"八大话题"不是一个专有名称，不是约定俗成的专指之词，所以不必出现在课题名中。对于研究来说，行为的主语一般应是教师而非学生。所以，"应对高考作文"应改为"高考作文指导"，"影视欣赏"则是"高考作文指导"的主要途径。

原课题名：通过培养学生科学探究题的审题能力以提高学生探究能力的研究

现课题名：旨在提高学生探究能力的科学探究题审题指导的研究

分析：原课题名称的前段是"途径"，后段是"目的"，唯独缺少"主题词"，没有交代具体的研究对象。整体把握该课题，研究对象应该是"审题指导"，即教师如何指导学生学会审题。"科学探究题"是关于范围的定语，"旨在提高学生探究能力"是关于目的的定语。

在课题名称的拟定中有不少问题。除了案例3-3选择例评的一些问题外，常见的问题还有：课题名称过于宏大，但内涵泛泛，如"小学语文创造性教学模式研究"、"学校科学管理的研究"等；号召式的课题名称，不得研究要领，如"大面积提高教育教学质量的研究"；以程度性的词汇概括界定某种方法，难以体现出方法的特征，像"高效率学习方法"、"快速作文"、"大量读写"等。

（二）假设：研究主题的具体陈述

课题名称是研究主题的概括呈现，但要完整地理解研究主题，描述研究的操作过程，还要再作具体陈述。

1. 研究要素及其定义

先要梳理明确研究要素（在教育实验中，称此为“变量”）。

笼统地看，研究要素包括教育措施、教育条件、教育效果三类。教育的过程可以看成是“在一定的条件下，某一（些）措施产生作用，取得一些成效”，或表述成“在________情况下，通过________，以达到________”。这可以用数学的函数式表示：

$y=f(x)$　　[数学的函数表示]

教育效果 $=f$（教育措施；教育条件）　　[通常的教育过程]

因变量 $=f$（自变量）　　[教育实验的提法]

对于具体的研究课题，教育措施、教育条件、教育效果都应有具体的描述。有的从对象的属性角度来概括（概念性定义）；有的描述为一个操作过程或可测量、可感知的特征（操作性定义）。研究之始，需对本研究中涉及的有关变量作一界定。有些时候可能还会有多项教育措施与教育条件同时在起作用。是否需要非常严格地讨论教育措施、教育条件对教育效果的影响，要视具体课题而定。有些课题也可以淡化变量分析。

2. 研究假设

研究假设是对问题的结果、现象的性质、两个或多个变量之间的关系的推测或提议。① 它以某方面的科学原理或事实为依据，对某一条件下解决问题的措施与结果作出推测，以使研究主题具体化，从中包含了解决问题的简明思路。

假设的一般结构可表示为：

[理论依据] [条件限定]　当 <输入变量>　会　<输出变量>
　　　　　　　　　　　　具体可见 可操作　有意义 可观测 能反映规律

假设应该对其中四个方面（理论依据、条件限定、输入变量、输出变量）有所说明。

① 袁振国．教育研究方法 [M]．北京：高等教育出版社，2000：27.

案例3-5

充分开发儿童青少年的智慧潜力

上海实验学校自1981年开始学校整体改革。[①] 其中“缩短学制的小学、中学一贯制教育实验”是其中的重要主题。该实验的研究假设是：“儿童具有很大的潜能，只要教学过程组织得比较合理，就能提早打开儿童的智慧闸门，使得常态儿童（智力发展水平中等及以上）提前两三年完成现行中小学规定的教学任务。”

该假设的主体是“只要教学组织得法，可以提前完成教学任务”，条件限定为“智力中等水平及以上的学生”，它是基于“儿童学习潜能理论”提出的。课题首先要研究“如何得法地组织教学”，然后检视“教学改革行动能否实现提前完成教学任务的预期”，再是“分析教学改革行动背后的道理与机制”……

[案例分析] 教育实验的假设及其验证较为明确，比较严格。但在一般的教育实践研究中，假设虽然存在，但却是半明确的。如以上案例中该实验假设的自变量是“只要教学组织得法”，但如何组织教学却没能在研究之初就确定下来、描述出来，还要在具体实践中形成。这种在研究中逐步完善假设的研究方式，越来越普遍。在这项研究中，验证不是研究的主要目的，总结课程方案与行动措施成为研究的核心任务。

随着教育研究的发展，假设已不是所有研究课题的必需部分。但假设可以更明确地说明和规定课题，它是对研究结果的推测，也是对课题中涉及的教育措施、教育条件和教育效果之间可能的相互关系的设想。

三、研究主题的类型

不同类型的研究主题，研究设计的思路也各有特点。当前中小学教育研究的常见主题有以下四类。

① 恽昭世．走向未来的学校［M］．北京：人民教育出版社，1993：12.

(一)以“××能力的培养”为中心

教育就是要使受教育者的某一方面得到发展。因此,以“××能力的培养”为中心的研究课题是很多研究者择题的第一感觉。如学生的某一能力、意识、品质、习惯等的培养,或教师的某一能力或素质的提升等。对于这类课题,研究思路可以以成语“有的放矢”来概括。

案例3-6

小学数学应用题教学中学生迁移能力培养的研究

——研究主题类型实例之一

这是一项以“迁移能力培养”为主题的研究,研究范围限定在“小学”、“数学应用题教学”。

第一步:先明确“迁移能力”的概念含义,并结合小学数学的学习过程分析迁移的类型、迁移能力的可能组成以及相关因素等。此目的是明确研究主题,相当于“有的放矢”的“的”的准备。

第二步:通过调查了解学生应用题学习的现状与迁移能力水平的现状。这是研究的起点评测。此时应有关于学生迁移能力水平的评测手段的准备。

第三步:通过文献分析与科学总结,设计具体的培养方案和培养策略,明确教学改革思路的操作性和注意点。这可以看成“有的放矢”的“矢”的准备。

第四步:根据计划实施教学改革,以既定方法与灵活变化来贯彻研究思想。要注意原始积累与客观评测两个环节。这可以比喻为“有的放矢”的“放”的环节。

第五步:通过对实施后获得的原始资料的分析,反馈培养方案的可行性,并对成效作出评估,最后得出结论,形成认识性的成果及教育教学改革的建议。

[**案例分析**] 这里提供的研究思路只是一种参考,根据具体的研究主题还会有多种变式。不过,即便再多变式,几个基本要素是不变的。这也就是“的”(培养目的)、“矢”(培养方法)、“放”(实施策略)以及相当于“裁判”的培养目标的评价等。

以“××能力的培养”为中心的课题一般要在三方面有所贡献：①培养对象的界定与结构组成；②根据反馈有所调整的培养办法与教育教学方案；③客观评测培养主题的方法。这也是课题的认识性成果与实践性目标。

案例3–7

儿童自我保护能力培养教育的研究①

——研究主题类型实例之二

幼儿园和小学的教师发现孩子们由于年龄的原因以及家长的宠爱，在参加学校集体活动时，很容易发生大大小小的事故。儿童自我保护能力弱是一个重要原因。

为了提高儿童的自我保护能力，教师们开展关于儿童自我保护能力培养的研究。研究成果主要反映在：

(1) 根据儿童生活的特点，设计学龄前或学龄初儿童安全教育的内容序列。由防火安全、交通安全、人际交往安全和生活自理常识、防止意外伤害等方面组成。

(2) 儿童的安全教育不全是安全知识、规则的传授，更重要的是相应能力的形成与相应行为习惯的培养，因而要探索适合儿童特点的自我保护能力的培养途径以及具体方法。

(3) 形成了简易合理的儿童自我保护能力的测查办法。

[案例分析] 每一类研究的目标成果都与研究主题的类型有关。在以“××能力的培养”为中心的课题中，目标、途径与评测是成果的主要方面。不过，这类研究的主要困难在于“××能力”的界定与评测。如果以“××能力的培养”为主题，却没有对该能力的界定与评测，是不合理的。

(二) 以“××方法”为中心

教育活动总是通过某一（些）具体方法实现的。以“××方法”为中心的课题在操作上相对容易些，因而是目前较为常见的课题类型，也

① 张柳青，范威丽．幼儿自我保护能力培养教育的研究［M］//陈及人，张丰．以研究的策略推进素质教育（下）．北京：国际文化出版公司，2001：383.

是适合一线教师的研究类型。它既可以是验证性的教育实验，也可以是探索性的行动研究，甚至可能是最通俗的经验总结。所以，在教师初涉研究时，宜多选以“××方法”为中心的课题。案例3－8就是一个典型案例，其中包含了分析此类课题的研究提纲。

案例3–8

高中学生作文分项互评办法的研究

颜老师在作文教学中发现，用陈述的方式讲授写作要领的效果并不好，而且学生对于相对抽象的写作要领兴趣不大，即使教师在作文批改中分析得很详细，学生仍然自行其是，喜欢以自己的习惯去写作文。怎么办呢？怎样将教师对于好作文的评价标准转化为学生写作的要诀呢？

在教研组讨论时，颜老师提出了自己的问题。大家七嘴八舌地分析了各种原因。有教师认为，把评改作文的“权力”交给学生，让学生互相评改作文，会有助于激发学生对“什么样的作文是一篇好作文”的兴趣；有教师认为，学生掌握作文标准评改有困难，所以评改办法要简洁，评价要求要分项……于是，大家决定以“高中学生作文分项互评办法”为主题做一个课题。

第一步：**方法界定**。要明确以下问题：什么是“作文分项互评办法”？这种方法的意图，以及利用的机制是什么，其合理性如何，这种方法的局限性与影响可能如何？

第二步：**因素分析**。对“分项互评法”进行操作性定义，明确这种方法的操作步骤以及注意事项。不同对象对“分项互评法”应用的要求与制约是什么？“分项互评法”的哪些操作要素已经明确，哪些操作要素尚待在研究中完善？

第三步：**研究设计**。设计要有能对“分项互评法”的利弊优劣及效果进行观察、说明的指标，并筹划好指导学生评改的讲座、表格、制度和交流活动等具体措施。

第四步：**行动实施**。实施“作文分项互评法”，观察、记录和分析学生的反应。注意“分项互评法”运用的条件影响、效果的原始记载，同时形成“分项互评法”的操作要点及避免干扰的有关保障机制。

第五步：**反馈小结**。通过对学生心理反应、学习效果、方法操作性等方面的分析，反馈完善操作方法，在不回避其局限性的前提下总结方法的成败。

第六步：**推广设计。**将完善后的操作办法及配套措施等整理成可供推广的文本和示例，进行区域推广。

［**案例分析**］这类课题的成果应该体现在方法的操作程式、应用策略及作用机制等方面。学生应该如何进行分项互评？如何教学生掌握并正确运用分项互评方法？该方法运用中有哪些要点？如何评估该方法的成效与影响？为什么这种做法能产生积极作用？这些问题是此课题需要考虑清楚的。

（三）以“××现象”为中心

教育的改革与发展历程，其实也是一些新问题、新现象的研究与解决的过程。以“××现象”为中心的课题常有两类：一是突出分析的剖析性课题，二是突出对策的建设性课题。有的课题二者兼而有之。这类研究大多采用调查法与观察法，一般需对该现象的背景、状况、规律、影响及对策进行探讨。

案例3-9

初中课程教学管理中“两张课表现象”的调研与分析

在案例1-1“初中课程计划实施情况的调研”中，课题组针对基层学校中实际存在的“两张课表现象”（指学校实际执行的课程安排表与应付检查的课程安排表不相一致的现象，也称“阴阳课表现象”），从四个方面展开调查研究。

（1）“两张课表现象”究竟严重到何种程度？

（2）“两张课表”的区别主要在哪些方面，有哪些特点？

（3）导致“两张课表现象”的可能原因有哪些方面，具体的影响程度如何？

（4）从课程设置与教学管理两方面讨论“两张课表现象”的应对建议。

考虑到校长与教师对该现象的理解和描述在真实性上会有所区别，所以，调查取样时特意考虑了校长样本与各学科教师样本的代表性。一方面可以进行样本比对，另一方面可以进行学科间教学管理行为的比较分析。

（四）以“××因果关系”为中心

教育是一个多因素的复合系统，不少研究着眼在探讨教育措施与教育效果（两个或更多变量）之间的相关性以及相关程度，也就是以因果关系为主题展开研究。如7～15岁学生注意力发展特点与学习成绩的关系的研究①、珠心算训练对学生思维发展的促进等。它所要说明的是两个变量间的联系，可以是定量的，也可以是定性的，通常采用教育实验的方法来验证“××因果关系”，并利用它改进教育实践。

在教育实验中，有几个重要概念：常量是研究对象所具有的相同的特征或条件；变量是某一研究对象区别于其他研究对象的，供研究者操纵、控制或观察的条件或特征。教育措施与教育效果分别称为自变量与因变量。自变量应该是明确的、可操作的；因变量应是意义明确的、可测量的。应该排除或掩蔽无关变量的影响，并科学合理地设置对照组与实验组，以最后验证自变量与因变量之间的因果关系。

案例3－10

小学生节俭教育与学业责任感的相关研究②

教师们经验式地发现，爱花钱、不节约的学生常常是班中学习成绩比较糟糕的学生。但能否验证这一假设呢？如果真的成立，有无办法干预与改善呢？

实验教师设计了一个调查（前测），了解三方面的情况：一是学业成绩（暗中分成三档）；二是学业责任感；三是开学第一周的消费状况。同时对学业成绩前5名的学生和后5名的学生的消费情况进行对比，在消费金额与用途上都发现有显著差异。

于是，在实验班开展节俭教育的专题活动，采用“活动为主、学生为主、训练为主、实践为主”的模式，组织了近一个学期的活动。如“我的现金日记账”、“五保户的两元钱”、“当一天打工娃”、“我是父母

① 王称丽．7—15岁学生注意力发展特点及其与学业成绩的关系［J］．上海教育科研，2012（12）：51－54．

② 温岭市泽国中心小学课题组．小学生节俭教育与学业责任感的相关研究［J］．浙江教育科学，1999（7）：15－17．

的小会计”等活动，以及关于“商品”、“货币”、“劳动”、“市场”、“竞争”等主题的系列讨论等，丰富多彩，效果不错。

最后对实验班学生实验前后的节俭行为水平进行对比，同时又将实验班与非实验班学生的节俭行为、学习态度、学习成绩进行对比，发现也有显著差异。再对实验前成绩后5名学生的节俭行为和学业成绩的变化进行个例分析，发现成绩明显好转的节俭也明显变化，成绩没有明显好转的几位学生的节俭行为变化不明显。

研究最后得出结论：“小学生节俭行为与学业责任感有密切相关，节俭教育不仅有着重要的德育意义，对于增强学生的学业责任感，也有着广泛的积极作用。”同时总结了开展节俭教育的系列活动设计和策略。

［**案例分析**］此项课题包括“节俭行为—学业责任感”和“节俭教育—节俭行为”两对因果关系的准实验研究。“节俭行为—学业责任感”的相关研究更为典型。对于因果关系的研究须对两个变量作明确的界定。不过，研究中施加的自变量“节俭教育活动”难以完全事先策划好，需要在研究过程中逐渐探索形成。所以，“节俭教育”探索的意义并不亚于“节俭教育—节俭行为”的相关结论的总结。这就是中小学教育研究的重要特点，也是基层研究取向与专家研究取向的可能差异。

如果在研究过程中有多项教育措施与教育条件在变化，就很难判断最后产生的教育效果究竟是哪项“改革”的作用和影响。所以在研究设计时，一般要求明确地陈述出有待探索的两个或多个变量间的关系，并确定研究者操作的至少一个变量（自变量）。不过，影响教育效果的因素还会有很多。在一些实验研究中，还要将一些变量控制起来，防止其干扰研究分析，这种变量叫控制变量。另外还有一些无法控制和测量的影响因素，称为中间变量。

四、研究方案的设计

研究方案是研究者开展研究的蓝图，用以明确研究的背景、对象、范围、目标与方法等，使课题更加具体化、操作化。它是课题申报的必需材料，是研究管理部门审查立项与检查验收的依据。

（一）研究方案的简明结构

1. 课题名称

研究主题、研究范围及关键方法的概括。

2. 问题的提出（研究的现实背景、目的与意义）

从现实中存在的问题以及解决该问题的意义入手，明确研究指向的问题；再在问题的表现、归因的分析中，提出研究和解决该问题的初步切入点，从而揭示研究目的。其关键是分析深刻，抓住关键。

3. 研究现状的综述（研究现状及自己的研究基础）

介绍该领域已有研究的主要观点与研究进展，说明该问题尚未解决的部分以及解决这些问题的意义；再对自己在该领域的已有研究进行分析述评，以客观地分析完成课题的可行性。其关键是理论结合实际，要从与己有关和为己所用的立场，组织呈现前人的实践与研究。如果文献综述篇幅太长，可扼要反映在研究计划中，其余部分以研究综述的形式另附。

4. 研究内容与预期成果（研究的切入点与突破点以及研究思路的展开）

展开研究思路，将主题分解成可操作的若干问题；整体分析问题的线索，体会研究内容各部分之间的内在逻辑；明确研究的切入点，抓住问题的主要矛盾和本质问题；规划研究的突破点，初步描绘预期目标与成果形式。其关键是体现具体研究方向的特点，且思路清晰、逻辑合理。

5. 研究实施的安排（研究方法、实施步骤与组织分工）

根据研究主题的类型和具体任务，确定研究方法；规划好研究步骤与具体活动的安排，重视阶段成果的及时形成；做好研究人员与资源的组织与分工。

这一部分最容易写成套话。大家都有准备阶段、实施阶段与总结阶段；都是行动研究法、调查法、文献分析法。其实，内容不同、任务不同，方法也不同；研究积累的方式不同，研究活动的安排也肯定不同。所以，这里的关键要从实际出发，体现真实的操作性。

对于一线教师来说，他们所研究的主要应该是自己教育教学中面对的具体问题，所以，要简化研究方案，让研究方案开门见山，直指问题解决。浙江省嘉兴市提出了简明的教师研究方案的框架，使研究更为务实和朴素。

案例3－11

提高高中学生物理图形能力的实践研究[①]

——浙江省嘉兴市“个人教学问题”研究方案一例

（一）我教学的问题与困惑

在高中物理教学中，“图”是一种很重要的物理语言。很多情况下，一幅物理运动过程示意图或一张运动状态分析图就会使原本复杂的物理过程变得简洁明了。然而，在日常教学中，我发现学生用图形解决物理问题的能力很弱，通过学生问卷调查，我发现问题的以下表现。

(1) 学生很少会仔细品味课本上或作业中出现的图形，一般只在教师提醒后才会去注意，而且往往无法从图中挖掘关键的信息。

(2) 大部分学生没有养成边读题边画草图的习惯，他们宁愿在头脑中模糊地想象，也不愿动手画一画。

(3) 大部分学生的空间想象能力较差，无法从立体的角度进行空间思维，其中女同学的情况尤为突出。

(4) 绝大部分同学在图形方面的能力比数学推理方面的能力要差一些，其中画图能力和图形转化能力最弱。

(5) 学生不会用图形来帮助思考、组织思考。绝大部分学生用图解决问题的意识淡薄，除非题中明确给出或明确要求画图，才会想到使用图形。使用图形的类型主要集中在受力图、运动过程示意图，对思维导图、概念图、流程图等图形使用的概率几乎为零。

（二）我对问题产生的原因分析

(1) 虽然教师在教学过程中也有用图形解决问题的自我意识，但是这一意识并不是很强，对学生的要求缺乏持续性。

(2) 在平时的教学过程中，教师比较重视受力分析图、运动过程示意图、状态分析图的使用，对于实物图、统计图表、流程图、概念图等其他图形不够重视，思路较窄。

(3) 教师在课堂教学中，常常为了节省时间以利于多讲一些知识或题目，读题、看图或画图甚至于分析图的工作一概由教师包办，学生来不及仔细思考，教师的标准答案便已公布。学生缺乏思维训练，因而在

① 本课题负责人系浙江省嘉善中学周耘老师。

独立面对一些图形题时，就会束手无策。

(4) 学生的图形能力只停留在初级、表层的水平，用图形解题的意识薄弱。

由此可见，学生图形能力较弱的原因，很大程度上是由于教师教学过程中重视不够以及教学的方式、方法不当造成的。所以，要培养学生的图形能力，进而提升其解决物理问题的能力，必须从改进教学过程切入。

(三) 我对此问题的文献综述

文献检索后发现，目前图形在教学中的应用研究的热点在概念图与思维导图两大方面。(略)

(四) 我拟采取的方法（措施、策略）及具体步骤

实施策略：培养学生读图能力、培养学生辨图能力、培养学生画图能力、培养学生图形转化能力。(略)

(五) 问题解决的预期效果(略)

[**案例分析**]"个人教学问题"研究是浙江省嘉兴市在简化研究的背景下设立的一种个性化的课题形式。我们赞许这种从一线教师的实际出发，调整与简化研究方案的尝试。要让教师朴素的思考与探索以简明的、以他自己为主体的形式呈现出来，要用彼此都能明白交流的语言来描述，而不是拖泥带水地、故作姿势地模仿专业研究。

(二) 研究方案的设计思路

以下通过六个问题的对话，引导教师展开选题分析。

1. 研究的是什么？为什么以此为研究方向？

这是对研究方向的意义、价值、目的的分析，同时确定研究试图解决的问题。这类似于通常研究报告开首的"问题的提出"。通常考虑以下三个方面。

一是实践的现实需要。中小学教育研究课题一般应是现实性的选题，研究指向现实中的教育困难或问题，要讨论研究指向的问题或困难的表现形式、影响及形成的原因或机制。所以切忌"拉大旗作虎皮"，宏观背景的引述滔滔不绝，现实问题的分析浅尝辄止。

二是前人研究的背景。为何以此为研究方向，往往同时已参考了前人对此的研究。在相关研究的背景介绍中，说明本课题研究思路的角度与特色。这里切忌"标签式的理论依据"，不要孤立地罗列他人的观点，重点要从对自己有影响的相关文献的分析中，阐述研究思路的形成线索，揭示本研究相对于已有研究的主要特点。

三是研究的意义与影响。主要看：研究解决或克服了怎样的问题或困难？问题解决的可推广性、迁移性或指导性如何？解决该问题后，对教育实践可能有哪些影响？

案例3－12

中小学信息技术教学论研究的研究背景①

在2000年10月的全国信息技术教育工作会议上，教育部提出普及中小学信息技术教育的目标与时间表。从全国范围看，实现这一目标还存在四方面的困难与问题亟待解决：

（1）中小学信息技术教师普遍存在着专业技术较强，而教育教学素质较低的现象，而且他们的关注与兴趣倾向，会使两者差距进一步拉大；

（2）高师院校对计算机教育专业的教学论课程重视不够，即便有些教师重视该学科，但在学科建设的思路方法上，仍然是从数学或物理学科教学论的框架中迁移，而从信息技术教学实践中来，切实体现信息技术学习特点的比较少；

（3）中小学信息技术教师的继续教育体系和研究交流体系很不完备，教师业务指导与培养缺少科学的规划，在有效性、针对性上有所欠缺；

（4）在基层教育管理工作者和广大教师心目中，对中小学信息技术学科的价值与作用的认识远未达到现代意义学习活动方式的要求，开设信息技术课成为行政行为，信息技术学习孤立于学生的整体学习活动。这使得信息技术教师的职业认识和稳定性令人担忧。

表面上看，这是由于信息技术教育发展水平还不高，待以时日可能会得以改观。但从问题的深层看，缺少基于实践的信息技术教育研究是目前这些困境的关键原因之一。为此，我们提出实践取向的研究策略，强调行动性研究与理论性研究的结合。我们认为，这一研究设想将会对信息技术教育的发展产生重要的积极作用。

在教育信息化的主题下，在教育实践工作者与研究工作者人群中，关注信息技术的教育应用的多，但关注信息技术教育教学活动的不多。

① 节选自笔者承担的全国教育科学“十五”规划教育部重点课题的研究方案。

通过对《课程·教材·教法》《中国电化教育》《中小学信息技术教育》以及《教育发展研究》等代表性刊物的分析，发现介绍国外信息技术教育的发展动向的文章远远多于信息技术学科教学规律的研究；信息技术教学经验的分析多于学科内在特点与机制的分析；对教师教学设计的讨论多于学生信息技术学习活动特点的分析。因此，我们把研究的重点选择在：信息技术课程的教育实践活动，尝试从实践活动的规律出发，分析和构建信息技术教学论。

在有些课题方案中，会对研究对象或关键词作专门的界定。但这不是所有课题都必需的。有些课题对一些很常识的概念，也逐个将《辞海》中的定义搬过来解释一番，反而使明白的理解变得混沌。一般在三种情况下，需要对关键词作明晰的界定：一是过去没有这个词，是研究者创造的词，而且这个词在本研究中特别重要（能不造词，尽量不造；不是特别重要的词，也不要造）；二是过去有这个词，但本研究对此词过去的定义作了修改，有了新的用法；三是这个词有多种意义和用法，在本研究中，研究者只是选择了其中的某一种看法或用法。①

2. 从何处切入研究？如何设计研究主题与发掘研究特色？

明确研究方向后，还要考虑研究的操作性与可行性，选择恰当的研究切入点。一个优秀的课题，往往有与众不同的深入挖掘和巧妙利用，在教育教学改革中反映自己的个性。如学校政教工作者对加强学生消费教育颇有感触，但又难有切入的时机与途径。浙江省温岭市泽国中心小学选择从学生的节俭行为与学业责任感的相关性分析，以及学生节俭教育的内容、途径和方法等方面的探索入手，一方面为加强消费教育提供有说服力的依据，另一方面为开展节俭教育提供可操作的方案和经验(见案例3-10)。这种思考需要研究者对研究问题有深刻的分析，并善于从改进教学实践的角度来规划研究。

3. 研究哪些问题？研究思路展开的线索是什么？

在明确研究之“靶”后，需要规划本研究将要具体讨论的问题。展开研究思路，规划研究提纲一般要思考三个角度：（1）关于研究对象，你的理解与过去传统的理解有什么不同？（2）设想的方案付诸实施还须考虑哪些问题？（3）这些理性思考能够帮助解决这些操作性问题吗？将

① 陈大伟．教育科研与教师成长［M］．上海：华东师范大学出版社，2009：130.

要讨论的几个问题之间的内在逻辑（或线索）是研究设计的要点。

裴娣娜教授曾从思维水平的角度将研究中思考的问题分成四类：（1）直觉观察水平。思考“发生了什么？”关键在收集资料、观察与描述。（2）探索原因水平。思考“为什么会发生这种现象？”关键在现象的归因，思考影响的关键因素。（3）迁移推广水平。思考“在不同环境条件下还将发生同样的现象吗？”这是从推广的角度看这一现象的可再现性。（4）理论研究水平。思考“研究中有哪些潜在的理论与原则？”这是从规律、道理、机制的层面，思考与发展理论。这四类问题常常是研究思路展开的支架。①

案例3－13

计算机辅助教学应用现状的分析

有教师发现计算机辅助教学往往在公开课中应用较多，而在实际教学中大家并不乐意利用计算机。（发现了一种现象）那是为什么呢？他做了一次调查，发现教师在平时教学中懒于使用计算机辅助教学手段的原因主要有：（1）设计课件耗时太大，偶尔为之可以，但经常应用恐精力不济；（2）目前的计算机辅助教学只是一个漂亮的“白”板，在教学机制上并未突破，应用价值不大；（3）自己编制课件水平有限，总要麻烦电教员，不好意思，还是少用为佳；（4）学校多媒体教室太少，想用也轮不上。（发现了一些原因）这些现象和原因在其他学校也存在吗？继续调查……（发现普遍性的规律和特点）

如何解决呢？首先要进行因素筛分，哪些原因可能克服？哪些原因目前还难以克服？（1）是一项新课题，研究如何降低计算机辅助教学的成本（包括时间成本、资源成本等）；（2）也是一项新课题，研究计算机辅助教学的机制及学科特点有哪些，如何提高运用水平，把技术用在克服教学困难的“刀口”上；（3）可以通过个人学习，提高培训的有效性来解决；（4）要看学校财力，得增添设备。

最后这位教师拟在“计算机辅助教学的成本与效益”或“计算机辅助教学的学科特点与运用策略”中选择一个课题展开研究。（思考的问题逼近第四个水平了）

① 裴娣娜．教育研究方法导论［M］．合肥：安徽教育出版社，1995：8.

[**案例分析**] 虽然这个案例是十年前的，现代教育技术的应用早已今非昔比。但以这个案例来说明教师开展教育研究所思考的问题的渐渐深入，还是有些味道的。从发现一种现象，到找到若干原因，再进行是否是普遍性问题的检验，然后是对策思考与问题分析，最后形成研究方向。

4. 如何研究？研究过程应该如何安排？

明确了研究内容之后，就要考虑如何研究。要开展哪些活动？时间进度怎么安排？人员怎么分工？不能形式性地将研究都计划成“准备”、“实施”与“总结”。真正有用的研究计划是与研究内容相结合的。

案例3－14

小学低段易错字提前干预的策略研究

研究的预期目标主要有：

（1）形成一份低年级学生易错字集和错误原因的分析和归类；

（2）探索适合学生年龄、心理特征、情趣爱好的干预措施，积累有效措施的个案分析；

（3）编写一本供下一轮低年段教师借鉴的真正有效的《小学低年级易错字提前干预实用手册》。

为此，具体化为如下研究过程。

低年级易错字的调查	通过教师的经验判断与分单元听写的办法，调查“四会”生字的出错率，建立易错字表。
↓ 分类分析错字与别字形成易错字的生成原因	通过查阅资料分析错字形成的心理原因，根据字形分析，对错别字进行分类，再从中归纳整理易错字的生成原因与类型。
↓ 易错字干预的初步尝试	通过资料汇集与实践尝试，积累各种模式。探寻克服易错字的有效方法。
↓ 梳理易错字的干预策略进行分类与比较	提前干预的研究。 不同干预策略的适用性研究。 干预时机的选择策略。
↓ 整理干预案例，形成《低段易错字干预实用手册》	本手册为下一轮低年段教师的生字教学提供参考，尤其对于新教师，识字教学就有了侧重，有望实现识字教学的低耗高效。

5. 形成什么？以何种形式简明地呈现研究成果？

（1）讨论一下“研究最后想得到什么？”

研究的目标应该是指向某一问题的解决建议。研究与一般工作的区别在于，研究获得的建议必须基于教育规律的认识，且源于教育实践的求证过程。也就是说，教育研究课题的成果应该包含理性成果与实践成效两方面。

理性成果主要指关于教育规律的认识以及实践探索的概括。研究之始，应对理性层次的讨论问题有所规划，并坚持贯穿于实践之中的理性思考。关于实践成效，实际上就是实践的目的及其表现形式。应该以哪些方面的变化来说明问题已被解决、实践有所发展。

（2）讨论一下“以怎样的形式有助于别人了解本研究？”

研究成果最终要在交流与推广中体现价值。所以，在规划研究成果时，还要考虑怎样陈述与呈现研究结论，以有利于别人了解或理解自己的研究，以有利于别人在实践中应用自己的建议。这涉及成果形式与附件的初步计划，包括一些教学设计、活动设计、个案研究报告等说明性的材料或操作性的材料。

6. 自己能够完成这项研究吗？

课题选题时一定要量力而行，要考虑自己的研究基础与能力，分析完成研究任务的可行性。一般从三个方面论证自己的研究基础：一是课题组成员的研究经历、学科结构、学术水平等背景，这是研究能力的说明；二是已掌握的他人在相关领域中的研究文献；三是自己关于该研究主题的已有研究经历和阶段成果等，这是结合自身研究背景的分析。上述三方面都应考虑，它是反映课题组研究能力及承担课题的可能性的论证。

在完成研究方案后，最好还能自己对方案作一次反思评估，以避免选题的盲目性，减少研究设计中的不合理之处。自我评估应从以下几方面展开：（1）研究问题的性质与类型；（2）研究的迫切性与针对性；（3）研究的动向与可能突破；（4）研究的条件与可行性；（5）研究过程与策略的合理性。

随章任务

1. 文献的收集与综述

文献分析能力是教师开展研究的重要基本功。案例3-1虽然不是一篇规范的文献综述，但却较好地体现了文献分析的六步思维过程。

请以“学习指导”、“作业改革”或另选其他感兴趣的一个主题，按照查阅文献的基本过程，收集相关文献，写一篇文献综述。可以像学位论文一样规范，也可以像案例3-1一样开放，但都须努力体现文献分析的思维过程。

2. 做课题命名的“啄木鸟”

以下课题的课题名称还不是很妥当，需要调整。请参照本章第二节及案例3-3，修改以下课题名，并简要说明修改的理由。

（1）面对后进生，考虑语文作业的有效性；

（2）影视鉴赏中环境色调审美体验对语文写作作用的研究；

（3）初中科学利用导学案提升学生课前预习效果的实践研究；

（4）探索初中科学试卷讲评课中系统知识的重建；

（5）基于初中科学习题精选 优化课堂效率的实践研究；

（6）让助学案走进课堂，培养学生自主学习能力。

3. 课题研究“线路图”（提出研究假设）

在有些课题中，研究假设相当于整个研究的“线路图”。案例1-3“小学数学示例演练教学的实验研究”与案例3-5“充分开发儿童青少年的智慧潜力”的假设就相当准确与规范。这是普通教育实验与综合性教育实验的典型。

请为案例3-6和案例3-8还原研究假设。

4. 透视现象 多维选题

请阅读这篇题为《我们教给孩子什么》的短文，基于此文反映和讨论的问题，选择完成以下任务：

（1）设想3~4个主题类型各不相同的研究课题（须包括以“××能力的培养”为中心、以“××方法”为中心和以“××现象”为中心三类）。

（2）简要说明多角度选择研究切入点的思考过程。

（3）写一篇短评回应作者。

（4）从中选择一个课题，设计一份简明的研究方案。

我们教给孩子什么①

上小学一年级的女儿放学回来，拿出一张试卷，哭丧着脸递到我面前：“老师说，没考满分的都要家长在试卷上签名。”

我打开那张批有98分的数学试卷，研究起那道画着大红“×”的题目来。那是一道简单的看图列式计算，左边有5只小鸭，右边有3只用虚线框着的小鸭。5＋3＝8，没错啊！我搜寻了半天，竟未能找出错误在哪儿。身为教育工作者的我不禁为自己的无知脸红起来，赶紧“不耻下问”，向女儿请教。经女儿一番解说我才明白，原来，按照老师的规定，虚线框的必须用减法，实线框才是加法。我愕然了……

除了在我们的教育中，世界上恐怕没有哪一家数学有这样的定理。我们该教给孩子们什么？

① 节选自项贤明发表在《教育参考》1999年第1期上的文章。

第四章

研究思路的展开

研究工作的展开必须根据实际，从研究领域的特点出发，将研究方案化为具体的思考与行动。

问题 1：研究指向哪一领域？

问题 2：如何将研究方案化为具体的思考与行动？

问题 3：对策行动的关键因子是什么？有无机制的突破？

问题 4：相近领域的研究思路有何启示？

问题 5：不同领域的研究行动各有哪些不同的特点？

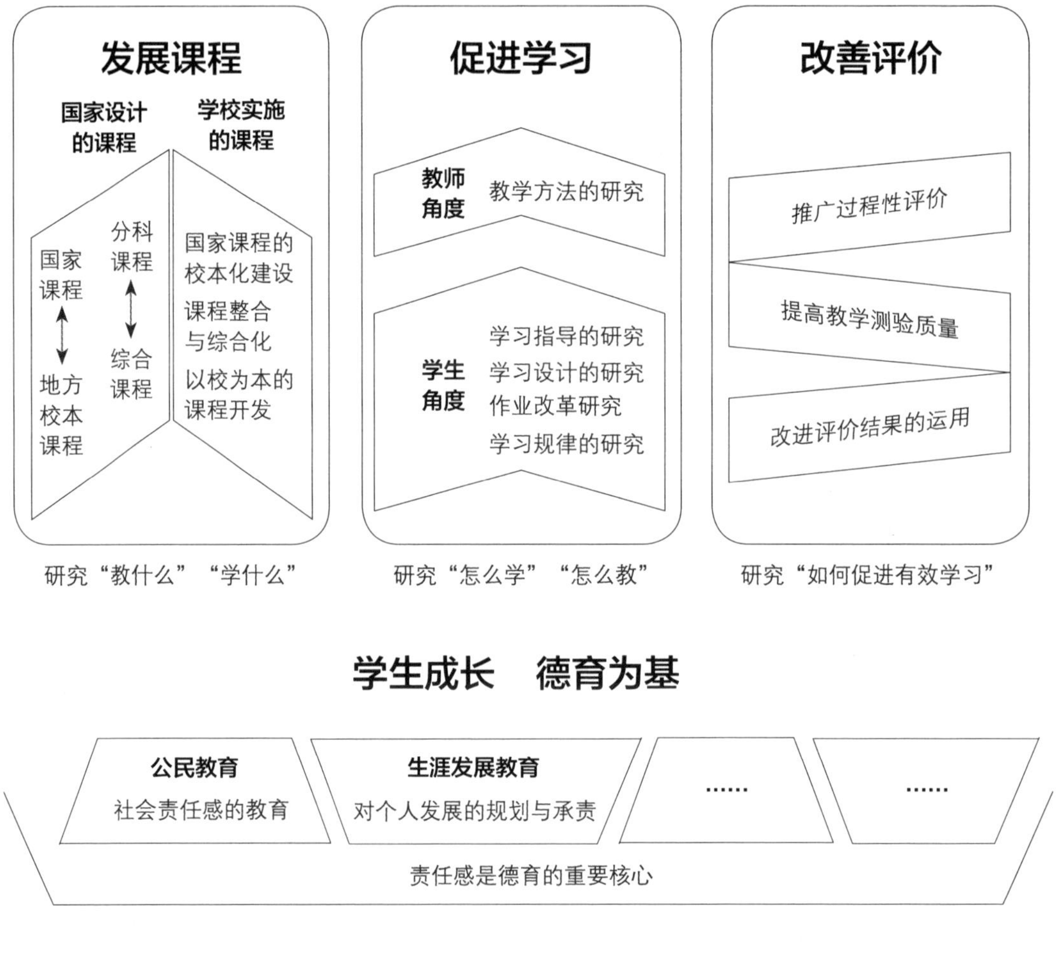
发展课程
国家设计的课程
学校实施的课程
国家课程
地方校本课程
分科课程
综合课程
国家课程的校本化建设
课程整合与综合化
以校为本的课程开发
促进学习
教师角度
教学方法的研究
学生角度
学习指导的研究
学习设计的研究
作业改革研究
学习规律的研究
改善评价
推广过程性评价
提高教学测验质量
改进评价结果的运用
研究“教什么”“学什么”
研究“怎么学”“怎么教”
研究“如何促进有效学习”
学生成长　德育为基
公民教育
社会责任感的教育
生涯发展教育
对个人发展的规划与承责
……
……
责任感是德育的重要核心

以往按照研究流程讨论中小学教育研究方法时，对前期的选题分析与后期的成果总结着墨很多，而对研究中期涉猎较少。因为研究中期必须“具体课题具体分析”。不同领域的研究，思路不同、策略不同，开展的研究活动也不太一样。

在中小学教育研究中，最为常见的研究领域有课程建设、教学改革、评价改革、德育与学生指导、教育教学管理改进等方面。本书主要讨论课程、教学、学业评价以及德育领域的研究课题的构思。

一、发展课程：课程领域的研究

在通常认识中，“课程”就是“科目”，它主要指的是学习内容。当然，这是一组有组织的学习内容，同时包含学习方式与学习评价等元素。基础教育课程改革十多年来，教师们对课程的理解深入了许多，课程领域的研究越来越多。教师承担着发展课程的职责。

“发展课程”包含两层含义：一是已有课程的发展与成熟，从设计的课程走向实践的课程，如国家课程的校本化实施，已有课程的改良、完善与整合等；二是从无到有的课程创生，从培养目标的确立、学习内容的组织到教学活动范式的形成以及学业评价的策划，这是课程从“萌生”到“成型”的发展，如学校课程的开发等。

> “发展课程”包括已有课程的发展与成熟和从无到有的课程创生。如果说，前者的精神是“与时俱进”，那后者的精神则是“因地制宜”。

（一）国家课程的校本化建设

国家课程的校本化建设是课程领域中最重要的、最广泛存在的研究。教师基于课程标准、基于学情进行国家课程的二次开发，以使设计的课程成为便于实践的课程。这既是学习方案、学习资源的完善积累，也是根据校情、师情、学情进行学习设计的过程。很多教师并不把这一学习设计的过程视为研究（有的会视其为备课），但这却是最为贴近教学的、具体的研究。

案例 4-1

初中数学“课题学习”梳理与开发的实践研究①

“课题学习”是数学“综合与实践”领域在第三学段的具体呈现。它不要求在“数与代数”、“图形与几何”、“统计与概率”三大板块之外新增知识，而是让学生在教师的引导下，在已有知识储备的基础上，从所熟悉的现实生活中发现、选择和确定问题，主动运用所学知识分析和解决问题。初中数学教材中设置了“课题学习”栏目，但在实际教学中，许多教师却将此视为可教可不教、可探究可灌输的内容。

针对同行忽略的，却是课标与教材中的亮点的“课题学习”板块，A老师以此为研究对象，在简要阐述自己对“课题学习”的理解后，试图从有利于常态课程实施的角度，对教材中的“课题学习”进行全面整理。他概括了“课题学习”的具体形式（数学建模、数学探究、数学实验、数学调查、数学制作、数学设计、数学主题阅读），并基于案例总结了开发“课题学习”的十个途径，以及实施“课题学习”的策略——问题情境的创设、教学的组织形式、过程的监控管理、教师的点拨指导、常规课的渗透实施、学生的归纳梳理。

[**案例分析**]“课题学习”是国家课程的一部分，也是体现主题式的、探究式学习方式的重要部分。但这是课程常态实施中的“短板”。如何促使更多的教师在常态教学中重视这一部分、落实学习目标正是本课题的意义。因为，教材中提供的只是“课题学习”的主题或素材，而学习目标及具体的学习设计需要教师们的理解与创造。在课程二次开发的过程中，教师们梳理、积累教学案例，以破解实践中难以常态坚持的困难。

在国家课程的校本化建设中，有一个新的研究方向正在兴起。那就是学科功能教室的建设与使用。国外的中学基本采用“教师固定，学生走班”的模式，校舍按学科布局，教室归教师负责，课间学生“转课”。这样，教师的教室、办公室、实验室、资料室、学生学习成果的陈列室等集于一室。教师在这个教室中工作多少年，课程也便在这里积累多少

① 本课题负责人系浙江省杭州市萧山区朝晖初中的李卫星老师。

年。这种在专业教室中“沉淀课程”的机制是值得借鉴的。从我国的现实看，对课程资源进行学科性的重组，让校内一切为教学服务的资源都尽可能地靠近课堂、靠近教学、靠近师生，交由学科教师管理，有着非常重要的意义，值得探索。

（二）课程的整合与综合化

在学校中，国家课程的学习内容与学习方式并不都是完全明确的。许多课程是结合本地、本校的实际而发展的。如综合实践活动课程就是有明确的学习方式，但须结合本土资源的一类课程。其他还有一些依托国家课程而拓展的、相对独立的学习活动。其前身可能是学科的综合性学习。随着实践的发展，这些体现应用倾向的、重视体验的、项目化的、跨学科的学习活动成为学校课程中的重要组成部分。如有的学校开设选修课程《新闻写作》后，再组织曾经修习该课程的学生一起创办学生出版物，让他们以图文并茂的形式记录学校生活，或将学生主持校园电视台的活动也转化为学生的课程经历。

（三）以校为本的课程开发

学校课程开发是一个重要的研究领域。但目前学校课程开发中存在着选题分散、缺乏整体规划的问题。学生的课程选择修习应该有一个基于兴趣及课程内在联系的“学习路径”。这要求启动课程建设前须明白该课程所处的领域的课程逻辑谱系（Flowchart）①，避免孤立地、碎片化地开发课程。

课程建设往往重视学习内容的选择与组织，但却忽略学习方式在课程建设中的意义。这种倾向需要注意。课程并不一定要向学生传递太多确定的知识，但须组织起生动而具体的学习。学校课程开发须多从转变学生学习方式的角度思考，多以实践性或研究性的项目学习，让应用、生成、体验、探究成为孩子学习的常态，让学生经历多样化的学习方式，让学生回归到体现课程本质的学习方式。

> 真正的学习未必是在听的过程中发生的，而是在经历中淀积的。

① 课程逻辑谱系所描述的是某一领域中相关课程之间的顺序修习关系。

案例4-2

玩艺与创意：小学综合实践活动课程的十年探索[①]

浙江省衢州市新华小学从20世纪90年代初开始，就开展以“我服务、我换位、我上岗、我拓展”为主题的社会实践活动，引导孩子体验社会角色，参与社会实践。2003年，基础教育课程改革全面启动，学校以“我拓展”为切入点，以玩艺活动为载体，以创意教育为核心，进一步系统化地开展主题社会实践活动，形成综合实践活动课程的特色。

（一）课程形成与发展的历程

第一阶段：以体验为主要方式的社会实践活动；

第二阶段：以“变废为宝”为主题的创意工艺制作课程；

第三阶段：引导主题探究的“超级百变”课程；

第四阶段：促进创意成长的综合课程。

（二）课程的核心概念与开发思路

一门课程总有自己的“灵魂”。这也是支撑一门课程的核心概念。在十年探索的基础上，新华小学综合实践活动课程的核心概念是关于儿童创意教育的理解。创意教育是开发儿童创造意愿的启蒙教育，其着力点主要在：发现——唤醒创造、创新的意愿；探究——形成敏锐感知的品质；创造——学习探究分析的方法；展示——经历突破超越的成功。具体从“游艺”、“画艺”、“塑艺”开发不同年段学生的创意。

（三）课程的目标与内容结构（略）

（四）课程实施的基本方法（略）

1. 应用性学习的“主题制作”：趣中明主题、思中做艺品、艺中探新知

2. 研究性学习的“主题研究”：疑中定主题、辩中论方向、研中解因果

（五）课程的实施策略

1. 在课时安排上，注重校本课程与综合实践活动课程的结合

2. 在学习方式上，注重与学科综合性学习的联系

3. 在活动组织上，注重家庭与学校的通力协作

---

① 本课题负责人系浙江省衢州市新华小学的孔丽珍老师。

4. 在展评方式上，注重评价的多样性与激励性

5. 在实施过程中，注重学生体验的深刻性

6. 在课程资源建设上，注重环境与社会隐性资源的挖掘

[**案例分析**] 在很多人的认识中，课程开发主要是教材编写的过程。但在笔者看来，课程开发主要是实践积累的过程。从新华小学综合实践活动课程发展的四个阶段看，课程的主题与载体有一个渐变的过程，但综合的、实践的、体验的学习方式的方向一直在坚持。作为一项课程开发的研究，课程发展的历程、课程理念与开发思路、课程目标与内容结构、课程实施的方法与学习方式以及课程实施的策略等，都是课程的要素。综合实践活动课程必然是校本的，校本课程一般都采用实践学习。所以，综合实践活动与校本课程将有一个很大的交集。

二、促进学习：教学领域的探索

在当前中小学教学改革的背景下，“促进学习”是教学领域研究的核心要义。这与以往教学研究的关注有明显区别。

“促进学习”的意义体现在：要重视研究学生，研究学习的规律，要站在“学”的立场研究“教”（教师指导），研究学习的设计与促成。这种转变肯定是艰难的，因为这要挑战教师惯常的理解与工作方式。但也只有通过这种研究，才能帮助教师转变观念与行为方式。

基于这一出发点，当前教学领域的研究主要有以下五个方面。

（一）研究学习规律与学习方式

教学研究必然要思考和回答“学生是如何学习的”这一问题。这是关于学习规律、学习机制的讨论。国外对此的研究比我们要多，比我们要深刻。

美国学者埃德加·戴尔（E. Dale）提出的“学习金字塔”理论（见图4-1）是学习研究的一个典型成果。他以语言学习为例，通过实验比较分析了“采用不同的学习方式，学习者在两周以后还能记住内容（平均学习保持率）的多少”①。研究发现：学习者在两个星期后，阅读

① Dale E. Audio-visual methods in teaching［M］. New York：The Dryden Press，1946.

能够记住学习内容的10%；聆听能够记住学习内容的20%；看图能够记住学习内容的30%；看影像、看展览、看演示、现场观摩能够记住学习内容的50%；参与讨论、发言能够记住学习内容的70%；作报告、给别人讲、亲身体验、动手做能够记住学习内容的90%。这个结论与我们的经验更加贴近一些。

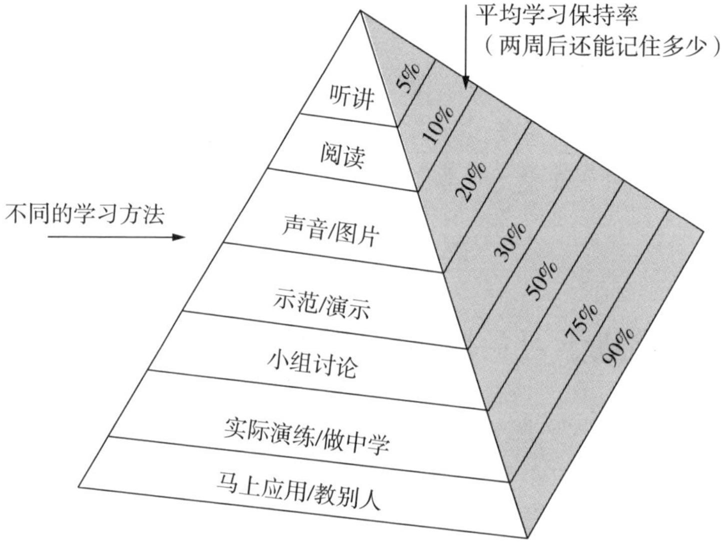

图 4－1 “学习金字塔”示意图

学习方式的分类维度有很多。除了根据学习行为的特点进行分类外，还可以从学习起点、学习结果和学习过程的角度将学习活动分成传授式学习（学习起点、知识答案和求解过程均是明确的）、发现式学习（学习起点与求解过程是明确的，但结果与答案需由学生自己获得）、探索式学习（明确学习起点与目标结果，隐蔽的求解过程由学生探索）、研究性学习（明确学习起点，由学生自己设计一种方式，获得设想的结果）等。

反思我们今天的课堂，“以讲代教、以听代学、以练补学”成为常态，“接力对话式”、“自言自语式”的课堂十分普遍，“三分学习七分观望”的课堂比比皆是。越是学段高，课堂越单调。学习方式的单一与低效引发了许多教师的反思。案例3－2《课堂变革：从“对话中心的课堂”到“任务中心的课堂”》讨论了当前课堂学习方式的转变方向。

转变学生学习方式并不是一个“由此及彼”的转变。促进学生学习方式转变的关键在于：让学生回归到体现课程本质的学习方式，让学生经历多样化的学习方式，让学生从以被动学习方式为主转向以主动学习方式为主。研究学习规律与学习方式的切入点有许多，如学习主动性与驱动力、学习的发生机制、学习过程的意义、学习途径的长效性、学习方式的个体差异、基于具体课程讨论学习方式的特点等。

（二）研究学习设计及其运用

以往的“教学设计”较多地关注教的设计，而学生的学习行为往往处于“从动地位”。所以，我们试图以“学习设计”替代“教学设计”，以体现对学的关注，体现“促进学习”的研究立场。“教学设计”其实是“学习设计”及其运用的设计。

案例 4 –3

美国课堂中的“学案”

在美国学校考察时，我曾在一节《德国史》的课堂上，看到老师在放映一部经过剪辑的纪录片。影片的主线是从 1945 年第二次世界大战结束至 1994 年“柏林墙”倒塌间发生在德国或与德国有关的重要事件。老师和 7 名学生一边看着电影，一边在纸上做些记录，偶尔老师穿插一个问题，或是一点解释，学生们也会简明地讨论几句。

我坐在一位男生的边上，趁他在看电影，借过他桌上的 3 张记录纸，一下子明白了老师的意图。第一张纸是让学生开放性地记录电影中的事件以及主要信息；第二张纸是让学生在一个时间轴上整理这些关键事件，并将美国、苏联、英国等国的对德主张与政策的发展也整理到这个时间表上，以梳理其中的逻辑与线索；第三张纸上印有若干政治家的演讲词，在每段演讲后老师设问：这是谁的演讲？什么时候发表的？他为什么这样说？这一演讲的意义或标志是……

这是一个体现“学习设计”的案例，也是我在异国发现的一例“学案”。在这个课堂案例中，我们没有听到老师的娓娓相授，没有看到师生精彩跌宕的追问与对话，有的只是他们默默地观看、记录、整理和间或的讨论。老师课堂言语的占时可能连 10% 都未必有。而学生的学习是怎样发生的呢？老师又该怎样支持和促进学生的有效学习呢？其实老师的功夫并不全在课堂上，而是在课前的构思与准备，包括资源的提供。

其实，这位历史老师的备课主要在两个方面：一是纪录片的剪辑，二是三张“学案”的设计。高明的老师是以核心知识与方法的简明的“学习设计”来促成本质意义的学习的发生。也许，她并没有把具体的历史事件作为必需的学习目标，而把经历观看、记录、思考、整理的过程所带给孩子的历史观与方法论的影响视作第一学习目标。这也许就是我们的课堂的局限，以及我们的“学案”编制与运用的“软肋”。

“学习设计”及其运用相当于日常的备课与上课。词汇的变化体现了三层含义：一是从以往的“备教”转向“备学”，教师首先研究的是学生的学习规律，再来讨论学生学习活动的设计；二是把“上课”视为学习设计的运用环节，讨论教师运用学习设计的策略与方法，以及组织学习、帮助学习的过程；三是学习设计可能突破45分钟的思维，将课前预习的设计、课堂学习讨论的设计、课后巩固延伸的设计，甚至单元学习设计都包括其中。这一观念的突破，对于教师如何认识“完整的学习过程”，将会很有帮助。

> 教师的“教”其实就是“学习设计”的运用。教师要站在学生的立场设计学习活动，并运用该设计组织学习。

20世纪90年代后期开始的“学案导学”，就试图体现这一研究倾向。但实践中不当的“学案”确实比科学得当的“学案”多。但近年来，在理性指导下，这方面的研究在不断丰富，并以简明的取向走向有效。

案例4－4

初中科学的两例课前自学任务①

（一）课题：影响液体蒸发快慢的因素及实验求证

（请同学们在阅读教材前先花十分钟，思考以下问题）

思考1：请你试着用手蘸水在桌上写字，并跟同桌比一比，看谁干得快。桌上的水干了，我们在小学科学课中知道，这种现象叫______，物质从________态变为________态，生活中还有大量此类现象，请举出3个。

思考2：晾衣服时，哪些方法可使湿衣服尽快变干？（请尽可能多地写出）

① 两例自学任务系由浙江省台州市路桥区教研室韩月红老师设计。

思考3：从各种使湿衣服尽快变干的方法中，请猜测影响液体蒸发快慢的因素有哪些？

思考4：若要在课堂上验证你的猜测，如何设计实验？如何控制常量与变量？

（二）课题：浮力及影响浮力大小的因素

请同学们准备一盆水，然后尝试着将一只皮球按入水中。

思考1：请说说将皮球按入水中时，手上有什么感觉？

思考2：请比较皮球刚按入水时，与皮球整体浸入水中时，手上的感觉有什么不同？

思考3：请猜测影响浮力大小的可能因素。

［**案例分析**］这两例课前学案都不是关于知识点的、面面俱到的练习，而是简明的、触及核心学习内容的思考性的任务。它们很好地体现了科学课程学习的特点，遵循“联系生活、归因猜想、实验验证”的学习方法，意在促进方法变成习惯。引导预习的作业通常应有完成作业的情境说明，让同学们在阅读教材前思考问题是有效预习的一个条件；要求学生只“花十分钟”思考，是因为先学的目的未必是完成学习目标，只需学生完成自己能够独立解决的部分即可。

在学习设计及其运用的研究中，必须“走得进去”，又“退得出来”。“走得进去”指的是学习设计与运用须准确把握学科特点，在坚持“学为中心”的方向上，体现该学科本质的学习方式与思维。“退得出来”指的是“作”的研究不能忽略“理”的思考。学习方式的“理”的研究是“作”的研究（指学习设计研究）的基础与指导，虽然教师的工作特性决定了教师研究应重在实践，但有“理”之“作”与无“理”之“作”将是截然不同的。

（三）作业的设计与运用的研究

作业是存在最为广泛的学习活动。而作业的有效性是当前最受质疑的一个方面。我们认为，作业问题的关键不在于量的问题，研究与分析作业的核心指标是作业的有效与无效，而决定学生作业有效性的关键指标是学生完成作业的心理状态是主动的，还是被动的。变被动作业为主动作业是减负的最重要的策略之一。

案例 4-5

小学作业改革的三个阶段①

浙江省台州市的仙居县和温岭市曾于2000—2010 年区域推进小学作业改革。十年的研究可分为以下三个阶段。

第一阶段：应对“减负令”的作业设计研究（2000—2003）

针对作业的现状，第一个研究切入点是具体的作业设计研究、作业形式的创新。首先我们引导教师从写作业研究论文转向作业设计的案例研究，随后通过“小学作业设计与研究案例评比”启发教师的作业反思意识，引导教师开展以案例研究为特色的作业改进与创新。在 2002 年的台州市小学作业改革研究与成果推广会上，大家围绕“变被动作业为主动作业”的话题，研讨交流了“作业超市”、“跨学科作业”、“分层次作业”和“实践性闲暇作业”等作业改革个案。

第二阶段：诠释新课程理念的作业功能研究（2003—2007）

随着新课程的实施，作业研究的切入点渐从作业形式转向作业的功能（作业在学习过程中的作用），这是作业有效性的前提。我们提出“作业改革的本质应该是对作业功能的发展”，在大量作业研究实践的基础上，提出“构建以学习者为中心的作业新体系”的主张（见下图），从作业的功能角度、从学生学习需要的角度研究如何通过作业改进实现有效学习。在关于“作业的静态研究”基本成熟后，我们又在 2006 年开始推广以“作业改进”为主题的教师研修活动。

第三阶段：关注学习中作业运用策略的研究（2007—2010）

在研究中发现，我们不能静态地评价作业的优劣，决定作业是否起积极作用的关键在于作业的运用。运用是作业设计、布置、批改、评价的连接点。于是，我们开展作业运用策略的研究，并视此为关于“作业的动态研究”。以运用为主线切入作业研究的实质是关注学的研究。即在作业内容上，以三维目标为依据选择有意义的学习任务；在作业形式上，以学生的学习兴趣为依据，注意作业与学习内容的匹配；在作业布置上，注意时机的把握，保持作业任务与教学进度的一致性；在作业操

① 节选自获全国首届基础教育课程改革教学研究成果二等奖的教学成果《作业改革：技术层面实现减负的探索》的研究报告，课题负责人为浙江省仙居县教育科学研究所的张志伟老师。

"以学习者为中心的作业新体系" 示意图

作过程中，根据学生的学习能力，进行必要的指导与帮助；在作业的反馈上，关注作业功能的发挥，注重开展有效讲评。

[案例分析] 坚持十年的小学作业改革，首先从具体的、零碎的作业设计与改进的案例研究开始，这是所有教师都能够开展的"接地气"的研究。在作业设计与改进的案例积累中，我们发现比"形式创新"更为重要的是"功能匹配"，让学生做目的性明确、能针对性解决问题的作业，从功能的角度研究作业的设计，是在技术层面探索减轻学生学业负担的重要途径。而事实上，作业的设计不能是孤立的，设计与运用必然是孪生的。作业运用研究的提出打开了另一个重要的"窗口"。

具体来说，作业研究的切入角度有以下三个方面。

1. 从学习进程看作业的类型

从学习的全过程看，不同阶段与环节的作业，有不同的编制与运用策略，如课前预学的作业（见案例 4-4）、随堂任务、紧跟教学进度的及时性课后作业、单元作业以及假期作业等都可分别研究。

案例 4-6

让作业有意图，让学习有意义[①]

——改进寒假作业的研究与行动

（一）对以往假期作业的反思

1. 统一布置，忽视个体差异
2. 功能单一，过于倚重训练
3. 意图不明，事先未加筛选
4. 过于功利，背离学习意义

（二）寒假作业“变脸”行动

2011 年年初，组织开展关于寒假作业的讨论，认真研究课程特点与学生实际，试图通过改进寒假作业，提高学生学习的有效性，还学生一个劳逸结合的假期。同时，希望通过这一校本研修活动，唤醒教师们对作业问题的反思与研究，改进日常教学工作。

第一环节：分别设计，明确作业意图。各备课组集体备课，提出本年级本学科的寒假作业设想，形成作业形式及内容的初稿，并阐释设计意图及可行性。

第二环节：集体交流，完善作业方案。1 月 27 日，召集备课组长与教研组长，召开寒假作业设计交流会。请各备课组长分别介绍作业方案，并阐释作业设计的意图；邀请专家对作业一一评析，并组织学科研究小组成员对作业设计进行评分，提出相应的修改建议。

第三环节：精心反馈，组织作业交流。2 月 14 日，学生返校，上交各科作业。各学科教师认真批改学生作业，及时反馈；总结学生作业中的闪光点以及存在的不足。同时，部分作业内容在班级中进行学生间的交流，相互学习。

第四环节：反思研究，展示作业成果。2 月 27 日和 28 日，组织学生问卷调查与座谈，倾听学生对寒假作业的感受及看法。各学科年级备课组精选优秀、有价值的学生作业进行展示。同时根据学生作业反馈情况进行相应的反思总结。

① 杭州市文晖中学课题组．作业有意图，学习有意义：改进寒假作业的研究与行动［J］．浙江教学研究，2011（3）：35－37．收入时仅保留主要提纲。

(三) 新寒假作业的主要特点

寒假作业应该是要求学生在相对集中的一段时间中完成的、基于自觉状态的学习任务。所以，寒假作业的设计与布置须体现其特点与应有功能。

(1) 在重视知识落实的同时，关注能力的培养，还原课程的学习意义。

(2) 变习题操练为基于任务的问题解决过程，借开放性展示激发学生创意。

(3) 通过知识整理，有针对性地查漏补缺，促进知识体系的形成。

(4) 尊重学生基础与学习阶段的特点，体现作业的层次性、阶段性与选择性。

(5) 多媒体技术融入，体现时代感和青少年的年龄特点。

(6) 关注、体会学生自学思维过程及学习方法，重视寒假作业的交流与反馈。

[**案例分析**] 教师们心里都清楚，大量的假期作业是低效的。它不仅浪费学生时间，而且也在挥霍学生微薄的学习愿望。但如何利用有限的时间，让学生开展有意义的学习，需要教师克服思维定式，研究假期学习的特点（见案例 2–2）。文晖中学改革寒假作业的行动简明有序，很好地体现了“思考—行动—思考”的循环。从假期作业的反思开始，然后务实开展作业研制、学生作业交流、征询式的反思总结等活动，再从中总结“新寒假作业”的重要特点，提高了实践与成果的可推广性。

2. 从作业功能来研究作业

从作业功能看，要依据作业将要在学习进展中发挥的作用来设计作业。如引导预习的作业（见案例 4–4）、促进理解的作业、提高熟练性的作业、促进记忆的作业、意在诊断的作业、补偿性的作业、促进形成知识体系的作业等。当教师常能从作业功能来考虑问题，提高教学有效性将“水到渠成”。

案例 4–7

分层设置的初中数学假期整理作业

在平时的作业中，我们较多地关注具体知识点掌握情况的检测和反馈，缺乏一定的系统性，因而，学生容易出现遗忘或顾此失彼的现象。

同时，平时的知识点掌握具有零散性，教师难以布置系统性很强的作业。因此，当一个学期的学习完成之后，当学生所学知识点已初具整体系统性时，假期便是知识整理的黄金期。

有位数学教师构思了这样的假期作业方案：

对于基础薄弱的同学，教师不建议他做题海训练，而是要求学生认真完成教师专门为薄弱学生编制的、放低要求的讲义。让同学们一边梳理关键知识，一边理解核心例题，然后完成基础练习。

中间层次的大部分同学的任务是逐章整理，绘制“知识树”，将零散的知识点串成知识体系。让学生在分析知识及常见题型的同时，对自己常错的习题也作一个系统的整理，从而有针对性地查漏补缺，并与知识体系相链接。

对于优秀学生来说，平时的错题多为失误，错题整理的意义并不大。他们最值得做的是“学习命题出考卷”，让他们为本册数学的每个单元编一份卷子，规定原创试题的比例，并要求注明命题意图。

[案例分析] 这位教师深知一个学期题海操练下来，假期再继续题海战术已难有效。所以，他构思了以知识整理为主要目的的假期作业。但是不同层次的学生需要或能够做到的知识整理是不一样的。教师要求学生知识整理，必须先将整理任务具体化，并教学生学会整理。对于三个不同层次的学生群体，这位教师很好地抓住了他们的特点与需要，形成了针对性较强的，又体现数学学科特点的作业方案。

3. 从学科特点来研究作业

不同学科的作业的设计、运用及管理都应该各不相同。从学科角度研究作业是教师的擅长，但教师不擅长从具体作业中提炼规律与道理。

案例4-8

积累性作业：重视体现语文学科特色的作业

学校制定的作业管理制度，让语文教研组长颇为苦恼。这些规定与检查对于数学、科学等学科还比较适合，而对于语文学科怎么能行呢？还说要“日日清”、“周周清”。如果只像数学学科那样，眼睛紧盯着那两本《同步练习》，语文课程会越学越死。

语文教研组长的牢骚是有道理的。不同课程所对应的学习方法应该有区别。这是由课程性质决定的。数学学科属于典型的“链条式”学习模式，学习进展环环相接，中间的“缺链”就会影响后继学习。所以，“日日清”、“周周清”的策略符合其学科特点，重视《同步练习》也是合理的。但是语文学科却是典型的“螺旋式”学习模式，语文的学习进步不会“立竿见影”，提高学生语文能力必须重视一些旨在养成学习习惯、掌握学习方法的积累性作业的坚持。

例如要求学生注重日常积累，重视对具体语境中字词的理解与运用，在生活中感悟和习得语文学习方法；要求学生课外开展“海量阅读”，从教师推荐阅读到学生主动寻阅，从文本阅读到多媒体阅读，在精读与略读相结合的阅读过程中掌握阅读的基本要领，形成个性化的阅读方法；鼓励学生开展“主动写作”，充分认识“什么是写作”、“为什么要写作”，通过记周记、写随笔等形式，鼓励学生主动表达的意愿，养成将非正式表达述写下来的习惯；在日常语文课堂学习中，腾出一定的时间开展阅读、写作的交流，在表现性活动中，引导学生开展积累性学习。

缘于不同课程的不同学习特点，学校的作业管理千万不能“一刀切”。认真比较各个学科的不同特点，学校教学管理的很多方面都值得思考和改革。

（四）教学方法与教学策略的研究

1. 教学方法的研究

关于教学方法的研究，主要看四个方面：（1）方法的合理性——该教学方法是否能体现教学规律，是否有较好的教学效果；（2）方法的针对性——教学方法能否解决教学实践中的困难与问题；（3）方法的操作性——该教学方法是否便于实施，是否有广泛的推广价值；（4）方法的局限性——对该方法的自我评判是否客观，将从另一角度反映研究的深刻性。

案例 4-9

中学生作文教学方式的对比研究

教研组的同事们对如何进行作文教学有两个不同的主张。一是主张先告诉学生写作的要领（选材要真实，开头要点题，中间要注意详略得当，结尾要呼应），然后再让学生习作；二是主张先让学生习作，然后教师组织学生分段评析，共同讨论如何写好一篇文章的办法。怎么办呢？到现场去作对比研究。

(1) 讨论两堂课的教学思想的差异：前一堂课假设学生的基础是“一张白纸”，在教师辅导后逐渐学会写作；后一堂课假设学生有一定的基础，在发现学生基础的特点和问题后，再给予有针对性的指导。

(2) 讨论两种模式对学习效果的影响：前者有利于中等及中等略偏下的学生，对于习惯接受式学习的学生效果较好，但它会束缚基础较优学生的思维；后者有利于中等以上学生的发展，对中等偏下学生来说比较吃力。

(3) 讨论教学方式的进一步完善：在研究课中发现前者比后者容易上，对教师的要求也不算高。但后者对于学生的潜力发展有优势，从长远来看应该提倡这种方法。如何寻求后者的操作完善便成为下一阶段的研究课题。

［案例分析］ 这是关于教学方法的一种研究设计。教学方法通常包含“理”与“作”两个层面。因为，教学行为背后总有对应的教学假设和对于学生如何学习的基本判断。所以，教学方法研究既要丰富和发展教学方法的操作性，同时还要阐明其后的教学之道。只有“理”与“作”结合，研究才具有可生长性。教学方法研究的另一个分析视角是适用性。注意适用性的研究才是客观辩证的研究。

2. 教学模式的研究

当前，很流行用“招牌式的词语”和若干个关键词组成框图来概括教学方法的研究，并冠以“××教学模式”。这一现象需要我们理性看待。这种表现为教学程式的教学模式须思考：(1) 科学性——环节分步是否确切反映教学过程的规律；(2) 典型性——各环节是否已概括出各教学过程的特点与实质；(3) 适应性——环节分步是否符合学科特征、学生年龄特征等；(4) 灵活性——对于多样变式的包容。

教学模式研究通常用两种范式：一是经验上升范式，二是科学设计范式。前者是先有成功的实践，再在实践的研究中提炼总结教学模式。这是一线教师基于教学经验的教学模式提升过程。后者是先有理论，以教学心理学等理论来支持并改善实践，这可以视为教学心理学的应用研究。

从教学经验上升为教学模式的过程，可以概括为以下六个步骤。

（1）比较。将自己的教学经验与普通的教学方法相比较，分析其间的差异。这是对自己教学特色的提炼，是对教学模式的典型性与代表性的发现。

（2）建构。对自己的教学过程进行结构性的解剖与再建构。解剖是将规律性的各教学环节一一梳理出来，拆解出来；再建构是将拆解出来的各教学环节组合成一个整体的教学结构雏形。这是对教学模式的结构性的研究。

（3）求证。用有关的教学理论分析自己的教学结构雏形，以期求证或解释。有的还采用教育实验的方式进行实证分析。这是教学模式的逻辑性与科学性的分析。

（4）细化。对各教学环节操作的具体说明，形成详细的可供推广的操作要领。这是教学模式操作性的提炼。

（5）变式。同一种模式在不同的情境中应有不同的应用方式。这种变式讨论，是关于教学模式的针对性与灵活性的分析。

（6）总结。对模式整体特色的概括。这是对教学模式的整体性与系统性的考量。

在当前的教学模式“注册之风”中，我们应该清醒对待课堂教学改革的“模式之辩”。在教学改革初期，学校确实需要一个响亮鲜明的课堂教学模式，帮助教师把握课堂教学改革的主线，推动教师改变教学行为，这是“战略需要”。正如书法学习需经历“临帖”、“出帖”一般，教学改革也有“入模”、“出模”之道。但如果学校将课堂教学模式视为“战术需要”，就可能使教学活动局限于形式的改变，难以真正理解行为改变背后的内在意义。

所以，我们需要教学模式，但我们又反对教学的模式化。“模式”只是一个“路标”，绝非目标。在教师“入模”之时，就应规划“出模”的问题。教学改革要尊重课程性质、尊重学习类型，只有这样才能达到“教无定法”的最高境界。“出模”的关键是梳理、明确教学活动的操作要素，以要素的多样组合替代划一的结构。如何进行要素组合，便是教师的教学策略。

3. 教学策略的研究

如果说教学模式关注的是教学活动的程序结构，那么教学策略关注的是适应教学情境的教学方法的变化与选择。在坚持“学为中心”的前提下，教师如何支持并促进学生的有效学习？教学策略的研究空间非常大。

对于当前的教学改革，要强调尊重学科特点、准确把握学习内容的知识类型，并根据具体课型来思考和改进教学方法。这是指导教学策略研究的重要原则。案例4－8提到的“积累性作业”就是从语文学科特点出发，改革语文学习的研究。

案例4－10

适应课型特点的初中科学“先学后教”课堂策略①

我们常说，学生自己能学会的，千万不要等到教师教了才学会。学生自己学会的，与教师教会的，是两种不同性质的“会”，也是两种不同水平的“会”。探索初中科学“先学后教”的教学改革在方向上是正确的，但在实现路径上存在着许多变式。

首先，不同类型的学习内容应该按照不同的课堂结构，如下图所示。

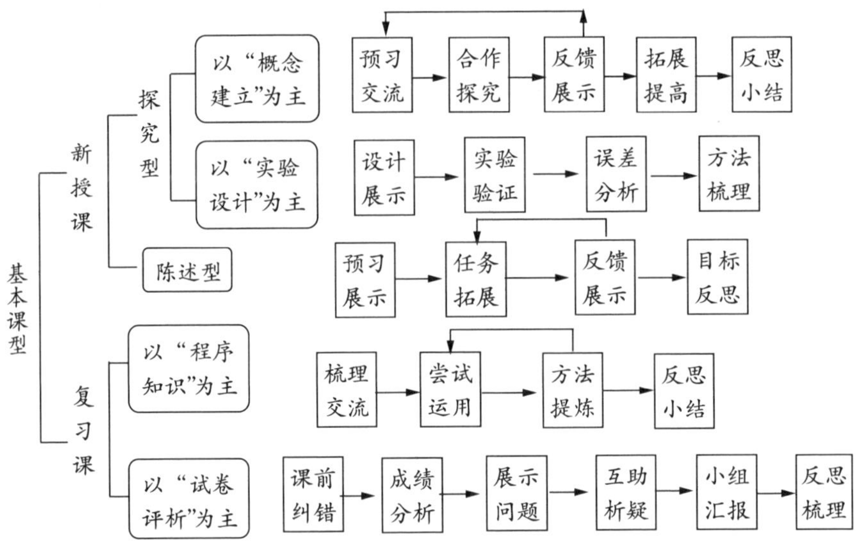

初中科学基本课型

五种课型的总框架都是“课前预学—课中导学—课后反馈”。但在

① 本课题负责人系浙江省杭州市萧山区教研室初中科学教研员陈亮老师。

不同课型中，存在顺序结构与循环结构[①]的组合。有的按次序步步前进；有的包含多个探究点，出现部分环节的反复循环。

其次，如何根据学习内容的特点，选择不同的“先学方式”。“先学”包括体验式先学与阅读式先学。体验式先学是指让学生先行经历或思考，让体验为课堂学习作铺垫。具体还可分为观察型先学、尝试型先学和相似方法联想型先学等。阅读式先学就是以往常说的看书，通过文本阅读获得信息、理解概念。在实践中，要根据具体学习内容的不同来选择不同的“先学方式”。这种选择就是策略。

［**案例分析**］教学研究的切入思路有许多，从“方法探索”到“模式构建”，再到“策略选择”，反映了一个渐进的“台阶”。“模式构建”的思维方法是结构化，它试图去除情境因素，而强调相对统一的、严密的内在关系。而“策略选择”的思维方法是最优化，它强调对情境因素的分析，从而选择最适宜的、有意义的学习路径。但如果没有模式的基础，策略的操作性会大打折扣。但过于坚守模式，则可能陷于机械主义的“泥沼”。

（五）学习指导的研究

教学方法的研究，主要是从学科的视角来观察与改进教师的行为。学习指导的研究则主要从综合的视角，研究教师能给予学生多大的帮助。“过去把有组织的，以特定的学习内容去进行指导的行为称为教学，这给人们的感觉只是教师单方面的灌输知识。实际上，这应该包含边注意学生的自觉性、积极性，边帮助学生主动学习的意思。”[②] 基于上述想法，日本的课程文件名为《学习指导纲要》，它强调教师以指导的姿态介入学生的学习过程，关注学生在学习活动中的方法和情意元素。叶圣陶先生曾提出的“教是为了不教”、“授人以渔”等观点，也在强调“学会学习”的重要性和对学生学习能力的关注。

指导学生学会学习的途径有很多，有的通过学习策略的传达，有的通过学习规范的规约，有的借助教师的示范，有的引导学生反省自悟，有的通过学生经验交流。比较分析这些模式，开展学习指导需要建设专

① “顺序结构”与“循环结构”是计算机程序设计术语。

② 山根薰．学习指导与生活指导［M］．北京：中国农业机械出版社，1982：12.

门课程，但课程的组织与呈现应汲取其他模式的合理成分。要善于暴露学生学习中的典型问题，以使教师的辅导有的放矢；要科学设计讨论交流环节，促进同学间学习方法的取长补短；要避免概念说教，多让学生通过实践活动领悟操练；要有意识地引导学生逐渐建立及时反思的习惯，学会自我解剖；要加强与学科学习的结合，增加在具体学科学习中应用学习方法的实践任务。

案例 4－11

中小学学习指导课程的规划与设计[①]

（一）课程定位

针对中小学生普遍存在的学习习惯、学习方法和学习心理等问题，以专题辅导活动，结合学科教学渗透，切实克服学生中广泛存在的因学习不得法或学习心理困扰导致的学习困难，让学生正确理解学习，掌握科学学习方法，形成良好的学习习惯和学习调控能力。

（二）课程指导思想

1. 把学生学习能力的形成与发展作为重要的教育目标，变偏重知识的教学为学生学习方法和技能的习得，让学生真正学会学习

2. 促进学生学习方式的转变，引导教师从关注教的活动转向关注学的活动，在对学生学习活动的研究中，逐步自觉地以学习规律来指导教师的教学活动

3. 促进实践学习与应用学习，倡导“学以致用”的学习观

4. 把学生学习能力形成和发展规律的研究、团体教育和个别辅导相结合的学习指导工作体系的建立与学习指导课程教材建设结合起来

（三）课程目标

1. 小学阶段的课程目标（略）

2. 初中阶段的课程目标

- 了解初中学习要求，尽快适应初中学习生活；
- 了解各门课程的学习特点，熟悉学科学习导向与测验的趋势，克服学习与复习中的盲目性，切实提高应试能力；
- 建立学习规范，提高各学习环节的效率，培养事后及时反思、分

① 节选自笔者主持的浙江省教研系统 2003 年立项课题“中小学开展学习指导的实践研究与课程建设”的研究报告。成文于 2006 年 9 月。合作者还有李彩娟、林志标等。

析、调整的习惯；

- 保持积极的学习态度，学会合理调节学习心态，预防并克服学习心理上的困难；
- 体验综合实践活动，掌握探究学习等基本方法；
- 学会自己订立计划，合理安排学习活动。

（四）辅导专题的规划

1. 辅导主题的整体规划（见表1）

表1 学习指导课程的整体规划

学段与分册		适用年级	重　点	总主题
小学	上册	四、五	学习习惯的养成	关注学习习惯
	下册	五、六	形成学习技巧、培养自制力	走向聪明的台阶
初中	上册	七	解决学习适应困难	新环境 新调整
	下册	八	态度心理指导、点拨应试能力	正视自己的积极人生

2. 具体主题的规划

我们按照“每月一专题，解决一问题”的思路，每册（每学年）各安排8个主题（见表2）。初中的辅导主题分三类：（1）学习环节的操作性指导，如计划、听课、交流、预习、作业、复习、考试、考试后分析等；（2）学习特点的认识性指导，如了解各门学科的特点、了解综合素质的要求、体验探究学习、掌握信息分析等；（3）学习心理的适应性指导，如环境的适应、态度的积极或消极、面对压力的适应等。

表2 《学会学习》初中分册的辅导主题

序　号		课题名	主　题
上册	1	走进初中	感受小学和初中的差异，加速适应
	2	了解学科特点	分析理解各门学科的学习特点
	3	凡事预则立	学会制订学习计划
	4	感官总动员	听课的方法与技巧
	5	学会提问	课堂思考与发言的方法与技巧
	6	不打无准备的仗	预习的方法与技巧
	7	温故知新	及时复习的方法与技巧
	8	齐步前进	培养自我评价，注意学科、素质的均衡发展
	暑假建议		如何安排暑假的学习生活

续表

序　号		课题名	主　题
下册	1	态度决定一切	学习态度的积极引导
	2	作业的效益	提高作业效益的方法
	3	考试的意义	考试后分析的方法
	4	体验探究学习	体验探究学习与综合实践活动
	5	压力的调节	学习压力的适度调节
	6	信息分析的技巧	信息分析的方法与技巧
	7	复习的密码	集中复习的方法与技巧
	8	从容面对考试	考试临场的方法、技巧与调节
	九年级复习的建议		集中复习方法与计划的操作化

（五）辅导活动单元的设计

学习指导的基本过程一般包括：摆出问题、对照自己、老师指导、尝试演练等。

（1）摆出问题。通过“听听故事”、“出出点子”（小学）和“成长的烦恼”、“真情QQ”（初中），以故事的形式呈现典型问题，让学生较为轻松地进入学习指导的某一话题。

（2）对照自己。进入主题后，采用“照照镜子”的形式，学生联系实际，分析自己在该方面的状态，进行“自我测量”。这是为了让后续的辅导能唤起学生的切身体会。

（3）老师指点。在学生发现自己的问题后，借助“郝老师的话”进行有针对性的辅导（小学的“问问老师”，初中的“老师引路”）。辅导以简明扼要、通俗易懂、理例结合的讲座的形式出现。其陈述不必全面完整，但要抓住关键，让学生愿读并有所启发。

（4）尝试演练。教师的辅导需要通过学生的尝试实践才能转化为行动。所以，通过形式丰富的操作性作业（小学的“跃跃欲试”，初中的“我行我悟”），让学生在尝试中应用教师指导的学习方法，克服原来不良的学习方法和习惯。

在这些活动的基础上，增加自助阅读（小学的“开开眼界”，初中的“资料链接”），让学生进一步理解与体悟学习的要义。学习指导的关键并不在课内的45分钟，而是对随后学习行为的影响。这种影响要通过经常性的自我反思来实现。所以，“常常反思”环节将引导学生学会逐步建立及时反思、提醒自己和完善自己的习惯。

[**案例分析**] 学习指导是一个具有前瞻意义的项目。学习指导的研究切入点主要有以下五个方面：**一是**从学习环节看，指导学生掌握各主要学习环节的学习方法；**二是**改善学生的学习体验，帮助学生的学习心理保持在积极状态；**三是**提高学生的自我学习能力，包括自我判断、自我调控等元认知；**四是**基于不同学科特点开展相应的学习指导；五是面向不同学生开展有针对性的学习指导，如面向学习困难生与学有余力的学生，应该有不同的指导内容与策略。

学习指导应以学生容易出现的问题为明线，以学生各方面学习能力的发展为暗线，在问题解决的讨论中提高学生的学习计划与执行能力、反思与调控能力等；应按螺旋式前进的原则，通过教师对学习方法的分析指点和应用学习方法的参与性活动，让科学的学习方法通过理解、体验而转化为学生的自觉行为；应坚持理例结合，采用参与式活动，将教师指导与学生实践穿插结合成整体，鼓励学生以多种方式表达生成性的体验与理解；应联系学科，超越学科，增加在具体学科学习中应用学习方法的实践任务，促使学生学习方法的习得与学习效果的改进。

学习指导活动应是学校提高教学效率与质量的重要抓手，是保护学生学习潜力、提高学生可持续发展能力的重要措施。我们不应把学习指导课程视为孤立的课程，而应让所有教师研读了解学习指导的要求，在同步进行的学科教学中体现正确的学习导向，渗透学习方法的指导。

三、诊断与改进：学业评价的功能回归

当前教育教学中存在的很多问题，背后都与评价有联系。这是当前教育的系统之“痛”。广泛存在的不当评价，促使人们对教育教学活动与教育管理中的许多异化的现象见多不怪。评价领域的研究，已不是发展的问题，而是遏制消极评价的蔓延，推动评价功能的回归。

> 开展评价研究的目的，不是发展评价，而是遏制消极评价的蔓延，推动评价功能的回归。

对于基层教育来说，教育教学评价的最重要的功能是诊断与改进。关于教育评价的名言“评价最重要的意图不是为了证明（prove），而是为了改进（improve）”依然在耳，但要真正做到这点，并非易事。

> 过分关注学业分数、过分依赖纸笔测验、过分采用横向比较、过分聚焦尖子学生，是当前消极评价的突出特点，也是当前评价领域研究试图攻克的难点。

当前学业评价中存在的问题主要表现在：(1) 片面地将评价理解为选拔性的评价，对所有学生的各个学习阶段都采用“淘汰式”的评价策略，导致越来越多的学生以失败的体验面对学习。(2) 由于落后的评价技术和评价的功利倾向的影响，导致学校教学只关注在纸笔测验中体现的显性结果，而忽略了一些可能影响学生能力发展的隐性因素。(3) 评价方式的简单化促使以应试训练替代本质学习的“过度学习”现象泛滥。(4) 地方教育行政部门、学校对于评价结果的过度运用，使得教师失去教学主动权，教师的教、学生的学和考试之间的关系越来越脆弱，师生的教学常常为考试所“振荡”。

面对学生学业评价中的种种问题，要提高教师运用评价改进教学的能力，特别是设计与运用过程性评价的能力、解读分析和运用考试结果的能力，在提高命题能力的同时，促进综合教学素质的提升。

（一）研究与改进教学测验

尽管纸笔测验对于学生学业进步的评价存在一定的局限性，但纸笔测验还是当前最常用、最倚重的评价方式。因为纸笔测验的评价作用的放大，研究与改进教学测验更显重要。建立命题规范，发展命题技术，促使纸笔测验更为科学，更好地发挥测验的导向作用是当前评价研究的首要方面。考试命题研究犹有“四两拨千斤”的意义。

案例 4-12

小学语文阅读题研制的问题与对策[①]

阅读测验是语文考试中权重最大的部分。阅读题的内容指向、类型倾向、难易程度等直接左右着阅读教学，甚至可以说，阅读测验正“绑架”着阅读教学。当前，面向小学生的阅读评价测验题存在许多问题，具体有目标能力不清、缺乏目标梯度、脱离儿童阅读常态等问题。

阅读测验题是否指向阅读能力评价？阅读题是否在帮助学生成为一个真正的读者？阅读文本的选择是否吻合学生日常的真实阅读？这是当

① 本课题负责人系浙江省杭州市上城区教育学院小学语文教研员余琴老师。

前改进阅读测验题需要思考的问题。

提高阅读测验的命制质量，首先要厘清阅读能力的要素与层级（认读、解释、概括、评鉴），使阅读题指向阅读能力；其次要梳理阅读能力考查目标序列，使阅读题紧扣学习目标；最后要依据学生真实阅读状态编制试题，使阅读题回归常态阅读。

[**案例分析**] 当前，基层的教学测验主要还是依靠经验式的命题。教学测验的质量对教学导向的影响非常显著。以上案例针对当前阅读测验题编制中存在的问题，展开系统的研究，提出操作性很强的三条对策。测验命题的研究不能局限于题目设计的讨论，首先要整体把握测验目标，再来钻研命题技术，而且不能忽略评分的设计。

以往的命题研究主要是命题过程中的经验总结。在实践积累中，已形成测验标准制定、双向细目表编制、试卷结构规划、试题取材与表述等方面的工作规范。新世纪以来，教研部门对考试命题策略越来越重视。我们尝试突出“命题意图”与“试后反思”两个环节，促进命题过程中关于试题立意、取材、表述、评分设计和学生诊断等方面的思考，以由点及面地生成与积累命题策略。

案例 4－13

命题研究中的逐题分析[①]

题例　对右图所述解释正确的是（　　）

(A) 结霜是升华现象

(B) 结霜是液化现象

(C) 所谓的“烟”并非真正的烟，是小水珠汽化形成的

(D) 所谓的“烟”并非真正的烟，是空气中水蒸气遇冷液化形成的小水珠

参考答案　D

① 浙江省台州市教育局教研室．努力降低过度学习的影响［M］．杭州：浙江大学出版社，2003：164－165.

［**命题意图**］学生的前概念具有隐蔽性和顽固性。有些人到成年之后仍持错误的前概念；有的人只是强记了一堆科学术语，以应付考试，但解释生活中的现象仍依凭自己的“理论”。本题以漫画的形式暴露孩童的“语误”（前概念），让初中生用科学原理去解释和纠正，立意很巧，也很新颖。

［**预估难度**］0.70　　　　［**实测难度**］0.75

［**试后点评**］本题以学生有体验但却易忽视的生活现象，来引导学生关注生活，用所学知识科学地解释生活，同时又纠正学生对“烟”这一概念的误解，立意很好。本题以漫画形式展示生活的具体情景，增加了生活情趣。但因难度降低的需要，各选择项太直白，A、B 两个选择项的文字描述与图的关联性较低。这给考生一种暗示：正确答案从 C、D 中找。

［**错例分析**］误选 C 的较多，主要原因是学生错误地认为“烟”为水蒸气，是气态；对“水蒸气是一种看不见的气体”认识不足。另外，水来源于空气还是冰棍，学生可能区分不清。这些问题在科学课堂中属“老生常谈”，但总有那么多的学生仍未理解，值得深思。

［**命题反思**］本题以生活中的具体情景出现，让学生有亲切感；同时，插入一幅漫画，变得活泼可爱。但由于孩童语误的隐蔽性，所以在选择项的设置上尽量减少迷惑性。若 C 选择项的下半句改为“是冰棍遇热升华形成的水蒸气”，则与 D 选择项的对应程度更高一些，这样题目会更理想，但难度也会提高。孩童语言中的“烟”非烟，在是否应该改为“汽”上命题人员也有不同意见。不过，命题者最后还是尊重童趣，将错就错，只是用“所谓的‘烟’”来暗示学生。实际上，这种处理方式妥当吗？可能采用不加处理的“烟”，题目会更有味道。这就是命题者把好题改易的“痛苦”之处。不过，此题最大的优点是从“方言用语”与“科学用语”入手，从侧面对生活化用语的科学性进行评价。

> 教学测验正从基于考试范围的知识性测验向“基于标准的学能测验”转变。

近年来，随着 PISA 测验的引入，关于测验命题技术的研究有了新视野。教学测验正在从基于考试范围的知识性测验转向基于标准的学能测验。从“知识立意”走向“能力立意”将是今后的方向。这对命题研究提出了更高的要求。试卷命题要坚持“易而不死”和“活而不难”，重在观察学生思维的水平，在真实情境与完整任务中考查学生解决问题的能力。命题不只是将试题集中在一张试卷的过程，我们关注命题意图的思路与 PISA 测验编制中关于试题的提交要求（包括文本、问题、结构三个方面）是异曲同工的。

还有一个非常重要的命题技术研究领域，是评分方式与评分标准的研制。当前主观题评分时的采点计分方式已暴露了非常突出的问题，它助长了碎片化的思维和迎合性的学习，极大地限制了学生的完整的有意义的思考，亟待突破。

一线教师对教学测验的研究与教研员不同。他们更多地要从命题研究中，提高自己运用评价改进教与学的能力。这既包括命题，也包括试题的解析，还包括对课程教学标准与知识体系的把握。由于对“教考分离”的错误推崇，今天的一线教师普遍缺少命题的实践经验，他们始终处于被评价的地位，因而失去了教学自主，徘徊在盲目迎合的教学状态。这需要尽快扭转。

案例 4-14

一次基于自主命题考试的校本研修

（一）活动的背景与意义

过去学校组织考试时，考虑更多的是考试成绩的排名和对教师评价的公平性，因而采用校外的试卷，这在不知不觉中剥夺了作为教师应有的考试命题权。许多教师很反感这种“为了排队的考试”。

当前，很多教师围绕考试而展开教学。与其说是教书，还不如说是在“教考试”。大家几乎陷在猜谜和谜底揭秘的怪圈中。这样，考试考什么教师就教什么，学习近乎等同于准备考试。

由于社会、家长、学生对考试的迷信，加之“教考分离”，教师的许多正确的教育行为却可能受到怀疑，教师在平时对学生的一些习惯、态度的要求，有些学生和家长居然会以“考试反正不考这些”为由而加以拒绝。当然这只是一些极端例子，但若能还教师一些命题权，让他们在考试中针对平时的关注做一些引导，教师的教育功能会发挥得更好一些。

近几年来，由于台州市教研室对中考命题采取了开放的姿态，使得教师们有机会了解中考命题的全过程。在这样的一种背景下，学校和教师开始以研究的方式关注中考命题。学校连续三年要求教师就当年的中考试卷进行评析。一些教师的试题把握能力较强，也有一些教师分析起来不着边际，或是就事论事。我们认为，主要原因是教师长期以来未能直接参与命题。因此，我们决定本学期期中考试尝试让教师自主命题，于是，策划了一次基于自主命题的校本研修。

（二）活动目的

（1）让教师经历命题，在命题过程中钻研课程标准，对整个学期的知识与能力目标进行梳理和分类，以提高对教学内容的把握能力。

（2）自主命题的期中考试，可以将教学进度安排的主动权还给教师，让教师适当放开手脚，大胆实施教学改革。并通过考试，更好地落实教师平时的一些针对性要求。

（3）让教师经历较为规范的命题过程，了解并掌握命题技术与命题规范，并通过命题反思，提高命题能力、组织复习的能力以及编制作业的水平。

（4）让教师们在面向自己学生的命题锻炼中，更准确地把握学情，提高试卷难度的控制能力，并将教学质量分析、试卷评析和反思作为工作习惯坚持下去。

（三）活动策划

1. 组织命题规范与命题技术的培训

离期中考试还有一个多月，学校组织教师学习会，邀请市内专家就新课程评价理念的改变，以及教学测验命制的规范、程序与技术进行辅导。其中关于命题的基本要求有：

（1）以各学科的新课程标准为命题依据，明确考试范围。要对考试范围内知识点进行梳理，并按照“了解与识记”、“分析与理解”、“运用与评价”进行罗列记录，并列表向学生公布，作为学生的复习依据。

（2）根据知识点和题型的分布规划好试卷，按规范完成试卷结构规划、考查细目分解、素材选择加工、成题推敲组合、难度总体控制等，并逐题记录命题意图、试题来源和预估难度，以备试后分析。

（3）试卷要逐题标明试题来源，使用“复制”、“改装”、“原创”等用语，要求每份试卷要有1/3以上的原创题，原则上复制题不得多于1/4（以题量计数），难度系数低于0.7的题目须原创，

（4）在基本保持原题型的基础上，要根据学科特点尝试设计一些体现新课程理念、重在考查学生能力的试题。

2. 自主命题的工作部署

本学期各班各科的期中试卷均由任课教师自己命制。要求命题教师按规范要求命题，并做好命题计划阶段的记录与研究，保留命题意图与全卷策划的设想。另外，要求各任课教师在11月考试后，及时对学生情况进行全面分析，一方面从学情诊断谈今后的教学改进建议，另一方面分析本次命题的成功之处与不足之处，并形成相应的书面材料。

3. 召开教研组命题反思会

期中考后，以教研组为单位组织专题教研活动。让大家将试后逐题的调查数据与原先的难度预估进行比对，整体分析讨论自己编拟的期末试卷，阐述自己的命题设想与比较典型的试题（典型的好题与失败题），大家共同评议哪些是精彩题、哪些是不当题，共同讨论整体把握的经验与方法，共同研讨测验中发现的教学问题与对策。

[**案例分析**] 这是让教师在自主命题的实践中研究命题，进而研究教学的研修策划。其意义是还评价权于教师，从而打开另一片研究的天地。因为当前教师被考试多，所以他们对测验的研究，往往站在应答的“弱势立场”，评价便成为“威胁”教师的手段，而非教师教育教学的工具。这是违背教育规律的现实。运用评价改进教育教学是教师的一项基本功。没有人能够教这一课，唯有让教师们经历研究。

（二）推广体现课程性质的过程性评价

纸笔测验只是一种学业评价方式，其局限性很多。它擅长的是横断式的终端评价，而学生面对的绝大部分的学业评价活动却是过程性的、促进意义的。然而遗憾的是，现实中许多本该采用过程性评价策略的阶段（场合），却在简单滥用甄别、选拔意义的相对评价。纸笔测验的评鉴功能的过分放大，导致其他评价方式形同虚设。一些意在促进学生循序渐进的、体现课程性质的评价方式的弱化，对学科教学产生误导，强化了片面追求的功利倾向。

许多教师觉得分数比等级更准确，能更清楚地描述学生的学习水平。殊不知我们平时的试卷并没有达到测量学业进步的标准。选择题与填空题的得分可以相加吗？各学科的分数可以相加吗？平时考试的难度稳定吗？试题中能排除偶然性因素吗？以测验来发现学生哪些知识掌握得好，哪些知识掌握得不好，是可以的，但用高度抽象化的分数来评判学生，其实是评价的一种简单化。它忽略了分数背后学科能力的多元性，更重要的是忘掉了评价的真正目的。

> 评价的真正目的是诊断，而非判断。

过程性评价强调的是对学生学习状态的诊断了解，以帮助教师调校教学对策。它是从评价内容与评价方式等多方面，对纸笔测验评价的调整与补充。过程性评价的价值主要有四方面：一是关注学生具体能力进步的过程，使评价变为教育的一种手段，从而实现及时反馈和学习改进；二是突破常规考试中难以展现，但却是学生成长中的关键学习能力（包括过程与方法、情感态度与价值观等）的评价问题；三是采用学科关键能力的分项等级制来呈现考试结果，从而有助于学生明确自己的强项与弱项，有针对性地达成目标；四是从学生个体发展的角度评价学生，通过各种形式的成长记录鼓励学生——“只要学生在进步，我们就要给掌声”。

研究与推广过程性评价，必须体现课程性质。过程性的分项评价不是学科测验中题型的分项，而要体现难以显于纸笔测验中的其他学科核心能力。如听、说、读、写都是语文的核心能力，但目前的教学测验只是以阅读和写作为主，导致许多学生进入初中后，基本不注重朗读和听说，能够自在、规范地言语表达的学生越来越少。同样的例子也反映在综合课程（科学、历史与社会）中，这些课程旨在培养学生的观察技能、实验技能、信息获取与分析能力、探究能力以及社会实践能力等。如果简单地以教学测验替代课程评价的话，课程目标的达成肯定会大打折扣。而且，不同学段的同一课程也是有区别的。小学英语与初中英语的课程性质与功能就不完全相同，但今天不少地区却采用初中英语考试的方式来检测小学英语的教学，带来很大的消极影响。

案例 4－15

体现课程性质的小学英语评价改革[①]

小学英语的学业评价，应以“激发学生学习英语的兴趣，培养学生良好的语音、语调基础和一定的语感，使学生形成初步用英语进行简单日常交流的能力，为进一步学习打下基础”为基本目标，构建多元的英

① 本课题负责人系浙江省嘉兴市南湖区教研室中小学英语教研员沈冰老师。

语学业评价方式。

浙江省嘉兴市南湖区根据小学生的特点，坚持“强调应用、注重交际”的原则，探索注重听力检测、朗读对话及口语交际等方面能力的小学英语学习能力与学科素养的评价方法。具体包括：听力、朗读及口语交际。朗读及口语交际采用面试的方式。

（一）听力

听力测试着重检测学生理解和获取信息的能力，逐步摆脱语境的单纯辨音题，可以分年段设计以下题型：听音选择、听音排序、听音涂色或画图、听音连线、听音判断正误、听问句选答语、听音填表或填词等。

（二）朗读

朗读测试着重检测学生的语音、语调、朗读状态，以及对朗读的流畅性和句子的整体性把握。主要内容与形式有标准朗读字母、朗读单词或短语、朗读句子、朗读某单元的对话。要求学生语音语调正确流利。

（三）口语交际

口语交际的内容必须确定在“说”的教学目标基础上，以教材的教学要求为依据，利用所学词汇、短语和句子描述日常生活内容，并学会初步表达个人观点。评价的主要形式有自我介绍、师生交谈、话题描述、看图描述等。

[**案例分析**] 建立体现课程性质的学科能力过程性分项评价体系，既是评价内容多元化的尝试，也是评价方式多样化的体现。其实践策略主要有：(1) 评价项目不必太多，要有明确的评价目的与目标能力。目标能力的发展序列和分类维度应相对统一。(2) 以实践性的能力评价为主，与教学测验的测验目标相互补。实践能力有两个层级，一是听、说、观察、操作等较为单一的技能；二是信息分析、科学探究、社会实践等综合性的能力。(3) 评价意图应重在过程的体验，不必太拘泥于公正与量化。可以为学生提供多次机会，让学生的通常表现与最佳表现都有呈现的机会。(4) 评价项目操作应简单易行，并尽可能以任务式、主题式、展示性的形式出现。(5) 评价活动要渗透于教学过程中，与正常的教学活动相结合。(6) 要注意分项评价的分散性，保证较大的参与面。

（三）正确运用评价结果促进教与学

评价结果的运用是一把“双刃剑”。让教师正确认识与运用考试评价，是恢复考试评价本来意义之所在。帮助教师学会分析与运用评价结果的关键在于：把握规律、了解学情、研究对策。

很多学校都有月考、学期考的统一分析制度，并将考试结果与教师的绩效工资联系起来。这种评价模式体现了对各阶段考试成绩的多维指标的监控，体现了对“增量发展”的评价，是目前相对比较客观的定量评价模型。但由于一般性测验命题的不稳定性，教师教学会呈现被动应对的飘忽。所以，这一模型适用于关键阶段的、较为标准严肃的考试的结果分析。然而，大家在实际工作中并没有注意这一点。

面对考试结果，我们不能失却清醒的判断，否则教育教学过程管理会更加混乱。广大教师对考试结果的中肯分析与系统研究，其实是最现实的研修。关键在于教师分析研究的导向是否正确。教师对考试的分析研究可以分为：以学生个体为单位的研究、对某次考试的研究、对考试趋势与信息的研究。学校的责任是保持良性的政策环境，以有利于教师个体研究成果的共享以及关于考试的团队研究，并将之及时转化为教师对命题意图的理解以及教师的命题能力。其实，这是目前学校研究中较为敏感的领域。

最需要改变评价运用的，并不是基层的教师，而是区域教育行政管理者。教育质量管理机制的反思可能是未来评价改革，甚至课程改革的焦点。

四、实践育德：提高德育实效的关键

《国家中长期教育改革与发展规划纲要（2010—2020 年）》明确提出“坚持德育为先”的战略主题。今天强调“德育为先”，一是因为德育的重要，二是因为德育尚未在学校教育中体现核心地位。之所以德育未能得到“为先”的地位，一是智育太强势，二是德育实效性有待提高。

德育是什么？德育是对品德发展的外力干预，它履行着的是有目的、有计划地把社会道德转化为个体品德的社会职能。[1]

> 个性化教育与责任感教育都是德育的应尽之义。特别是责任感教育是当前最具时代意义的德育主题。

“责任感教育”是当前最具时代意义的德育主题。所谓“责任感教育”，就是从社会需要出发，通过独立思考和独立判断、价值引导和自主构建的统一，选择自己应尽的义务，促进社会和谐发展。道德发展应是一个主动过程，迫于外力是无法培养出真正的责任者。只有人人对自己负责，彼此负责，才能形成健全的社会。由于德育的范畴很广泛，各家的主张也不一致，本章不一一展开丰富的德育内容与实践，而只突出关于社会责任感与自我责任感的两大方面：公民教育——人对于自身社会角色的理解与承责；生涯发展教育——人对于自己未来的规划与承责。

（一）公民教育实践活动

德育是促进学生健康地社会化的教育过程。它要帮助学生树立公民意识与社会责任感。当前，我国的公民教育尚处启蒙阶段。学生公民意识淡薄，对社会关注不多，缺少对作为公民应有的权利和义务等知识的了解和对社会活动的真实体验，普遍缺乏公共精神与社会责任感。在重大社会事件和公共事务面前，青少年普遍缺乏现代公民与社群应有的“自主、公心、宽容、理解、同情、正义、责任、参与、奉献”等风范和风尚。所以，公民教育是当前德育的一个重点。而要提高德育的实效性，必须加强实践性，提高学生对真实社会环境的判断力、“免疫力”，以及学生的自我教育能力。

江苏省教研室借鉴美国公民养成教育的成功经验[2]，结合中国国情，从2005年6月在南京力学小学起步，在中小学推进公民教育实践活动，鼓励学生融入社会、发现问题、调查研究、研讨公共社会政策、模拟参与社会事务，增强他们的公民意识和社会责任感。让教师与学生一起，共同补上公民教育的重要一课。目前江苏全省已有千余所学校参与，项目课题近2000个（研究课题一般有公共交通类、公共饮食类、环境保护类、社区管理建设类、青少年学习生活类、文化遗产保护类等）。7年

---

① 陈桂生．为“德育”正名［J］．上海教育科研，1997（7）．

② 此为江苏省中小学教学研究室鞠文灿书记主持的中美合作课题。在美国原称为“公民培养法案”，已积累二十余年的实践经验，在帮助学生建立责任、权力、公正、隐私等公民基本概念方面起着积极的作用。

来，江苏各地举行的公民教育“模拟听证展示”活动数以千次，活动培养了上千名公民教育项目指导教师，他们和参与学生的感悟、体会及经验文章数以万篇。那些真实的参与经历，感动了无数教师、学生、家长，得到了有关政府部门和社会各界的关注和重视。目前，上海、山东等地有的结合思想品德课程，有的结合综合实践活动，也在推广公民教育实践活动。

公民教育实践活动是促进儿童社会化成长的崭新路径，是提高德育实效的一个突破口。其实质是学生主体参与的德育类综合实践活动。它一般以班级和小组为单位组织实施，一般模式包括以下环节。

1. 确认社区中存在的公共政策问题

教师不预设研究问题，而让学生自己去确定感兴趣的社会问题，让学生真正做主。在实施中，先要帮助学生区别“私人问题”和“公共问题”。在此基础上，要求提出的“公共问题”必须是本地社区中存在的。然后全班学生共同参与，提出自己最想要解决的社区“公共问题”。

2. 选择班级要研究的公共问题

在提出“公共问题”后，通过师生讨论，进行问题筛选，排除一些不可行的、空泛的、操作性不强的课题。再通过投票选出“最想解决的公共问题”。活动的关键在于客观、民主、中立地投票产生最后的聚焦问题，确立课题。

3. 收集研究问题的有关资料，分析相关公共政策法规

在收集所要研究问题的资料前，必须先要“找对部门”。教师与学生一起分析研究课题涉及哪些部门，然后再对学生进行分工，开展相关的调查。在分工的过程中，由学生根据自己的意愿，自由组合去收集资料。比如，事先学生可以去律师事务所，对所研究的问题进行咨询，寻找是否有相关的法律依据等。调查前，学生应事先想好或写好要咨询的相关问题，然后再去调查。

4. 制订班级解决问题的行动方案

根据学生的研究和分析，进行解决问题方案的具体编制。如“市区摆菜摊”现象，学生应该去调查小区人数、相邻两个菜市场之间的距离有多远、菜市场可容纳多少人等问题。又如“路口设置红绿灯”问题，学生应在几个有代表性的时间点，到相应路口统计过往机动车辆、非机动车辆与行人的情况，平衡研究两个方向的交通通行问题。编制解决问题方案，常常就是研究性学习的过程。

5. 报告解决问题的方案，接受听证

报告解决问题的方案，是一个比较综合的展示。学生可设置展板、制作PPT、形成建议文案（如给市长的一封倡议书或到报社开展一个活动等）[①]。听证会往往是整个活动的高潮。在模拟听证展示上呈现研究成果，让学生模拟不同的社会公共角色，既是学习者，也是发现者、研究者和问题的解决者，在行动中形成价值观。

（二）生涯发展教育

当前，不少中学生对自己未来的发展方向并不明确，近七成的高考学生对自己的志愿填报没有想法，“学习无动力、升学无厚望、生涯无规划、发展无方向”的现象较为普遍地存在。对“职业”、“生涯”的认识的粗浅与空白，直接导致大学生在校期间大面积要求更换专业的现象。

最近十年，我国学校教育中出现“生涯发展教育”的概念。这一概念最早是美国联邦政府于1971年提出的。它指的是通过提供完整经验的学习，使学生学到如何准备及投入到即将成为他人生一部分的“工作”中去。按照我们的理解，“生涯发展教育”应是引导学生清楚地认识自己，了解社会职业生活与发展环境，定位自己的目标，思考人生与工作意义的教育活动。将生涯发展规划纳入德育内容，体现了教育“以人为本”的基本价值。

中学生正处于个人生涯发展的重要时期，他们迟早要作出生活的选择，并为此承担责任和义务，这必须与他们的前途的可能性和潜力和谐一致。这时，教师“必须把握好对儿童和青年保持一种体贴和坦率的关系，而不是一味地遵循传统的信念、过时的价值观、陈旧的规章制度以及一成不变的惩罚”。教师只有增强自身的专业预见性，变革原有的德育模式，才能“体贴坦率”地引导学生成为“自身前途和命运的真正意义上的代理人”。[②] 这就是生涯发展教育的意义。

---

① 扬州市东关小学．“学校公民教育实践活动”课题操作指南［EB/OL］．（2009－09－15）［2013－06－06］．http：//xxpd. fhedu. cn/Html/12/Menu/40/Article/1367.

② 范梅南．教学机智：教育智慧的意蕴［M］．李树英，译．北京：教育科学出版社，2001：4－5.

案例 4-16

普通高中生涯发展教育的三条途径①

（一）高中生涯辅导课程

生涯辅导课程是以高中生的学校生活为基础，以生涯觉察、生涯探索和规划、生涯决策等为主要内容，依托心理辅导教师和班主任开设的活动课程。它要促进学生对自我和职业的了解，提高学生的生涯规划能力。具体包括：学校适应、自我意识辅导、学习辅导、人际关系辅导、情绪辅导、异性交往辅导、休闲辅导等。

高中生涯辅导课程内容体系

年　级	内容体系	目　　标
高一 生涯觉察	（一） 认识自我	1. 学生能了解自己的兴趣特长、人格特质类型 2. 学生能认识到自己的优点和缺点，肯定自己的价值，学会悦纳自己 3. 协助学生探索适合自己的生活形态，作为未来专业和职业选择的参考
	（二） 学习与未来生涯	1. 学生能了解自己的学习价值观，确立大学习观，了解学习对个人生涯发展的意义 2. 探索自己的学习风格 3. 协助学生分享有效的学习策略和方法
	（三） 休闲辅导	1. 了解健康的休闲活动对学习和身心健康的意义 2. 发展适合自己的休闲活动 3. 培养学生的时间管理能力

① 本课题负责人系浙江省温州市瓯海区梧田高中的吴炳进老师。

续表

<table>
<tr><th>年级</th><th>内容体系</th><th>目　标</th></tr>
<tr><td>高一
生涯觉察</td><td>（四）
生涯规划</td><td>1. 认识生涯辅导课程，了解这门课程对于自己的意义
2. 了解什么是生涯，确立为自己生涯发展负责任的信念
3. 引导学生思考自己的生涯期待，订立3年内学习等各方面的暂定目标
4. 学生能对自己进行合理的分析，将文理分科与未来生涯发展做联结</td></tr>
<tr><td rowspan="3">高二
生涯探索与规划</td><td>（五）
情绪辅导</td><td>1. 了解情绪的产生来源于自己的想法
2. 探索自己的不合理信念，学习用埃利斯的ABC理论调节自己的情绪</td></tr>
<tr><td>（六）
人际辅导</td><td>1. 学生能认识到人际关系处理能力对未来生涯发展的意义
2. 了解人际沟通的技巧，并学习使用几个最基本的沟通技巧
3. 感受团队合作的魅力，学习合作的技巧</td></tr>
<tr><td>（七）
职业了解和规划</td><td>1. 了解生涯规划对以后人生的意义
2. 协助学生探索职业世界，了解各种职业
3. 能认识到面临生涯困扰时可以获取帮助的资源和途径
4. 对5年内的学习和生活做出生涯规划</td></tr>
<tr><td rowspan="3">高三
生涯决策</td><td>（八）
考前心理辅导</td><td>1. 学习调整面对考试的心态
2. 学习复习和应考的策略
3. 学会“放松训练”</td></tr>
<tr><td>（九）
专业选择辅导</td><td>1. 了解高校的情况和专业的具体内涵
2. 了解专业的学习内容、具体要求、培养目标、发展前景以及就业去向
3. 认识到个人兴趣、专业选择与今后从事职业的相关性和重要性
4. 注意处理名牌大学与一般大学、热门专业与冷门专业、专业优势与家庭承受能力之间的关系，理性地选择学校与专业</td></tr>
<tr><td>（十）
求职辅导</td><td>1. 认识到就业对自己生涯发展的意义
2. 探索自己未来可能从事的职业
3. 学习求职的方法和注意事项
4. 体验求职模拟情境，分享今后发展规划</td></tr>
</table>

（二）高中生涯社团活动

生涯社团是以学生为主体的活动项目，主要通过组织趣味性的生涯信息提供、职业体验等活动调动学生的主动性和积极性，增进高中生生涯探索兴趣和生涯规划意识。生涯社团活动的目标定位有二：一是生涯宣传、推广，即通过普及性的活动、游戏，增强学生对生涯的意识和了解；通过展板、参观、调查等，帮助学生了解社会、了解职业；并引导学生了解如何去获取这些信息。二是生涯体验活动组织，通过设计角色扮演、模拟招聘或暑期实践等方式，帮助学生去体验职业和求职的过程，增强规划未来的意识和就业能力。

（三）高中生涯专题活动

生涯专题活动主要是以学生职业生涯规划过程中遇到的问题为主题，借助学校专职心理辅导教师、校外专家、校友等力量，通过讲解，向学生传授有关职业生涯的知识，以增进学生的职业生涯认知，了解有关职业生涯的必备知识和技能。特别要帮助高三学生学会志愿填报，掌握求职技巧等。设计这一活动的目的是希望通过社会、家庭的联合，让学生更多地了解生涯，同时能对学生特殊的生涯发展任务给予更专业的指导。

［案例分析］“为学生的未来而教育”应是当前教育的共识。如何以学生发展为本，多种途径、讲求实效地帮助学生度过初涉人生选择的重要时期，与帮助学生树立正确的世界观、人生观和价值观同等重要。这既充实了德育内容，又丰富了德育课程形态。更重要的，它重在实践体验，重在学生自我意识和自觉能动性的唤醒，促使学生成为德育活动的主体。

开展生涯发展教育，要以学生自我意识的发展、积极健康地社会化（包括积极的社会认知、良好的人际交往与环境适应能力）为基础，然后通过学生职业认识与生涯发展愿望的形成，激发学生形成积极学习的内在动机。因此，这四个方面是生涯发展教育研究的重要切入点。当然实践形式的研究也很重要，如渐进的课程、心理辅导活动、社会实践等。这些都要符合学生年龄、年段，甚至个体的特点。

随章任务

1. 当一回“课程专家”

在本班进行一次学生学习需求的调查，并根据需求调查的结果，选择策划一门体现综合学习或学科应用性学习思想的“微课程”（18 课时左右的小课程），将课程目标、学习内容、学习方式、组织实施方式、课程评价等基本要素具体化。

2. 学习设计的尝试与阐述

认真理解第二节“促进学习：教学领域的探索”的观点，参照案例4-4和案例4-7，结合任教学科，选择某一知识点（或单元）进行“学习设计”。并以此为例，分析体现学科特点的学习设计的要点或要素。

3. 对比研究课的尝试

不同的教学假设就会有不同的教学行为。请参照案例 4-9，尝试用两种截然不同的教学设计思路上同一个课题，并以研究的方式比较分析教学行为背后的教学假设及其成效。

4. 暴露命题的思维过程

提高教师的命题能力要从参与命题开始，在试题研究中进步。案例 4-13 呈现了命题中开展题例研究的思路。请参照此，组织教研组老师开展命题实践与研究。注意保留部分较为典型的试题的磨制过程中的“阶段产品”，并叙说试题完善的思路与策略。

5. 体现学科特点的过程性评价

结合案例 4-15“体现课程性质的小学英语评价改革”，设计一个体现学科特点的过程性评价方案（最好是小学科学等不仅仅反映为纸笔测验的学科）。

第五章

研修的策划

研究工作的展开须规划与策划好每一次研究活动，在研究活动中体现研修结合的意义。

问题 1：展开研究将有几个工作阶段？

问题 2：需要组织开展哪些研究活动？

问题 3：怎样在研究活动中体现研修意义？

问题 4：策划研修活动需要做哪些准备？

问题 5：如何提高研修活动的有效性？

研究工作的规划

它宛如“一根线”，将若干具体的研究活动串联在一起。这些研究活动就好比“线”上之“珠”。

教研相融

有价值的研究是与工作相结合的研究。需思考如何在工作中增加研究的意义，在实践中开展研究。

研修结合

这些研究活动必然包含两方面目标：一是教育教学工作的改进；二是教师理念与行为的发展。

研修活动的策划

如何策划研修活动

1. 背景分析与需求调查
2. 活动过程与任务的设计
3. 教师研修活动的准备
4. 行动跟进：研修活动的延伸

有效教师研修活动的特点

1. 研究主题与形式的针对性
2. 活动过程的可参与性
3. 解决实际问题的建设性
4. 研究主题的连续性与渐进性
5. 关注过程的生成性
6. 理论结合实践的指导性

在传统的研究流程中，人们关注较多的往往是研究的结果，关注研究得到了什么。但在紧密联系教育教学实践的中小学教师的研究中，研究的过程非常重要。也许从结论看，这项研究极为平淡，但在研究的过程中，参与研究的教师们却得到了许多提高。对于一线教师来说，不少研究不是为了创新而研究的，而是以研究的名义开展学习和研讨活动。所以，我们将研修的策划视作研究的重要组成部分。第四章“研究思路的展开”主要从研究领域出发看研究的构思，本章则主要从研究活动组织开展的方法的角度，讨论怎样让教师在研究中有真实收获。

在确定研究方向、明确研究思路后，如何将研究方案化为具体的、可操作的研究活动，这是一项研究所不可缺少的部分。它需要研究者的个性思考。对于阶段性的研究工作的计划与考虑，我们称之为研究工作的规划；而如何组织具体研修活动的思考，我们称之为研修活动的策划。

一、研究工作的规划

当前，我们强调“教与研的相融”，让“研”无形地融于教育教学活动之中，按照“教”的逻辑与线索来规划研究。所以，研究规划首先要尊重具体工作的特点，而后体现研究的意义与方法论。

案例5-1

推广学科过程性评价的规划

在校长提出今后几年要重点推进“过程性评价”后，教师们议论纷纷。一方面大家不了解过程性评价的真实意义，另一方面大家担心这一做法太烦琐费时，会影响教学质量。学校教学处估计到了教师们的反应，便精心规划了研究推广过程性评价的系列活动。

第一个活动是**中心组学习**。教学处请各学科教研组长与组内1～2位较有灵气的年轻教师，一起召开关于过程性评价的学习会。通过相关理论的学习和实例的解剖分析，研究讨论过程性评价的基本精神，激活思想。然后布置大家在自己班级中进行为期约一个月左右的过程性评价试点。

第二个活动是**中心组经验交流与评点**。请大家将试点的做法、体会以及自己的理论解释作一简洁整理，召开交流点评会。一方面讨论、完善大家的做法，另一方面总结学科特点，将这些来自实践的经验进行分类，适当提升，以供学校面上推广。

第三个活动便是**学校层面的研讨会**。选择教师中有代表性的做法作案例介绍，再将学校推广的基本意见与相关管理措施作一说明，或再安排一次专家分析报告，完成推广的启动工作。然后，在校园网上设立关于过程性评价的交流专区，及时发布大家的好做法，组织大家互相研讨、出主意。教学处的项目负责人及时分析大家的材料，定期作阶段性综述，保持对过程性评价探索的关注度与对教师的指导帮助。

第四个活动是**组织一次家长会**。因为家长们是否支持过程性评价，效果会截然不同。所以，向家长作适当说明，争取家长的配合，并征求家长的反馈意见十分必要。会后，要及时将家长意见集中起来，并反馈给教师小组讨论，让大家逐渐剔除做法中的形式性的东西，而让一些体现本质精神的东西更好地保留下来。

当然，此后还要对过程性评价的开展情况进行评价交流，慢慢形成学校的特色，完善家校沟通的方式。

［**案例分析**］一项较为完整的研究一般会包括学习、分析、尝试、讨论、反馈、完善等环节。但在不同的课题中，诸研究环节的具体活动各不相同。本项研究将学科过程性评价的推广化为四次具体的活动和融于具体教学活动中的持续探索。要让每次活动都有明确的目的，要让每次活动都有具体的参与形式，并在每次活动的生成中寻找构思下一次活动的切入点。

怎样让研究与工作结合，怎样在工作中增加“研究的意义”？我们首先要思考体现研究意义的工作与普通工作的区别。体现研究意义的工作通常有以下特点。

1. 学习先行

研究强调按规律办事，所以对先行实践的了解和对规律的理解是研究前进的依据。展开研究的第一环节，肯定是学习。通过学习，了解与研究对象有关的理论背景，思考选择研究路径。只有想明白了，后面的实践才不致盲目。

2. 以点带面

研究往往从尝试开始。首先在局部、在典型处开展探索，而后积极而稳妥地进行推广。

3. 行动单元

作为研究的实践，不是“脚踩西瓜皮”地走着瞧，而是有计划的，包含思考、实践与反思评估的行动单元的组合。在每一个行动单元中，有着基本明确的研究措施、措施背后的理由、预期的实践成效、关于研究成效的评估思路和生成性的反思。

> 研究不是目的，推动教师研究的真正意义是让更多的教师以研究的方式来改进教育教学。

4. 反思随行

这是研究与非研究的本质区别。因为有反思，才会有实践的前进。跟随全程的反思是进一步发现问题的过程。反思是有证据的反思，是基于实践观察提出改进实践思路的过程。（本书第六章将重点讨论如何通过调查与观察，获取反思分析的证据）

5. 螺旋前进

反思不是研究的终点。实践的螺旋式前进才是研究的成果与目标。在反思的联结下，逐渐深入的行动单元表现为实践的螺旋式的前进。

案例5-2

改进教学测验及其管理的校本研修规划

当前，在基层学校中，普遍存在频繁统一考试、经验式命题、考试结果排名等做法。似乎这些都是提高教学质量的重要手段。

但认真分析这些做法，却会发现当前学校在教学测验及其管理上的严重问题。如经验式命题对测验目标缺乏研究，导致学业目标与测验的割裂；缺乏命题规范与技术，重复、劣构的试卷多，记忆性的题目多，教学导向不稳，助长题海训练；测验过于频繁，过于强调教考分离，导致教师被动应对多，教学行为短视化；对试卷结果的分析基本停留在总分的统计上，缺乏分解分析、分类分析、分项分析，反馈方式单一，对教学帮助不大……

如何帮助教师学会运用评价改进学习，学校规划了从校本研修与教学管理两方面改进教学评价的研究项目。

从校本研修的角度，规划了四大主题的研修：（1）提高测验目标与测验的对应性（现成测验的解构、基于标准设计表现性目标等）；（2）测验命制技术的研究（试卷结构规划、试题编制、评分标准设计等）；（3）学会分析测验结果（基于测验诊断学生的思维过程与特点、学生学情的分项统计分析、综合统计分析等)；(4) 试卷讲评课的研究(基于诊断的补偿学习的设计等)。

从教学管理的角度，相继推出五方面的措施：(1) 减少考试次数，提高试卷质量；(2) 还命题权给任课教师，开展自命题测验；(3) 建立试卷评价赏析的教研活动制度；(4) 改革考试结果的分析报告制度，不进行简单排队；(5) 以积极的指导来帮助教学成绩落后的班级与教师。

[案例分析] 一项改革通常包含若干个小项目，如何有序推进，首先要清楚分析所面对的问题，针对问题提出对策。本案例着重从校本研修与教学管理两个方面来推进，既是研究，又是工作。系列校本研修规划主要是解决教师的认识与能力问题，教学管理系列措施主要是步步为营的制度建设，使研修渗透在具体实践中。对于整个研究工作，要有整体规划的思考；对于具体研修活动，则要有策划的意识。

二、研修活动的策划

如果把工作视为“线”，那活动便是“线”上之“珠”。整体规划的工作需要通过具体活动的策划来实现。因为“研”与“修”的结合，活动策划须同时重视两类目标，一是教育教学工作改进的目标，二是教师理念与行为的发展。在教师研修策划中，既要推动“研”的前进，也要促进教师的专业发展。

怎样策划研修活动，才能给教师以真实的帮助，才能真正促进实践？这是一个非常有意义的、充满实践智慧的课题。影响教师研修活动有效性的因素很多。例如，对参加者需求的了解与尊重、组织者的创意及其基本理念、类似于教学设计的研修活动设计、研修活动的可参与性、组织者的经验与临场能力、组织者调动资源的能力，等等。有学者将展开教研活动的技能定义为“处置性经验”，包括：源于需要与期待的策划能力、问题聚焦和细化的能力、富有批判精神的对话、充分讨论之后的行为跟进等。① 教师研修活动的策划主要有以下四个步骤。

(一) 背景分析与需求调查

有效的活动必须是有的放矢的。不了解教师的需求，就不可能组织

① 王洁，顾泠沅．上海市“八区联动”校本教研专题调研二：有效的“处置性经验”[J]．上海教育，2005 (17)．

起真正有效的活动；而对现实背景的把握模糊，教研活动策划也会难合时宜。所以，活动组织前要先做一些调研，对时势发展有准确的把握，对教师需求和困惑作基本的了解，然后规划教研主题，明确活动目标。

了解教师教研需求的方式比较多。可以座谈访问，可以问卷调查，可以开放性征集，也可以拿出初步框架后征询意见。了解教师需求，要善于在个体需求的基础上把握团队需求的本质，并将需求转化为活动过程的设计。

我们不能要求每位教师都去主持课题或参与课题，但每位教师都应该有关于改进工作的思考探讨的教研主题。这不一定都做成规范的课题论证，但要有思考的“支架”帮助教师开展研究。于是，有学校设计了开放性地征集教研主题的思考“支架”（见表2-1）。其中有困难与归因，这是研究的起点；同时还有教研行动的自主规划，引导教师有自己的研究设想，而不是完全的跟从；“支架”中还主动征询教师需要哪些帮助，这是从个体需求中发现团队需求，作为策划研修活动平台的重要依据。

案例5-3

基于教师需求调研的研修活动的改进[①]

三年前，我校将周五下午的两个小时作为教师专业成长时段，采用“精品课堂”教研模式，组织教师研课、磨课、开课、评课，以“尊重、理解、赏识、激励”为原则，让每位教师充分享受成功的快乐。这三年，全校教师都在这个舞台上亮相锻炼，这让教师们更自信，一批富有潜质的教师脱颖而出。但几年下来，大家也发现，教师们对“涛声依旧”的教研方式产生了审美疲劳，有些教师失却了当初的激情，缺失了更多的期待。如何改进校本研修，需要我们思考和调研。

为了把准教师的脉搏，听到教师们更为真实的声音，我们采用无记名的方式，进行了三轮调研。

（一）第一轮调研——了解教师对原来研修模式的基本看法

调查发现，大部分教师肯定学校原来的教研制度对自己的帮助。大家基本认同目前的操作模式，如上课人选的确定方式、多给年轻教师锻

① 原文作者系浙江省杭州市下城区教师发展中心的张祖庆老师。收入时有删节。

首轮教师调研的主要结果

调查问题	教师选择与人数比例		
你觉得“精品课堂”学习时段对你的专业成长	帮助很大	有帮助	基本没帮助
	37.5%	57.5%	5%
你觉得“精品课堂”在哪些方面作用较大（多选）	培植教师自信	活跃教研氛围	提升反思能力
	25%	47.5%	50%
你觉得目前“精品课堂”活动形式	很好	有点单调	很单调
	37.5%	57.5%	5%
你觉得“精品课堂”给年轻教师的机会	比较多	还行	比较少
	60%	27.5%	12.5%
“精品课堂”学习时段，要求所有教师参与，你认为	学科相通很有收获	有所启发	浪费时间没有意思
	40%	55%	5%

炼机会、跨学科开展活动等。但教师们也反映了教研模式比较单调、研究范围偏窄、效率不够高等问题。

（二）第二轮调研——让大家为校本研修“开方”

有了上述基本态度的确认，我们又进行了第二次调研。在将教师第一轮无记名投票结果统计印发给大家的同时，征求大家对“周五‘精品课堂’学习时段”的改进意见。以下是部分教师观点的摘录：

- 时间太长，要压缩、更精练，小组讨论时间略显拖沓，时间再紧凑些，不要形式化；
- 应在活动形式和研究内容上做文章，力求活动新颖、实效，内容更具前瞻性、引导性；
- 诗意一些，放松一些；
- 适当地改变一下形式，给老师们新的刺激；
- 有针对性地开设多类型的课，如语文课可以开设识字教学、拼音教学、作文教学的课；
- 理论、科研能给年轻教师更多的辅导，例如，如何撰写论文、如何写课题方案等；
- 真真切切沉下心来评价课堂教学，挖掘内涵，取长补短。

这轮调查更真实地了解了教师们的想法。大家为改进校本研修提出很多建议，反映了教师们对自己专业成长活动的期望——更富诗意，更有收获，更有成效，这为校本研修“大变脸”奠定了舆论基础。

（三）第三轮问卷——让大家为校本研修免费“抓药”

在第三周的校本研修活动结束时，教科室将第二轮调查问卷的结果印发给教师们，然后让他们细读后，完成第三轮问卷的两道题目：

1. 上述1~25条中，你最认同哪几条？

2. 假如让你来设计精品课堂，你有哪些新的点子？（以下为主要观点摘录）

- 可以把教学设计搬到大众面前，然后再进行课堂演绎；精品课堂的前几天，可将上课内容事先发给老师们，同学科的老师可以试着对该内容进行教学设计，这样在自己经历过以后再听精品课堂，可能更有感悟。
- 能否形成文、理科两组并行的方式展示精品课堂的研究成果，这样机会将更多，研究的内容将更专一，氛围会更好。
- 对有研究价值、有较多争议的问题，可以以开放的方式，众说纷纭。
- 上课人选最好是自愿报名，从竞争中产生“精品”。
- 尝试让孩子评课，听取纯真直白的感受。
- 每学期安排一次观看教育类的感人电影。
- 可举一课例，选取比较有争议的案例，让老师们展开讨论，针对不同教学设计讨论可行性，从而使老师们有所提高。
- 同一教研组老师针对某一课题，共同设计教案。
- 利用先进的网络技术，提高教研的技术含量。

在第三轮调查中，教师的思考显然更为成熟和理性。他们已经作为校本研修的设计者，思考自己的专业成长活动的策划。不少教师的点子相当有价值。事实上，我们后来推出的新方案，就有不少举措脱胎于教师们的建议。

[**案例分析**] 教师研修策划不可“理所当然”，而要“把准脉搏”。要想让教师接受并认同一项新鲜事物，必须充分而准确地把握教师的思想。通过三轮问卷调查，学校准确地把握了教师的思想脉搏——大家对原有校本研修制度的大致认同、适度不满以及渴望理性而诗意的教研生活。调查较为全面地了解了教师的需求，尽管有些设想目前还难以全部

满足，但调查也是教师需求的倾诉渠道，有利于活动开展中的理解和沟通。

要让教师从校本研修的“执行者”变为“设计者”。教师在参与研修活动的策划与设计的过程中，更加主动地投入到研修之中，体现了“教师是研究主体”的价值取向。研修策划是否成功，关键是看它能否促进教师自身素质的发展。要变校方“强迫参与”为尊重教师的“因需设研”，从教师的需要出发，让教师觉得校本教研能满足自己的成长需求，而不是为了实现领导的个人意志。

在形势背景的分析与教师需求的调查之后，策划者应该明确提出研修活动的主题和目标，就“为什么要举办这次活动”有明确的思路，对“这次活动试图解决什么”有基本的框架，对“活动可能会对教师产生哪些影响，有哪些收获”有所规划。

（二）活动过程与任务的设计

在过去的教师研修中，常有两种倾向。一是参与形式缺少变化，教师参与积极性渐渐降低。这在学校教研组中比较普遍。二是因为时间、空间的限制，参与面狭窄，出现少数同志热情、多数同志冷观的局面。要让教师真正融入研修活动，需要设置一些参与性的任务，需要丰富教师的参与形式，给每个人具体明确的任务。

通过参与点的设计，让教师从从属地位转变为主动作为，让每一环节都成为有价值的活动。参与点的设计需要实践的智慧。参与方式多样化，参与角色适当分工，尊重教师参与的选择性，为不同层次的教师设置不同的参与可能，让他们循序渐进地参与。教师的参与设计不仅仅在集中活动中的现场，要有机整合活动前和活动后的相关活动，让系列活动在铺垫中推进。

案例5-4

“怎样的作业才有效”的研修策划

针对教师中广泛存在的不加筛选地布置“拿来作业”的现象，必须引导教师学会分析作业的设计意图，学会鉴别有效作业与无效作业，从而提高作业择配的能力，形成分析作业的良好习惯。为此，我们确定了关于有效作业的研究课题，策划了“怎样的作业才有效”的研修活动。

活动包括分别研究与集中研讨两个环节。

在集中研讨的前两个星期，选定三种不同版本的同步练习册，请教师们按以下流程分工研究这些练习册的同篇课文（或单元）的作业。具体任务与流程包括：(1) 结合课程标准，逐题分析作业意图；(2) 从有效性的角度逐题分析、评点作业；(3) 基于逐题分析，梳理有效作业的特点，形成自己判断作业有效性的判据；(4) 提出该篇课文（或单元）的作业方案，并有为什么这样布置的清晰思路。

集中研讨那天，请每位研究者分别报告自己的研究发现与典型分析，发表关于作业布置与改进的观点与建议。从分析作业意图、评析作业的质量，到分析篇章作业与单元测验的功能与布置思路……

[**案例分析**] 这一研修策划的关键特点是参与性强，参与研究的教师有明确的任务，从而促使教师们处在学习与研究的兴奋之中。要提高活动的参与性，一是活动目的要非常明确。该案例试图引发教师对习以为常的作业布置习惯的反思，形成基于功能分析的作业择配方法，在请教师做“作业评论师”时，让教师进入反思的角色。二是任务要具体、有操作性。案例中的任务与教师日常工作非常接近，使教师们在完成前延后展的任务的过程中，清晰而自然地循阶而上。如果没有这四点具体任务，很多教师会觉得无从下手。三是任务须与理性思考相结合。案例中教师既要做作业的逐题分析，又要梳理有效作业的特点，从而保证行动与思考两个层面都有真实的参与。四是重视“预研任务”。研究不只发生在集中研讨的现场，通过“预研任务”，让集中研讨在充分准备的基础上进行，促进更为丰富的生成。

（三）教师研修活动的准备

明确活动目标、做好活动过程规划后，要着手进行活动的具体准备。按照习惯，我们会强调活动准备要充分。不过，要有充分的准备，更要尊重真实的生成；要有所准备，也要有所不备，“预设”应该为“生成”服务。

除了场所、条件等硬件准备外，教师研修活动的准备主要包括以下五个方面。

1. 活动的基本结构

要规划好活动的各个主要环节，包括哪些要事先准备，哪些要留有空间，事先准备的基本要求和注意事项有什么，事先准备的诸环节之间怎样联系，等等。

在策划具体活动环节时，经常需要有唤醒、热身、促进对话与生成的智慧。唤醒是指怎样迅速引发教师们对主题的关注，有的采用言语强调，有的利用情景设置，有的通过现实反思，其关键是唤起参与者的切身体验。热身是一个铺垫性的环节，为的是让教师们熟悉研修任务，感觉任务并不困难，从而更为轻松和自信地投入任务之中。

2. 体现主题的研讨引子

研修活动肯定要有明确的主题。既体现主题、传达思想，又激发思考的引子（如公开课、主题发言等），往往是活动策划的重点。但不能站在确定结论的一面来呈现它。因为其功能是促进讨论和生成。当然，引子的设置要有利于研讨的聚焦，反映参与者的研讨共同点（挑选大家认为相对重要的问题），体现寻求解决问题的前提性条件（先要解决什么）。

3. 促进参与的现场任务

要让参加活动者有具体的任务，才能使大家融入研究团队。所以，要规划好教师们能够现场思考或讨论的议题，以及促进大家深入参与的机制。

4. 承载信息的文本资料

教研活动不能仅仅停留在听听、说说，要适当借助文本载体，将明确的信息以及供延伸学习的资料发下去，以延长教研活动对于教师工作的影响。

5. 促进对话与生成的预案与方法

在教师们的眼里，令人期待的教研活动一定是有交流、有互动、有知识共享的对话。但最困难的是如何促成有效的对话与生成。

教师研修中的对话不是统一思想，而是思想交流、知识共享。所以，不能试图去说服另一方，而是彼此交流和质疑，展开批判性的对话。批判性的对话是一种技能，具体而言是积极“公开自我”，是不断“倾听与回应”，是“悬置己见”，是不断有“必要的冲动”，其核心是让每位教师都实质性地卷入到研讨之中。

不少组织策划者不敢为“生成”留太大的空间，一怕“生不成”，二怕意外的“生成”。成功的研修策划，应该对“生成”有所预期以及有促进“生成”的预案。常用的促进生成的方法有：(1) 现场点评。许多有价值的想法产生于教研活动的具体情境中，现场的即时点评会将不知不觉中形成的观点和建议点化出来。(2) 有结构意义的追问与记录。如“这堂课在教学中究竟采用了哪些教学方法?”“为什么要采用这些方法?”“有没有更好的改进建议?”这种追问模式以及类似的有结构性的辅助记录表，会有助于参与者抓住关键问题。(3) 随时思考与随手笔记。目前，教师的记录常是所见所闻，但比此更重要的是所思，特别是现场瞬间的念头，常常是最有价值的生成。(4) 记录、整理与再研究。有些生成可能无法在第一时间被觉察。所以，教师们要养成事后再整理研究的习惯。如有条件，最好还有会议纪要或研修通讯等物化形式来保留研究前进的轨迹。

研修策划时，要处理好预设与生成的辩证关系。周密准备，不是过度准备、墨守计划，把教研活动当作预设节目的流畅表演。充分准备，不是为了展示，而是为了促进教师交流的“火花”的绽放。

> 预设要为生成服务。教研活动不是展示，而是促成研究。

(四) 行为跟进：教师研修活动的延伸

教师研修活动的收获与成效主要反映在两个方面，一是认识上的进步，二是行为上的改进。

1. 共识的达成

研修活动后，要及时认真地将研究中认识的提高和关于教育教学改进的建议整理出来，以使后继的教育教学在新的“台阶”上前进。研修共识一般有两种：一是理解，即对某些事物的认识，它可能从最浅显的道理出发，提升为指导教学行为的基本理念，甚至在条件成熟时系统化为教师自己的理论。二是建议，即对进一步行为的操作框架，可以是关于教育教学进程的操作，也可以是关于研究分析的进一步操作。

2. 行为跟进

研修活动不能仅仅停留在认识的提高，光说不练未必有效。只有将研究共识转化为教学建议，并进一步转化为具体教学行为的改进，这才是研修的真正目的。所以，我们在研修结束时要问参与者一个问题：“下学期最想尝试做的事情是什么?”

我们倡导引入叙事研究的方法，以案例的方式研究和改进教师研修活动。教师们既可以从一类活动入手，去总结某一类型研修活动的经验；也可以从一次活动入手，反思活动的得与失，讨论提高活动质量的方法和建议。

教师研修活动案例的呈现形式应特点纷呈，可以夹叙夹议，以议论分析为主；也可以叙议结合，以叙事介绍为主；也可以以活动实录的形式来展开。研修活动案例的一般体例包括：(1) 活动策划的背景（包括教师需求的分析等）；(2) 活动目的（明确要解决的问题）；(3) 主要设计及意图（活动过程的设想）；(4) 实施过程与重要细节；(5) 收获与反思。当然，我们无意以一种模式统一丰富多彩的所有教研活动的叙述形式。只要教师们带着研究的眼光去参与教研活动、认识教研活动，只要教师们重视教研活动中的收获与效率，那就是校本教研精神的体现。

三、有效教师研修活动的特征

（一）研究主题与形式的针对性

教师研修活动的针对性要包含两层含义：一是解决问题的针对性，二是相对于参与者需求的针对性。研修策划者要努力在研究主题与研修形式两方面体现这两个层面的针对性。

例如针对当前对作业负担较重的质疑，组织教师们研究评估日常作业的有效性，梳理有效作业的特点，从作业反思与改进入手，尝试创新作业的设计。面上，通过作业设计案例评比，发动更多教师参与其中，身体力行改进作业设计；点上，课题组的核心成员与基地学校一起研究作业功能等关键问题，指导与培育作业整体改进的样板学校与典型实践案例。这些属于研究工作的规划。其间的作业设计评比与研讨会则是需要策划的研修活动。

当然，不同学段、不同学科的作业的功能与分析思路会有一定的区别。任何一次教研活动，其实都有一个背景。我们能否把握住背景中本质的一面（包括客观形势与自身基础的特点），从而明确本次教研活动的意图、目标与主题，这是教研活动策划的要点。

当然，活动目标的确定，既要有长远意义的考虑，还要有明确具体的操作性。组织者与参加者都应该能说出试图通过活动解决些什么。在组织教研活动中，常见的毛病是主题过大，傍借大形势的话语，缺乏活动本身的所指，从而难以生成较为集中的、针对性的讨论。

当然，不同人群所关心的话题也是不同的。教研活动的针对性同时要反映对不同人群需求差异的把握。以城市教师为主，还是以农村教师为主；以年轻教师为主，还是以中老年教师为主；以同学科教师为对象，还是多学科教师的综合活动。活动的组织策划要有“观众意识”。

案例5-5

透过开满鲜花的名师课堂①

——“青年教师成长联盟”沙龙

（一）策划缘起

随着新课改的推进，历来活跃的小学语文界呈现百家争鸣的态势，新的课堂教学风格和流派纷纷涌现。各派名师的经典课堂广受关注，并成为一线教师揣摩、仿效的范本。物极必反。高度仿效容易造成盲目崇拜，让语文课堂陷入“跟风”的误区，容易使部分教师忽视自我审视语文课堂能力的培养，忽视自己教学思想的生成，忽视对“家常课”的兴趣和打磨。作为一线教师，如何研究和学习诸多名家的教学艺术，如何将研习为己所用，是基层教师最需要的学习能力。因此，我们策划了以研习名师课堂教学为主题的教研沙龙活动，组织青年教师在观摩、分析名师课堂实录与片段中理解与质疑、修矫与丰盈自己的语文课堂教学理念和行为。

（二）活动策划

1. 前期准备（一个月）

	活动任务	思考任务	研习资源
课堂观摩	观摩1~2节王崧舟、窦桂梅、孙双金、薛法根的经典课堂教学光盘，重点揣摩	1）你更欣赏哪几位名师的教学风格和理念？Why? 2）你有什么疑惑？什么感受？	［课堂教学光盘］ 王崧舟：《一夜的工作》《二泉映月》 窦桂梅、王崧舟：《圆明园的毁灭》 窦桂梅：《秋天的怀念》 孙双金：《泊船瓜洲》《黄河的主人》 薛法根：《爱如茉莉》《军神》

① 王乐芬．名师课堂：从“跟风”到“解构”：记“青年教师成长联盟”沙龙［J］．人民教育，2007（9）：48－50.

续表

	活动任务	思考任务	研习资源
实录研读	选择自己感受深刻的课文，对名师课堂实录进行比照研读	1）同样的课文，名师设计的主要差别在哪儿？ 2）透过文字，你感受到他们教学理念的差异在哪里？	［课堂教学实录］ 《二泉映月》：王崧舟、孙双金 《我的战友邱少云》：王崧舟、孙双金 《秋天的怀念》：窦桂梅、邹清、钱锋 《圆明园的毁灭》：王崧舟、窦桂梅 《卧薪尝胆》《爱如茉莉》：薛法根

2. 研究与分析——第一次沙龙（2～3 小时）

	活动任务	思考任务
走近名师	自由发言，谈谈自己在学习名师课堂实录、课堂教学光盘中的感受，分析教学艺术风格。	1）你怎么看四位名师对语文课堂教学的诠释？ 2）你认为谁的观点最接近你的理想课堂？
名师自白	梳理名师们的语文观及追求的语文课堂教学风格 王崧舟：诗意语文；精致、和谐、大气、开放…… 窦桂梅：主题教学法；语文课的“三个超越”…… 孙双金：情智语文；“小脸通红、小眼发光、小手直举、小嘴常开”的好课观…… 薛法根：清新朴实……	

续表

	活动任务	思考任务
名段赏析	观摩最能反映四位名师教学风格的课堂教学录像片段（每个片段5～10分钟），并交流。 王崧舟：《一夜的工作》（反复摩诘“极其简单”片段） 窦桂梅：《秋天的怀念》（文本拓展《我与地坛》片段） 孙双金：《天游峰的扫路人》（“问题梳理”片段） 薛法根：《爱如茉莉》（“学生说自己周围的爱情”片段）	1）如何看待这些颇富争议的经典课堂教学片段？ 2）联系在“前期准备”中感受到的名师对同一个课的不同处理，谈谈你对各位名师的经典手法、课堂操作技术的理解。
他山有石	屏幕阅读小学语文教学评论专家、著名教育网站“人教论坛”和“教育在线”的知名网友、普通教师关于四位名师的较有代表性的评价和观点。	1）你觉得这些观点是否有道理？为什么？ 2）选择自己感兴趣的一个话题，发表你的观点。

3. 论坛式交流——第二次沙龙（2小时）

	活动任务	思考任务
原点叩问	自由发言，谈谈在研习过程中深入认识的语文教学观、教学设计原点。	1）语文教学的原点在哪里？ 2）语文课的终极目标是什么？ 3）语文课堂教学设计，最重要的应该把握住什么？
经典反哺	联系新课程标准，重新回读著名教育家的教学观点和至理名言，如孔子、苏霍姆林斯基、叶圣陶等人的观点。	
透视课堂	深入探究：透视名师开满鲜花的课堂，透视名师娴熟的课堂技术，分析名师课堂存在的语文课的本真意义与魅力。	1）名师的课是否紧扣语文教学的原点？ 2）一线教师如何看课？关注的是教师的才情？学生的表现？还是师生生命在课堂上的发展力度？

续表

	活动任务	思考任务
生成观点	概括自己在一个多月的研习中的心得体会与观念提升，交流自己对于建构新的语文教学观的思考和操作设想。	1）打算吸纳哪些先进理念、经典手法、娴熟技术，使自己的家常课更富生机？ 2）我的语文教学观是什么？根据自己的气质、认识和情趣，如何提升认识、丰厚底蕴，建构自己心中的语文？

4. 后续研究与展示交流（一个月）

（1）要求“联盟成员”思考“我心中的语文”，写一篇论文或随笔。

（2）思考“我心中的语文”，设计一堂体现自己语文观的家常课。向本校同行公开，并陈述自己教学设计的基本思路。

[案例分析] 有效的研究必然是针对现实所需的。针对教师对于名师课堂的“模仿多，消化少”，案例中的学校细致地策划了教师的分别研习与教研沙龙。策划的精彩之处在于对活动任务与思考任务的清晰规划，对于两次沙龙的思考讨论进程的把控与引导。活动打破了以往听骨干教师、权威教师专题发言的常态教研形式，营造了一种“开放、民主、争鸣、碰撞”的教研氛围，将教研活动变成一个“长作业”（从准备到后续研究历时数月，深入有效），让教研活动中教师有“活”有“动”（每一位教师都能在沙龙研讨中生成观点和问题，并能有参与发表见解的机会），让教研活动“动而不散”（通过前期准备与研讨过程中的“任务导引”，紧扣教师的需要和可能的“发展区”），让教研活动“余味绕梁”（重视后续研究环节，关注教师理念和行为的跟进）。

（二）活动过程的可参与性

有效的活动，须树立以“参加者”为中心的意识，通过具体的操作性设计，让参加者真正融入活动。

学习与提高需要必要的任务驱动。可以是操作任务，也可以是思考任务；可以是明确规定的任务，也可以是暗示性的任务或诱导性的任务。教研活动应该善于设置让参加者感到值得思考或行动的参与点，并为大家的参与提供及时交流的机会。

除了任务设置外，可参与性还体现在研修活动中的平等、合作与分享的氛围。教研活动不是组织策划者为参加者提供解决教学问题的准确回答的活动，而是组织者搭建平台、营造氛围，为参加者自己提出问题、分析问题和寻求解决问题提供专业支持的过程。

案例 5-6

面对学生错误的智慧与方法

针对教师中普遍存在的“作业有批改却无分析”的现象，A 小学的数学教研组策划了一次教研活动。在教研组会议上，首先请两位教师（事先有准备的）分别讲述自己在分析学生错误的基础上改进教学的故事（这是活动的研讨引子，第一种参与形式）；然后请现场的其他教师即兴讲述自己的类似故事（这是一种热身，第二种参与形式）；在大家逐渐活跃起来后，主持人提供一个学生答题错误的案例，让大家独立思考 15 分钟后分别将自己对学生思维过程的分析、错误原因的分析和教学启示写下来（这是一个要求人人参与的现场作业，也是最重要的以独立思考为特征的第三种参与形式）；随后，与会教师分别发言，交流讨论，有记录员将大家发言中的关键词或要点记在一块白板上（这是第四种参与形式，它意在促进生成，为解决问题积累素材）；在热烈讨论结束之际，主持人根据白板的记录进行活动小结，现场梳理并生成了如何分析学生错误的思路方法（在活动的最后，生成解决问题的建议，从而实现建设性的目标）。

（三）解决实际问题的建设性

针对性是一种预想，可参与性是一种可能，而解决具体问题的建设性是研修活动有效性的真正体现。前两者靠的是组织策划者的预设，而后者主要靠参与者的生成。不过，针对性与可参与性都是活动是否有“建设性”的重要基础。

教学研修活动是教师成长与进步的“扶手”，而“蹬阶”的关键是研修活动后形成的帮助教师改进教学行为的理解与建议。如果活动中大家或人云亦云，或激烈争辩，但没有形成明确共识的话，明天的教学就还会是“原来的星星”和“原来的月亮”。当然这种共识并不仅指需要大家共同接受的结论，可能很多时候它会呈现为大家对多种行为的具体分析。

（四）研究主题的连续性与渐进性

试图通过一次活动就把解决掉问题是不切实际的。一次活动能给予教师的影响是有限的。而要转变教育观念、改进教学行为，需要坚持对某一主题进行多方位的持续研究。研修活动只是关键性的促进的机会，在几次活动之间的岗位工作能否亦是持续研究的一部分，是决定研修成效的关键。

所以，成功的研修策划应善于使教研活动的影响扩展到平时的工作实践中，将若干系列性与连续性的表面相异而实质相关的研究活动联系在一起。

对某一主题的阶段性的连续研究，应该体现“螺旋式上升”的特点，它是达成共识与行为跟进的“螺旋式上升”。它可以是大主题下的小专题的深入“剥笋”，也可以是分工研究的共享交流。

案例 5–7

研究主题滚动深入的教研活动[①]

情境教学常能促使学生自主探究地学习，但不少教师却对情境创设有所误解，出现情境设计随意、应用过多过滥、脱离教学目的等误区。为此，我们就如何优化情境教学，组织系列研修活动。通过三个主题的课堂教学设计与观课分析的螺旋推进，促进大家对情境创设的方法与策略的理解。

第一次活动的主题是：**情境创设的科学性、有效性。**

在第一次课上，教师采用学生模拟表演形式，带领学生融入历史、体验历史。还有大量的图片和实物情境，构思巧妙，极富创意，发挥了情境教学的优势，激发了学生兴趣。但这堂课的个别情境与学生的认知

① 根据浙江省温州市第十七中学吕晓老师的案例改编而成。

水平不符，没有产生预想效果。另外大量图片和材料一晃而过，利用率不高，有些资源浪费，也不利于教学目标的达成。于是，教师们开始策划第二次活动。

第二次活动的主题是：**提高情境的利用率，情境创设要少而精。**

在第二次课上，学生在情感体验中获得新知，学生直白的情感表露时时推动着课堂气氛进入一个又一个高潮，创设的每一个情境都为学生的情感体验创设了氛围，使学生在获知的同时，能力有了提高，情感也有升华。但这堂课也出现了新的问题，就是教师过于重视自己创设的情境而忽视了学生在课堂中生成的新问题、新情境。于是，第三次活动的构思又出来了。

第三次活动的主题是：**处理课堂中情境的预设与生成的问题。**

在一个学期中，通过连续三次的、同一主题的、渐进的教研活动，社会组教师在课堂教学中进行情境创设已成为一种自觉行为。

（五）关注过程的生成性

教研活动与传统的培训相比，它有活动过程中可参与性的机制优势，而且，教研活动过程中可能会产生超越预设的新的生成。这种生成，既有个体意义的，也有共同意义的。教研活动的有效性常常反映在对这种生成的敏感、驻留与利用上。

教研活动的目标达成并不像“走路”。它没有明确的起点与终点。它的达成是在真实参与的积累后的无形提升，而且教师们的目标达成要比学生学习更具分化性。这也是教师们参加相同的教研活动，而被影响的程度可能相去甚大的原因。所以，在教研活动中不必采用及时评价来观察教师的进步，而要鼓励大家真实投入，要相信对过程的真实投入就必然会有真实回报。

（六）理论结合实践的指导性

由于教师工作性质的原因，大家往往实践经验丰富，却难以用理论来解释和指导自己的实践，因而局限与制约了教师实践发展的可能。而如果能够帮助教师在教学改革活动中道出其所以然，那教师教学行为的改进就会有稳定的理念支撑，教学行为的传播与推广才会有相应的支持。所以，教师研修活动的水平与质量常常反映在理论能否很好地与实践结合，能否帮助教师形成基于实践的理论。

教师培训与教师研究都应把沟通教师的理论与实践作为着眼点。我们的目标并不在于理论研究的深奥，而在于教师能讲出教育教学的朴素道理。教研活动是促进教师学习理论与应用理论的“链接”与“导引”。如果能够通过理论的学习与运用，根据自己对教育教学规律的理解，将自身的实践经验抽象化或系统化为更高层次的理论雏形，这就是教育教学研究的较高层次。所以，教研活动的水平与质量也反映在能否很好地促进理论与实践结合，能否帮助教师形成基于实践的理论。

随章任务

1. 建立与推广学科关键能力的分项等级评价

以下是体现“分项等级评价”思想的小学数学考试的故事。

在一次孩子转学考试的现场，我发现一则出于诊断分析目的的学科能力分项等级评价。当时考试刚完毕，老师进行面批和情况反馈。我发现试卷上没有习惯的分数，各大题小题也没有赋分，只是试卷标题下有一张短表。老师在相应栏目上批“优”、“良”等级。

项目	基本概念	基本计算	数学应用
评价			

老师先叫过一个女孩，分析说：“你很认真仔细，计算部分做得很好，基本都对，优秀；但你的基本概念掌握得还不够好，有些概念还没有完全弄懂，综合起来是良好；这次的数学应用，你得的也是良，有些联系实际多一点的题目，你容易错，看来下阶段你要在灵活性方面下点功夫……”

随后，老师叫过我的孩子，摊开试卷分析说：“你是一位非常聪明的孩子，但你有些马虎……计算部分的许多错误是可以避免的，老师真为你感到惋惜。你的知识面很宽，但拓宽知识面要真正弄懂，基本概念的一些错误主要错在一些似是而非的题目，你喜欢将课外了解的、还一知半解的知识在试卷上露一手，结果反倒错了。你的数学感很好，别的同学很容易出错的应用性问题，都做得很好。你的潜力不小，但马虎粗心不克服，再聪明都难考出好成绩。”我的孩子概念与计算都是良，数学应用却是优秀。

对于两位同是“两良一优”的学生，依照传统评价方法，只能得出相同分数的结论，老师的建议也不过是笼统的“要抓紧，要努力”。而采用分项等级评价后，老师竟然能够分析出这么多有帮助的建议，这真让我开了眼界。

（节选自：张丰．了解并激励孩子的成长：过程性评价实例随笔［N］．教育信息报，2009－07－11．）

阅读以上故事，体会基于学科关键能力的分项等级评价方法的意义，并认真研究本学科的关键能力的发展规律，思考如何抓住关键期（年段），运用多元化的评价方法促进这些关键能力的进步。请以某一学科（最好是小学语文）为例，设计一个基于学科关键能力循序成长规律的、有较好操作性的分项等级评价方案，并参照案例5-1制订在本校推广实施分项等级评价的研究规划。

2. 旨在改进作业环节的研修策划

当前，作业功能的异化，导致学生负担加重和学习效率下降。教学过程管理必须重视作业管理（包括作业布置、批改和讲评等）和作业改革（主要指作业设计上的创新与改进），引导教师关注作业改进，提高相关能力。案例5-4和案例5-6都是关于作业的研修策划，请参照这些案例，选择教师作业行为的某一方面策划一次校本研修。

3. 关于学科命题技术的参与性研修

案例4-12“小学语文阅读题研制的问题与对策”反映了一位语文教师研究与改进命题的探索。请结合你所任教的学科，找一个角度，深刻分析本学科命题中存在的问题，提出改进命题的思路，并参照案例4-14策划一次提高教师学科命题技术的参与性研修。

第六章

实践的观察

研究工作的展开中，须保持对行动的持续的观察与反思，积极完善行动措施，积累认识与体验。

问题 1：研究过程中需要收集哪些资料？

问题 2：研究进展反映在哪些方面？

问题 3：如何选择或综合运用实践观察的方法？

问题 4：如何合理地获得反映研究进展的证据？

问题 5：如何基于证据评估和完善行动措施？

研究的基本过程

实践观察的常见方法

掌握调查方法的四个方面

类型　流程　技术　应用策略

问卷调查： 借助较为严格的调查问卷，获得可比性较强、便于量化的描述实践的间接信息。准备策划量大，但实施过程的时空限制较小。

访谈调查： 借助相对开放的访谈提纲，在交谈中获得描述实践的间接信息。因以质性信息为主，可比性不强。准备不复杂，但实施需时较长。

观察调查： 研究者进入现场，较为全面地获得描述实践的直接信息。虽需一定的工具，但也允许自由突破。准备简便，但实施的时空限制较大。

测量调查： 借助严格的测量工具，以获得量化的描述实践的间接信息。因工具的标准化要求较高，准备费时，应用不多。

“计划—实施—观察—反思”是教育行动研究的一般步骤。一项研究总是始于“计划”，而后是多个“实施—观察—反思”的“螺旋式上升”。“反思”是下一个“螺旋”的“计划”，它在实践的基础上，基于“观察”得到的证据生成观点，并调整进一步实践的计划。所以，实践的观察是决定研究质量的重要环节。这是一种广义的活动，是对研究实践中的相关信息的发现与获取。

对实践的观察也可以视为广义的调查。其方式有很多，应用较多的有问卷调查、访谈调查、观察与测验等。这四种方式各有特点，并存在渐变的趋势（见表6-1）。

表6-1 四类实践观察方式的特点比较

	观察研究 访谈调查 问卷调查 测验
信息的直接性	直接信息 ---------→ 间接信息
方法的严格性	不甚严格的方法 ---------→ 严格的方法
信息的可量化	信息不易量化 ---------→ 信息容易量化
调查的适应性	调查运用的适应性强 ---------→ 适应性弱
调查的时空限制	调查的时空限制大 ---------→ 时空限制小
时间精力的投入	准备阶段时间精力投入不大 ---------→ 投入较大
	调查过程中时间精力投入大 ---------→ 投入不大

如果说观察研究侧重在点的分析，那问卷调查侧重在面上的分析，访谈调查介于两者之间。观察可以视为针对某一点的分析与调查。而调查则可以笼统地视作观察实践的主要方法。所以，调查研究与观察研究存在内在的联系，但两者又有不同的特点与倾向（见表6-2调查研究与观察研究的进一步比较）。

表6-2 调查研究与观察研究的比较

	调查研究	观察研究
应用领域	社会科学研究所特有的方法	在自然科学研究与社会科学研究中都有应用
适用范围	用以了解现象，也可以分析内在联系	用以直接了解事物、过程的外部现象和外部联系

续表

	调查研究	观察研究
信息特点	规律性的、透视或折射的、整体的、可能有真实性损失的间接信息	客观的、原始的、偶然性的、可能片面的直接信息
空间限制	没有空间限制，调查取样甚至可以跨国界	空间限制明显，仅限于某一时刻某一空间情境
时间限制	可以用来了解过去的情况，也可以了解关于将来的倾向	仅限于对现在正在进行的事情的观察
效　率	效率较高，短时间可以获得大量信息	获得信息与观察时间相关
适应性	需要一定的准备和设计，即时调查有难度	随时随地可以进行，适应性强
信息收集方式	目的性明确，对经筛选的有关问题（项目指标）采用扫描式信息收集，计划性强，但有一定的定式	可信度高，采用全面自然的、全场境的信息收集方式，善于捕捉细节，容易有意外的发现
被调查者	有抗拒的可能，抗拒也可能是隐藏的	无法抗拒的自然观察
信息处理	容易量化，便于处理	描述性的信息，不便处理

一、问卷调查的设计与应用

调查研究是中小学教育研究的常用方法。有些课题以调查研究为主，自然十分关注调查设计。但在大部分课题中，调查只是研究的一部分。

问卷调查是用统一设计的问题对不同的对象进行调查，以了解情况或征询意见。所以，问卷一般包括“事实问题”与“态度问题”两大类。所谓“事实”系指曾经发生过的、现存的和将要发生的事件和客观现实，包括被调查者过去和现实的实际行为。“态度问题”包括两个层面，一是有关意见、看法、体会，二是有关价值或人格方面的观念。前者属于暂时性的看法；后者则是较为持久的认知。

问卷调查是应用较多的调查方式。因为，问卷调查的主要功夫在事先的问卷研制，所以调查的时空限制较小，面对被调查对象时较为统一整齐，调查结果的统计与比较相对方便。但问卷调查得到的是间接的信息，所以信息的采信有一点折扣，对调查问卷的编制与组织流程的要求也比较高。

（一）问卷调查的一般流程

调查问卷的要点主要有：目的、要素、对象、取样、形式、设计技术、数据采集方式、数据分析、结论、讨论等。其中影响调查的信度与质量的关键有：取样技术、调查要素的确定与定义、问卷设计技术、信息与数据的分析技术等。具体流程见图 6-1。

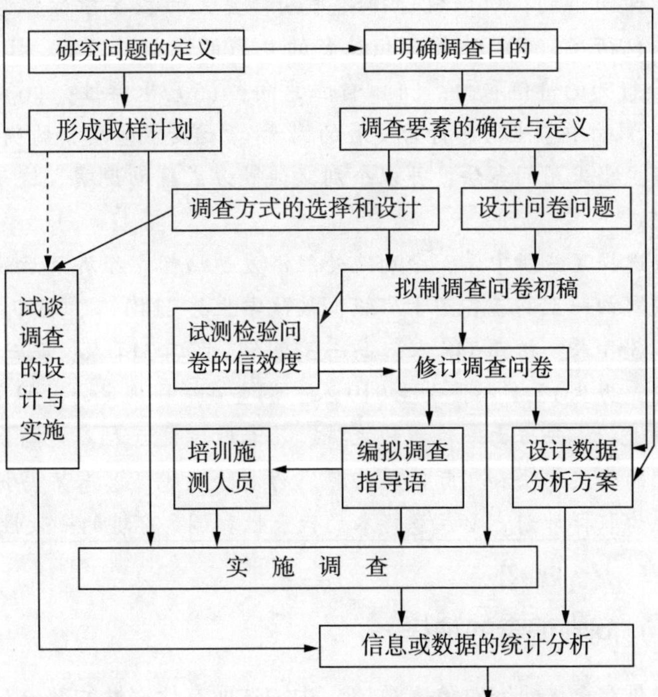

图 6-1　问卷调查设计与实施的一般流程

（图中箭头表示步骤间的联系，同时又是该步骤的影响因素）

案例6-1

中学生社会成熟水平的调查[①]

作者提出“人的发展最终体现在人的社会性发展水平上，也即体现在作为个体的人，在内化社会规范、适应社会要求、承担社会角色、进行社会交往、掌握社会生活本领等方面所能达到的水准”。“人的社会性发展应与生理发展、心理发展并列作为人的发展的三个维度。我们把个体在社会性发展方面达到的水准称为社会成熟水平。”这是研究问题的定义。

调查目的是了解中学生的社会成熟水平，以及不同年级学生和男女学生间的差异。

因为“人的社会化是一个多侧面、多层次的复杂的动态过程，本研究不可能面面俱到，所以仅选择青年期社会化的主要指标作为调查内容。具体包括：（1）对个人和社会的关系的认识；（2）社会责任；（3）社会行为的价值取向；（4）自立意向；（5）乐群性；（6）职业意识；（7）影响中学生思想行为发展的因素”。这是调查要素的确定。

调查主要采用问卷法，并以个别交谈等方式辅助说明。这是调查方式的择定。

调查选择了三所中学，分别地处经济发达城镇、经济落后城镇和农村。每校取初一至高三各若干班级，被试学生共2140人，其中初一427人，初二333人，初三348人，高一312人，高二314人，高三406人；按性别分，男生1221人，女生919人。调查在统一规定的时间里，以班级为单位进行，每班由一位教师主持。答卷时不能互相参看与讨论，要求按自己的真实想法和实际情况回答。为消除顾虑，答卷不写被试者的姓名。此为取样计划。要注意样本的代表性和调查环境的一致性。

（二）问卷调查的抽样

抽样是在全体研究对象（总体）中，选取有代表性的部分对象组成样本，然后对样本进行调查，再根据样本的调查结果来推断总体的情

① 张宪尧，臧彩莲．中学生社会成熟水平的调查［J］．教育研究，1992（5）：28－34.

况，即“以部分来推断整体”。样本的代表性将影响推断结果的可靠性。要保证样本的代表性，一是取样方法要科学，二是样本容量不能太小（一般研究的样本容量应大于100人，相关性研究时的样本容量应不小于30人）。抽样方法通常有以下四种。

1. 简单随机抽样

简单随机抽样指的是，在总体中任意抽取一部分对象。抽取时要求保证每一个对象都有同等中选的机会。这种抽样方法适用于均匀的总体，即这个总体中个体间的差异不是太大。常见的抽签就属此类。

2. 等距抽样

等距抽样指的是每隔相等的若干个体抽取一个样本（也称机械抽样或规律性抽样）。例如，如果要在300名学生中抽取30人组成样本，那么将全体学生编号后分成30组，每组10人，然后按随机抽号的方法在每组学生中取1名。如果抽号为6，那么6、16、26、36……286、296等编号的学生就是被抽中的对象。

3. 分层随机抽样

分层随机抽样指的是将总体分成不重叠的阶层，然后从每一阶层中选取相应比例的随机样本。如要按学习成绩分层，在200名学生中抽取40人组成样本。那么，先统计各层次学生在总体中的比例，若优等生占15%，中上的学生占60%，中等生占20%，后进生占5%，那么，就从优等生中抽6人，从中上的学生中抽24人，从中等生中抽8人，从后进生中抽2人。

4. 群体抽样

因为在有些研究中，对象需要相对集中（如不能打破原教学班，教师调查需以校为单位），所以只能用群体抽样的方法，入选的样本不以个体为基本单位，而是小组或群体。这样有利于调查的组织，但会增加一些误差。

（三）问卷调查的调查要素

调查要素的定义指的是根据研究目的，将研究问题具体化、将概念操作化的过程。[①] 这涉及具体课题的研究目的与研究对象，先明确调查什么（调查内容），以及诸调查内容之间的联系。有些调查内容操作性

① 赵世明，王君. 问卷编制指导［M］. 北京：教育科学出版社，2006：32.

较强，如教师数、开设的课程、经济收入等信息指向明确；有些调查内容较为抽象、模糊，如心理健康水平、学习态度、元认知等，这就需要概念的界定，并明确概念分析的主要维度。

案例6-2

东南沿海地区小学生道德心理教育的调查①

——确定调查要素的课题案例

研究学生的品德心理发展规律，有许多分析视角。“形成思想品德的过程就是人在同环境的相互作用中实现社会化的过程”，道德的生成是社会规范与个体的“需要—行为”的矛盾的消解与发展。由此，道德通常反映为某一主体与客体（环境）之间的某种社会行为。所以，讨论道德心理的要素，可以以客体的变化为分析维度，形成以下调查要素。

主　体	客　体	心理要素	要素意义
个　人	自　己	自我意识	人们对自己价值、优缺点和重要性的认识，及自我评价与自我确定感
个　人	无义务的他人	利他意识（同情心）	对无义务他人不幸遭遇产生共鸣的情感，及援助性心理反应的程度
个　人	有义务的他人	责任意识	对道德义务的负责程度与可靠性，或对有义务他人的承责心理
个　人	集　体	集体意识	个人对群体利益的认识与维护的心理反应
个　人	国家民族	爱国意识 民族自豪感	个人对国家、民族的归属感与自豪感

（四）问卷调查的问题设计

关于问卷调查的问题类型，叶澜教授从功能的角度，将调查问题分为：（1）实质性问题（直接获得课题研究期望的信息）；（2）过滤性问题（用以判断答卷者是否回答实质性问题而作的回答分流）；（3）验证性问题（检验答卷者是否真实地回答某个实质性问题，也称测谎题）；

① 王炳仁，等．道德启蒙教育研究［M］．杭州：浙江教育出版社，2000：449.

(4) 补充性问题（用以帮助答卷者回答问题的一类问题）；(5) 调节性问题（回答一份较长的，或由两个不紧密相关的部分组成的问卷时的过渡性问题）。①

通常的分类是从问题的回答方式切入，将问题分为封闭式问题和开放式问题。如果考虑数据处理的思路，还可以细分为：分布分析的单选题、等级估计的单选题、频度排序的多选题、开放征询的简答题等。

案例6-3

分布分析的单选题

(1)“学生的心理健康比考试成绩更重要。”您赞成吗？

A. 赞成　　B. 不赞成

(2) 您认为，老师们适应新课程的最主要的困难在（　　）

A. 理念上难以接受　　B. 行为习惯难以改变

C. 专业素质有些差距　　D. 环境条件尚不具备

(3) 对于新课程的主张，您的真实反应是（　　）

A. 响应　　B. 理解　　C. 担忧　　D. 怀疑

(4) 有些中学有中考科目的月考制度。对此，您的看法是（　　）

A. 月考有利于提高成绩，我们也组织

B. 月考有利于提分，但按规定我们不能组织

C. 月考弊大于利，但我们还是要组织

D. 月考弊大于利，我们不再组织

[案例分析] 这类单选题的选项的意义一般是分散的、不连续的，结果统计时主要看选择各选项的分布比例。如问题（1）是一个非此即彼的是非式的问题，不设置中间项，为的是了解被调查者的直觉判断；其余问题均是最佳选择的单选题。问题（2）是完全发散的选择判断。问题（3）的选项尽管也是发散的，但选项之间有一种渐变的联系，“响应”表示认识与行为的反应都是积极的；“理解”表示认识是积极的，而行为不一定积极；“担忧”表示认识已不积极；而“怀疑”则完全是消极反应。问题（4）的四个选项构成一个“田”字，纵横两个方向分别代表“认识”与“行为”，四个选项分别对应知行均认同、知认同行

① 叶澜. 教育研究及其方法［M］. 北京：中国科学技术出版社，1990：86.

不认同、知不认同却行认同、知行均不认同，这是选项设置的一种技巧。问题（1）与（4）都采用了投射的方法，将问题内容转移到第三方，让被调查者对第三方的态度或行为作出评价，以投射出他对实际问题的真实想法。这样可以减轻被调查者的心理负担。

案例 6-4

等级估计的单选题

（1）与别的同学发生争执，老师要求你谦让时，你愿意吗？

A. 很不愿意　　B. 不是很愿意

C. 无所谓　　D. 愿意　　E. 乐意

（2）您觉得自己的专业能力能适应新课程的要求吗？

A. 完全能够适应　　B. 基本能够适应

C. 适应有些困难　　D. 难以适应

（3）你对自己班级集体的印象是什么？

请在每一答案所列的等级中选择 1 个合适的等级，打√

团结 　　涣散	民主 　　集权
1　2　3　4　5	1　2　3　4　5
快乐 　　沉闷	冷漠 　　温暖
1　2　3　4　5	1　2　3　4　5

[案例分析] 这类单选题的选项的意义基本上是连续的。问题（1）与（2）较为常见，这是等距序列题（或称语义区分量表），这是从心理学的等距量表迁移过来的。如果各个层级的语义表达有困难，也可以呈现为问题（3）的形式，此为等级式问题。在分析等级式问题的结果时，可以进行加入、平均等运算。

在等级估计的问题中，选项数可以是 3 个、4 个或 5 个。估计结果会呈正态分布的设 3 个或 5 个（区分要求高的设 5 个），估计结果可能呈平均分布的设 4 个。选项中描述程度的副词还有：优—差、很好—很差、非常同意—无可奉告、很经常—没有、很真实—不真实、非常重要—不重要、十分相信—根本不信等。①

① 杨小微，刘卫华．教育研究的理论与方法［M］．武汉：湖北教育出版社，1999：165.

案例6-5

频度排序的多选题

(1) 在以下研修方式中，您认为对自己帮助最大的是(　　)(请选择3～4项)

A. 参加继续教育　　B. 外出教研活动
C. 校内教研活动　　D. 师徒结对
E. 开展课题研究　　F. 撰写教育案例
G. 网上同行交流　　H. 平时同事交流
I. 自主读书　　J. 其他________

(2) 如果允许你另择学校，你会选择哪方面较为优越的地方(　　)(限选三个，按优先次序排列)

A. 对外交通　B. 经济收入　C. 文化环境
D. 办学水平　E. 校长水平　F. 家庭交通

(3) 您为孩子择校时，最看重哪些因素？(最重要，填9；次重要，填8；以此类推)

(　)办学水平(　)地理位置(　)硬件环境(　)升学率
(　)素质教育(　)学习费用(　)学校知名度
(　)孩子的适应性(　)其他________(请补充注明)

[案例分析] 多选题的各选项的意义往往是发散的、不连续的、难以穷尽的。按照各选项被选择的频次进行排序，可以进行归因或聚焦。这类“频度排序”的问题应用较多。问题(2)(3)均属排序式的问题，它要求被调查者区分判断各选项在自己心目中的轻重序列，这类问题似乎更精确，但结果统计相对困难，也不便回答，所以应用不多。

以上三类均为封闭式问题。问卷编制时一般已将可能的答案都准备好。不过，分布分析的单选题或频度排序的多选题中，还可能出现选项无法穷尽的情形，可以再设置一个选项“其他________”，由答卷人补充。这属于半封闭式问题。

与封闭式问题相对应的是开放式问题。它主要用来了解被调查者的独特思想。在调查结果处理上，一般采用描述性的罗列。题型主要有填空题与问答题。

案例6－6

开放征询的简答题

1. 填空题：请用最简洁的语言回答你在日常生活学习中

（1）最关心的问题是什么？ ____________

（2）最担心的问题是什么？ ____________

（3）最快乐的事情是什么？ ____________

（4）最苦恼的事情是什么？ ____________

（5）最想干的职业是什么？ ____________

2. 问答题：你对今后提高继续教育质量有何建议？

案例6－7

两例特殊的调查问题

（1）你听说过“研究性学习”吗？

（ ）A. 听说过　　　　B. 没有

①如听说过，您觉得学校开展“研究性学习”的主要困难是什么？

____。

②如没有听说过，在第一次听说该名词时，谈谈你对此的第一理解。

____。

（2）看故事，回答后面的问题。

心中有“鬼”

李明和徐红恋爱有一年了。他俩相亲相爱，已经准备筹划婚事了。李明因八年前和一伙同伴砸了某电器商店而被关押过三个月。虽然此后他都遵纪守法，并找到了一份工作，但他还是心事重重。这事告不告诉徐红呢？她会不会不理解？她父母会不会不同意这门婚事？李明很不安，婚前他是否可以把一些事情隐瞒起来不告诉徐红呢？

问题1：李明找你商量，请你做参谋，你说告诉还是不告诉？

问题2：为什么？

问题3：假如李明是你的舅舅，请你给他出出主意。

[**案例分析**] 问题（1）是一道分叉性问题，它可能获得两方面的信息：一是教师中接触过研究性学习的比例；二是对研究性学习的两个角度的理解。问题（2）是故事情境下的追问，它通过角色融入后的反应，来判断观察被调查者。当然这类开放的问题更多地应用于个例研究，因为这类问题的调查结果很难进行统计分析。

在问题的编制与表述中，有许多要领与技巧。这是提高调查获得信息的真实性和有效性的重要技术。具体有：

（1）问题应与研究目的和主题紧密相关；

（2）问题表述应简明、通俗、准确，避免意义双关的问题，一个题目中应只包含一个问题；

（3）问题表述应中性、客观，不使用有暗示或引导性的语言；

（4）问题应尽可能让被调查者比较流利地回答；

（5）措辞礼貌、得体，不涉及被调查者的隐私或苦恼，不给他带来社会或职业压力；

（6）题目的选择项应可以穷尽，选择项应具有排他性；

（7）尽量不使用否定性的题目；

（8）问卷应尽可能简短，问题数量不宜太多，被调查者应能在30～40分钟内完成；

（9）有些问题要不允许有“中庸”判断；

（10）问题所收集的信息应易于列表说明和解释。

（五）调查问卷的组卷

1. 调查问卷的结构

调查问卷一般由标题、前言、背景调查、正文和结束语组成。

（1）标题

标题应开宗明义，采用中性词语点明主题，点明被调查对象。如“关于教师聘任制度改革的民意调查”、“关于向中小学教师征询关于教师继续教育工作情况的调查”、“关于初中生课外阅读兴趣的调查”等。

但有时不便明确调查意图，就需作一定的技术处理。如关于中学生抑郁情绪的调查，不妨用“中学生情绪状况的调查”；又如案例 2－9 中，调查学生完成作业的独立性时，也要采用隐讳的方式，尽可能以非正式的方式向学生了解真实的情况，否则调查结果可能适得其反。

（2）前言或说明

问卷开首的话的目的：一是介绍调查的意图与价值（需要隐藏或伪装时例外）；二是公开调查的组织单位或调查者身份；三是介绍调查对象的选取方法，以打消被调查者的疑虑，通过友善沟通，鼓励被调查者真实作答；四是关于回答结果的保密承诺；五是说明如何回答问题，即填写答案的方式；六是清楚无误地告知返还问卷的时间、方式或地点。

（3）背景情况的调查

被调查者的背景与身份对调查结果有明显的影响。所以，问卷调查常常同时了解被调查者的年龄、性别、学校类型、任教学科、职称、学历等信息，以便进行差异比较或相关分析。这样可以增加调查的说明力和说服力。一般不要求署名。

（4）正文

正文由若干调查问题组成。要注意对答题方式的明白提示，答题位置要显眼。

问题排列的顺序一般有：时间顺序，即按事件发生的先后顺序排列；理解顺序，即按被调查者理解的难易程度排列；内容顺序，即按内容不同排列，同性质的问题放在一起；交叉顺序，即按照问题中的变量交叉排列。①

问题排列时，被调查者容易回答或有兴趣回答的问题放在前面，需要思考的、敏感的问题放在后面；概括性的问题放在前面，深度分析的问题放在后面；封闭性问题放在前面，开放性问题放在后面；同类问题（相同主题或内容的问题）相近，检验性问题（互相检验或印证的问题）宜远。当有一组相关联的题目时，如问题比较简单，则应打乱穿插安排，避免干扰；如问题比较复杂，则宜放在一起，避免打乱思路。

（5）结束语

结束语主要是致谢。它应该简短热情，力求给人以善始善终的感觉，如“谢谢您的合作！”“您填完这份问卷以后，还有需要补充的吗？如有，请写在下面。”也有的调查问卷把调查作为一种辅导，如在一项

① 郑金洲，等．学校教育研究方法［M］．北京：教育科学出版社，2003：152.

对学生家长进行“关于学生心理健康教育的调查”问卷的最后一题，点明了对家长进行心理教育辅导的潜在意图：“做了这么多题目，您觉得对自己教育子女有帮助吗?”

案例6-8

向中小学教师征询关于教师继续教育工作情况的调查①

尊敬的老师：

您好！请您在百忙之中填写这份调查问卷。这次问卷调查不含任何其他目的，仅仅是教委向教师征询关于教师继续教育工作的意见，以便改善和提高教师继续教育工作的质量和效益，敬请您合作，并如实填写问卷。您确实很忙，但望您在接到问卷后的五日内把问卷做好，寄到台州市教委高师处。谢谢合作！

市教委高师处调查组　二〇〇〇年六月

一、关于基本情况

性别__________ 任教学科__________ 工作时间__________

1. 请问您的职务

   A. 校长　B. 学校中层　C. 普通教师　D. 职工

2. 请问您的年龄（略）

3. 请问您的职称（略）

4. 请问您所在的学校类型

   A. 重点中学　B. 农村普高　C. 职业高中　D. 城区初中

   E. 乡镇初中　F. 城区小学　G. 乡镇中心校　H. 农村完小

5. 请问您接受继续教育的培训单位

   A. 县市进修校　B. 市教育学院　C. 省高师院校

6. 请问您有无获得过名教师、教坛新秀等荣誉

   A. 省级　B. 市级

   C. 县级　D. 没有

① 此项调查系浙江省台州市教育局许建强副局长主持的课题“提高教师继续教育工作质量与效益研究”中的重要调查。调查的整体框架和初步提纲由笔者提出，台州学院梅敏君老师参与了问卷设计。

二、关于当前继续教育工作的评价性反映

1. 您认为当前正在进行或已经进行的教师继续教育的效果如何?(请在给定的选项中选择一个并打√)

A. 很好　　B. 还可以　　C. 一般　　D. 较差

E. 很不理想

2. 在继续教育中，您最满意的课是：________________

3. 您最不满意的课是：________________

4. 您认为您对课程感兴趣的因素是（在给定的选项中选定1~2项，在其后括号内打√）

内容新颖信息量大（　）　　教师教学技巧　　（　）

知识体系的结构性（　）　　教师的实践与理论相结合（　）

教师的教学方法　（　）　　其他________________

5. 您认为您是积极主动地参加教师继续教育活动的吗?

是（　）　否（　）

如果不是，那么您认为自己不主动的原因是（在给定的选项中选择3~5项，在其后括号内打√）

教师求知欲不高　（　）　　教学内容不实用　（　）

课程设置太传统　（　）　　授课教师水平不高（　）

教学时间安排不当（　）　　实践性环节不够　（　）

教学形式讲授过多（　）　　不够注意成人特点（　）

讲授考虑对象不够（　）　　其他________________

6. 您认为自己有没有提高自身的教育教学素质的自觉性?

有（　）　没有（　）

如果有的话，您最关心的是：

学科教学技能（　）　　班级管理能力　（　）

教育科研　　（　）　　教育观念的改变（　）

其他________________

三、关于教师继续教育工作的倾向性意见与建议

1. 在以下教师基本技能中，您觉得哪些是您需要学习的（请在给定选项中选择4~6项，在其后括号内打√）

普通话　（　）　　板书　　（　）

班级管理（　）　　教育科研（　）

教材处理（　）　　简笔画　（　）

教案设计（　）　　　　　　　　口头表达（　）
心理健康教育能力（　）　　　　课堂教学组织（　）
多媒体教学（　）　　　　　　　课外活动的组织指导（　）
其　他______

2. 您觉得自己在继续教育中最需要补充与提高的是哪些方面（请在给定选项中选择4~6项，在其后括号内打√）

学科知识的拓宽（　）　　　　　教育理论素养（　）
教育科研能力（　）　　　　　　专业知识的加深（　）
现代教育技术（　）　　　　　　心理健康教育能力（　）
教学基本功（　）　　　　　　　学科教学方法（　）
人文素质（　）　　　　　　　　指导学生活动能力（　）
其　他______

3. 您对下列哪些心理学知识比较熟悉（请在给定的选项中选择1~2项，在其后括号内打√）

认知心理（　）　　　　　　　　班级管理心理（　）
学生发展心理（　）　　　　　　心理健康教育（　）
学科教学心理（　）

4. 您认为提高教师教学水平应采取哪种形式？（请在给定的选项中选择2~3项，在其后括号内打√）

集中系统学习（　）　　　　　　参加教育科研（　）
组织教研活动（　）　　　　　　短期专题讲座（　）
师徒结对（　）　　　　　　　　学历提高进修（　）

5. 对继续教育的时间安排、教学内容与教学形式等方面，您有哪些建议？

[案例分析] 这是面向一线教师的真诚的调查问卷。全卷的结构与问题设置的意图有：

(1) 问卷的主体部分由背景调查、评价、意见与建议三部分组成，按板块排列，有助于被调查者理解调查目的，争取被调查者的合作。

(2) 对于教师继续教育问题的认识，不同工作环境、个人背景的教师会有较大区别，所以在背景调查中除了了解一般的背景信息外，还了解教师所在学校类型、职称、曾获的教学荣誉等，以便进行相关分析。

(3) 第二部分的第1题是对已开展的教师继续教育的总体评价。第2、3题意在开放性地收集一些基层最获好评的课与反映最差的课，并为

第4题“好课的归因”作铺垫。第5、6题都是追问式的问题，先是要求教师在“参加继续教育活动的主动性”、“提高自身素质的自觉性”上作自我判断，然后通过追问了解影响教师参与继续教育的主动性的消极归因与最希望提高的素质。

(4) 第三部分的第1、2题分别从技能与知识两方面了解教师需求，为继续教育课程建设提供信息。第3题重点了解教师在心理学方面的学习需求。第4题从培训形式的角度征询意见。第5题是关于培训时间、内容与形式的开放性征求意见，是对前面这些设问的补充。

(5) 常见的问卷会以单选题为主，并将相同题型的问题放在一起，以减少关于如何答题的说明。但这份问卷为了坦诚表达调查目的，按调查内容来排列问题，所以每题后面基本都附了答题说明。不过，在每一部分的问题设置上注意了相互配合。

2. 调查的指导语

指导语是为施测人员准备的，是供调查时统一使用的程序和提示。这是为了保证调查的准确性，避免不同施测人员可能引入的无意干扰或无意提示。指导语通常包括称谓、研究目的、该项研究与被调查者的利益关系、回答问题的要求、对有关问题的解释等。设计指导语的一般原则是：说明这项研究的意义；语言要诚挚、恳切、热情，消除被调查者的戒备与抵制心理。

3. 成卷前的信度与效度的检验

与考试测验一样，调查问卷也有信度与效度的要求。信度是指测量结果的一致性，即调查结论的可靠性。它通过同一答卷人在一段时间内两次试测的结果的一致性来说明问卷的可靠性（重测信度）。而且信度还与调查组织与回收方式等有关。效度是指测量结果的有效性与正确性，即问卷了解到的信息类型是否与原来的设计意图相配合。具体通过征询试答者对每题的理解，来分析原题的意图传达是否清楚。

所以，调查问卷的编制一般不能一次性完成，因为第一轮初稿中必然有一些“无意干扰”或“理解障碍”，这需要请第三者帮助修订。有的调查引入心理测量的信度和效度检验的方法，进行“标准化”制作。也就是在形成问卷初稿后，进行一次小样本的试调查。通过试调查的观察与分析进行问卷修订。

（六）问卷调查结果的统计处理

调查结果有描述性的信息与统计性的信息。前者的整理相对复杂，需要具体信息具体分析。后者的分析整理方法主要有以下四种。

1. 分布分析

分布分析主要适用于单选题的调查结果统计，将各种选择倾向所占的比例算出来，可以描述一定的规律。具体有：（1）全部样本的分布统计；（2）分布的发展差异，指从年龄或年级角度分析分布差异；（3）不同人群的分布差异，如性别差异、城乡差异等。

案例6-9

中学生社会成熟水平的调查[①]结果的统计呈现

（1）中学生处世态度的价值取向（分布统计）

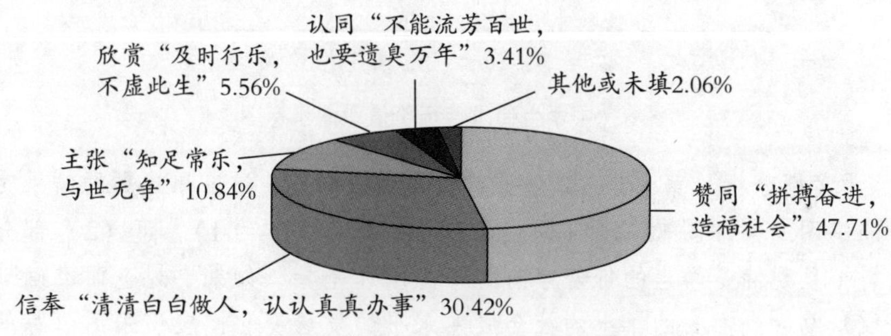

图1　中学生处世态度的价值取向分布图

（2）中学生追求目标的价值取向（分布的发展差异）

表1　中学生追求目标价值的取向

项目 \ % \ 年级	初一	初二	初三	高一	高二	高三	Σ
1. 事业型	52.69	54.05	45.40	44.23	41.71	30.04	44.57
2. 兼顾型	21.77	20.12	20.97	18.58	20.06	16.50	19.67

① 张宪尧，臧彩莲．中学生社会成熟水平的调查［J］．教育研究，1992（5）：28－34.

续表

项目 \ % \ 年级	初一	初二	初三	高一	高二	高三	Σ
3. 中庸型	7.00	7.80	15.51	14.10	14.01	23.39	13.69
4. 享乐型	19.90	17.71	16.95	20.83	22.92	27.09	21.02
差异检验	$x^2=100.01$　$P<0.001^{**}$						

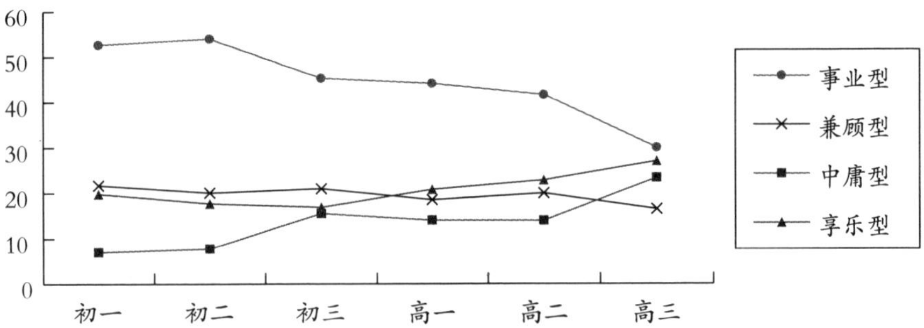

图2　中学生追求目标价值取向示意图

[案例分析] 第（1）部分是典型的分布分析，这一单选题的结果宜用圆饼图或条形图来实现（因为各选项的比例之和为1）。第（2）部分的表1呈现的是学生的价值倾向的年龄发展差异。如果要规范而准确地研究从初一到高三的学生的社会成熟水平的发展变化，应该采用追踪的个案研究。但这历时太长，连续跟踪一个学生研究五六年，一般情况下并不现实。而且，个体发展的偶然性较大。所以，从统计意义的角度，我们视今年16岁学生的水平为现年15岁学生明年的水平。这样，同一时间对从初一到高三的学生的测量，可以表示为同一批学生从初一到高三的发展趋势（在样本容量足够大的前提下）。因为反映的是发展趋势，所以最合适的图示是折线图。

案例6－10

不同学段的教师对新课程的基本态度

我们以问题“对于新课程的主张，你的真实反应是……”来了解一线教师对新课程的基本态度。调查发现：70%的教师持积极态度，他们或“响应”（约三成），或“理解”（约四成），这是教师的主流；不过有两成教师表示“担忧”，近一成教师持“怀疑”态度。这种分布是客观的。三个学段的教师态度的调查结果如下。

表1　不同学段的一线教师对新课程的基本态度

基本态度		合计	学段对比		
			高中	初中	小学
积极	响应	30.52%	22.44%	37.58%	31.32%
	理解	39.35%	37.55%	39.57%	40.15%
消极	担忧	20.66%	23.06%	16.46%	22.47%
	怀疑	9.47%	16.95%	6.39%	6.06%

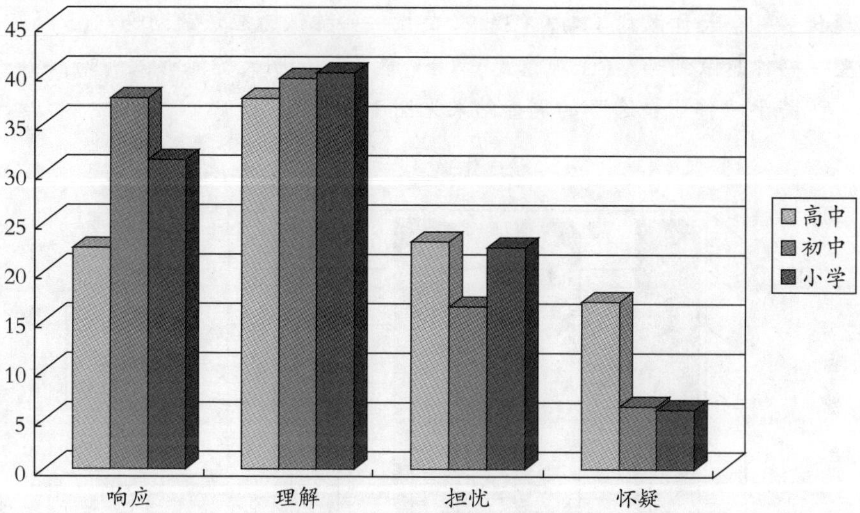

图1　各学段教师对新课程的基本态度

［**案例分析**］表1与图1呈现的是不同人群的分布差异，于是形成了分段比较的二维表。从三个学段的比较中，我们发现，高中教师的态度相对消极，持“响应”与“理解”态度少于总体。其后的原因大家不难理解。因为，关于态度的四个选项是不连续的，所以采用复式条形图的形式呈现学段间的对比更为适宜。是否可以如案例6－9中的图2一样绘制折线图呢？不妨试一试，再讨论这两种图示的适用情境和表示意义。

2. 比较分析

分布分析试图描述调查对象在选择项中的分散状态。而研究中又常常需要关于类似（或相当）群体或要素的对比分析，以发现规律。

案例6－11

关于“作业布置是否精选”的调查

2010年年初，浙江省教育厅韩平副厅长在多个场合强调改进作业的三个关键词“精选、先做、全批”。4月，在一次教研组长培训上，我开展了一次问卷调查。具体从四个角度了解教师们关于“精选、先做、全批”3项作业行为的认识与当前的现实。四个分析角度分别是：（1）现状——今天你做到了吗？（2）必要性——你认为应该做到吗？（3）愿望——你想做到吗？（主观意愿）（4）能力——明天你能够做到吗？

关于“作业精选”的调查结果见图1。

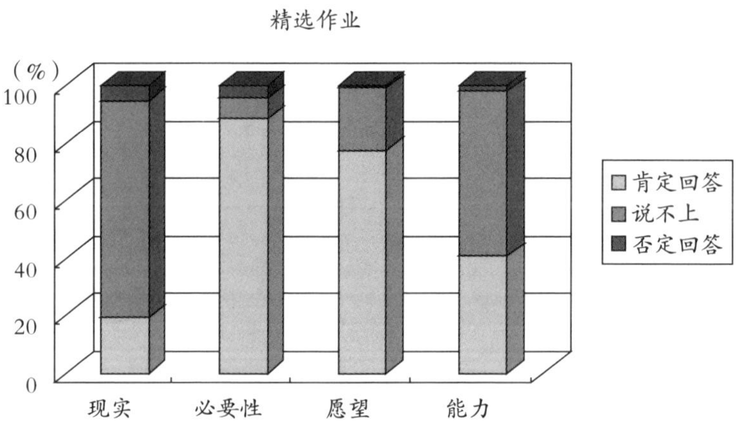

图1　关于作业布置是否精选的调查

[案例分析] 将这四个角度的调查结果以分段条形图的形式并列排放，一下子将“现实”与“必要性”、“愿望”与“能力”的差距凸显出来。调查发现，只有19.4%的教师认为自己在作业精选环节做得较好。但调查也发现，88.2%的教师认为精选作业很重要，77.4%的教师主观上愿意精选作业。但为什么教师们的主观认识却与现实差距如此之大？从调查看，只有40.8%的教师觉得自己有能力做到作业精选，有六成的教师对如何精选没有把握。这是一个重要的能力缺失。当然，我们不能把作业精选问题完全归因为教师的能力。在自认为自己有能力精选

作业的那40.8%的教师中，只有19.4%的教师认真精选了。那是为何？那是因为苛烈的竞争环境让教师们失却了从容。

案例6-12

关于教师评价的价值取向的调查

调查问题：在以下几对关于教师评价的观点中，您赞成的是

(　) A. 教师评价就要以横向评价为主

　　 B. 教师评价应看教师个人是否在进步

(　) A. 教师评价应多一些描述性评价

　　 B. 教师评价应该尽可能量化

(　) A. 要重视对教师团队的评价

　　 B. 教师评价就应以教师个体为单位

(　) A. 要发挥教师自我评价的作用

　　 B. 教师自我评价环节没有必要

调查结果图示如下。

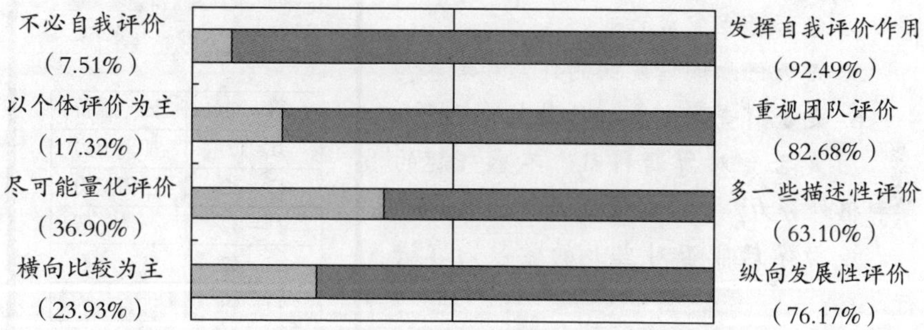

教师对教师评价问题的价值取向

[案例分析] 这是一组“二值判断题”，反映了被调查者对教师评价问题的丰富的价值倾向。因为总体是归一的，所以四根似有“游标”的“横尺”，很集中而且生动地呈现了调查结果。从上图中可以发现，教师们的评价观与现行教师评价的冲突十分明显。76.17%的教师倾向于纵向的发展性评价，而不是目前的以横向评价为主；63.10%的教师主张多一些描述性评价，而不是一味的量化评价；92.49%的教师认为应多发挥自我评价的作用；82.68%的教师希望重视团队评价，以改变当前以教师个体评价为主的局面。这些想法应是改进教师管理的重要依据。

3. 量化统计

量化统计主要是将等级式问题或等距序列问题的选项，折算成分数以便于量化分析。这相当于将调查问卷视作心理测量量表。但因量表的赋分需以一定的常模为基础，需要进行严格的“标定”。所以，在一般的中小学教育研究中，自制这种问卷有些困难。不过借用有关书籍上的调查或测验，也是无妨的。

案例6－13

测测自己的学习习惯与学习方法

请仔细阅读每一道题，肯定回答用“是”，否定回答用“否”，既不肯定也不否定的可以打个标记，不回答。

1. 新学年到来之时，是否会制定具体的努力目标？
2. 上课时发言是否踊跃？
3. 考试时书写是否还能工整认真？
4. 能否独立完成作业？
5. 是否仔细阅读发回的作业和考卷？
6. 是否有查阅字典、参考书的习惯？
7. 是否会对薄弱科目、不感兴趣的学科格外努力？
8. 放学后能否对当天的学习内容进行复习？
9. 能否在规定的地点、时间进行学习？
10. 每天是否有固定的学习时间由自己自主安排？
11. 是否能做到游玩时间不挤占学习时间？
12. 是否整理总结过自己的学习方法和经验？
13. 是否会因为一次考试成绩不佳而耿耿于怀？
14. 是否会因为被老师批评，而不喜欢该老师上的课？
15. 是否经常在上课时被老师提醒？
16. 是否会因为环境吵闹而影响自己的学习效率？

评一评

前12题答“是”得3分，答“否”扣3分；后4题答“是”扣3分，答“否”得3分；不回答时不加减分。

得　分	评　价
0～12	加倍努力
13～20	还需努力
21～32	一　般
33～42	良　好
43～49	优　秀

得分在65分以上者，应继续坚持现在的学习方法；得分65分以下的，可能要考虑调整学习习惯与方法。

4. 频数排序统计

频数排序统计主要是对多选题或排序题的调查结果的统计方法。前者限定了至多选择的项目数，然后根据各选项被选择的次数多少来做排序；后者则多了一个分析维度，即某项排首位的频数与排次位的频数等都要一一列出进行比较，相对比较麻烦。有时干脆采用“运动会积分”的办法将次序折换成分值，再按分值之和进行排序。

案例 6－14

对教师帮助最大的研修形式

哪些研修形式对教师帮助最大？请教师在 10 种研修形式中选择最有效的 3～5 种，然后根据频度进行研修形式的有效性的排序，结果发现“外出教研活动”与“平时同事交流”是对教师帮助最大的两种研修形式。

表 1　对教师帮助最大的研修形式

研修形式	外出教研活动	平时同事交流	自主读书	网上同行交流	撰写教育案例	师徒结对	开展课题研究	校内教研活动	参加继续教育	学历进修
排序	1	2	3	4	5	6	7	8	9	10
百分比（%）	70.72	59.94	42.18	34.69	31.16	25.33	24.92	24.05	18.59	14.09

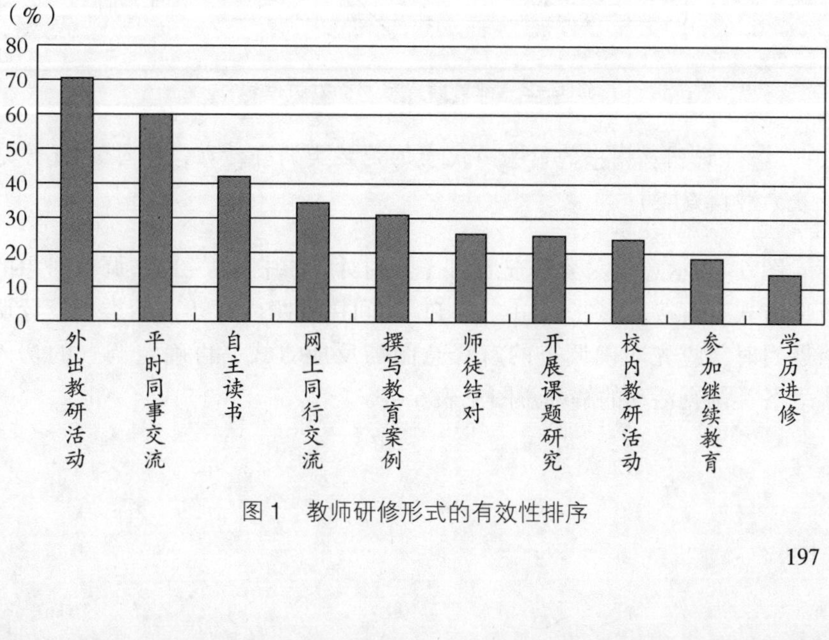

图 1　教师研修形式的有效性排序

（七）问卷调查的应用策略

一线教师应用问卷调查，要明晰调查的功能与意图，根据需要设计调查；要采用循序渐进的方法，以二次调查甚至多次调查深入现实；要重视信息数据处理方案的预先设计，提高问卷设计效率与水平；要采用多种调查方式配合“作业”的策略，多方位分析问题；要学会将自己假想为被调查者，来分析、修订自己的调查计划。

1. 明晰调查的功能与意图，根据研究目的设计调查

调查是借个人的意见来观照关于调查对象（某一教育活动）的昨天的评价、今天的看法和明天的建议。图6-2示意的是关于调查对象的一个分析框架。从图中可以发现调查对象分析有两个维度：一是教育活动的整体、组成教育活动的各部分和在教育活动中的个体；二是教育活动的“现实平面”以及相对于“时间维”的昨天与未来。

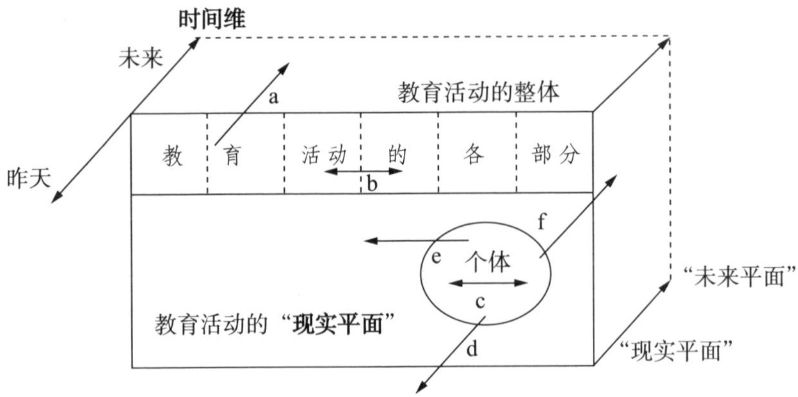

图6-2　教育调查对象的分析框架

（说明：图中的箭头→代表的是某类调查活动，字母a～f分别代表六种调查点）

图6-2示意了六类调查活动（分别对应图中的a～f），调查对象的反应方式有直接流露（c、d、e、f）和间接观照（a、b）两类。设计调查题目时，应先明确调查的解释意图与反应方式，再确定调查的切入点。各类调查活动的解释意图见表6-3。

表6-3　教育调查的“调查点”与解释意图

编号	调查活动及类型	调查的解释意图	调查对象反映技术
a	教育活动的变化与发展	了解教育活动在某方面的发展规律和趋势	间接观照
b	教育活动的状态及各部分间的关系	了解教育活动的现实水平或揭示内部的关系、“矛盾”	间接观照
c	被调查者内在的心理活动	了解个体关于某事的倾向和需要	直接流露
d	被调查者对昨天的回忆	了解对过去某现象、事件、结果的评价与归因	直接流露
e	被调查者对现状的分析	了解对教育活动现实中的某事的判断（观点和看法）	直接流露
f	被调查者对明天的愿景	获取对改进某方面工作的建设性的建议	直接流露

上表“调查的解释意图”栏中的加点的词为关键词，这些关键词间有一定的联系与区别。

(1)“规律”与“需要”

“需要”是站在个人角度的一种表达。而没有个人立场的，从整体统计的角度去理解“需要”，则可以用来描述“规律”。

(2)“现实”与“评价”、“判断”

从个人来看，调查是他对现实的评价或判断。但这又是对“过去时态”的事实的描述性分析，它能为现状的揭示提供依据。

(3)“评价”与“判断”

这是一种相同性质的提问。但“评价”关于已产生结果的事实状态，而“判断”所指的可能尚未产生结果，是被调查者预期的可能性。

(4)“需要”与“建议”

两者都是朝向未来的。“需要”尚不能“对外办事”，它要待调查者与决策者共同作用后，才能转化为操作。而“建议”则可以直接付诸操作。不少被调查者能够说出“需要”，但难以提出“建议”。

案例6-15

关于学校选修课管理的学生民意调查

（1）学校这学期多开几门选修课，你是否欢迎这一做法？（　　）

A. 很欢迎　　B. 欢迎

C. 没有明显反应　　D. 不欢迎

E. 很不欢迎

（2）一门好的选修课应该优先考虑（选2～3项）（　　）

A. 对学科学习有帮助的　　B. 关于学生业余爱好的

C. 短平快的　　D. 多到课堂外上的

E. 信息量大的　　F. 时代感强的

G. 关于我们本地的　　H. 有研究味的

I. 能连续学上几年的

（3）以下选修课中，你愿意选哪几门（选2～3门）（　　）

A. 影视评论　　B. 数学竞赛辅导

C. 军事天地　　D. 古诗文赏析

E. 演讲与口才　　F. 家政

G. 生活中的心理学　　H. 游泳

（4）你觉得班主任是否重视选修课？（　　）

A. 很重视　　B. 重视　　C. 说不上　　D. 不重视

E. 很不重视

（5）请对以下本学期学过的几门选修课作一评价

①信息技术　　A. 很好　B. 尚好　C. 一般　D. 差　E. 很差

②演讲与口才　A. 很好　B. 尚好　C. 一般　D. 差　E. 很差

③家电维修　　A. 很好　B. 尚好　C. 一般　D. 差　E. 很差

（6）你了解学校增开选修课的目的吗？（　　）

A. 了解　　B. 说不上　　C. 不了解

你觉得效果达到了吗？（　　）

A. 达到　　B. 说不上　　C. 没达到

你觉得原因是什么？________________。

你还有什么建议________________。

[**案例分析**] 这份问卷旨在了解学生对选修课及其管理的态度。这与教师继续教育的调查有些类似。不过，一份有效的调查问卷，关键在于其调查意图是否明确，调查意图的体现是否准确。在这例简明的小调查中，首先了解学生的需要，从学生的需要和判断选课的思路来分析选修课程建设的规律；从学生对具体课程的评价和对增加选修课的态度中，获得对目前选修课的基本评价。最后通过四个追问，暗示学生要理解增开选修课的意图，并征询学生在了解增开选修课的目的后，对选修课的评价以及归因思考与补充建议。

2. 采用多次调查的方法，循序渐进，深入现实

一线教师初次应用问卷调查时，有些技术尚难很快掌握，如设问技术、发散性的多项选择题的拟制、从被调查者的角度分析调查问卷、问卷的呈现、调查的组织等。为此，应采用多次调查的方法，逐步完善问卷，不要急于铺开面上调查，不要急于拿出调查结果，不要将就调查设计的失误。宁肯增加试测与修订的次数，也要保证调查的说服力。具体方法有以下几种。

(1) 准备试测问卷。根据调查目的与调查对象的特点，列出一些开放性问题，以作调查摸底。如能初步拟好选择项的，可呈现为半封闭问题，鼓励被调查者作补充回答，以便修订选择项。

(2) 进行小范围的试调查。分析被调查者的开放性回答与补充选择项，归纳组成问卷初稿。

(3) 换一个样本进行第二次试调查，着重分析问卷的提问方式和措辞，分析各选择项的搭配和表达，分析被调查者的理解与设计者意图的一致性，并考虑信息处理是否方便等因素来修订问卷。如果前两步落实较好，这一步基本能完成问卷拟制。

在调查问卷设计时，研究者须同时思考以下问题：调查的要素是什么？可以通过哪几个角度的调查来达到调查目的？调查可能存在的主要困难是什么？如何能够克服？可能影响调查结果可靠性的因素有哪些？如何防止与排除这些影响？

3. 重视信息处理方案的预先规划

在正式调查前，应就如何进行信息处理做好规划。具体要点主要有以下几个。

(1) 根据调查目的，梳理与评估可能获得的信息。构想一下需要了解哪些方面的信息？哪些信息能够获得？哪些信息不可能获得？哪些信息一般都为真信息？哪些信息隐蔽性较强，极易出现伪信息？哪些信息可以直接获得？哪些信息需要以迂回策略来获得？哪些信息会互相关联，需要通过追问获得？……

（2）使用问卷初稿进行试调查后，还要对获得的信息的可靠性进行评估与归因。在获得的信息中，分析哪些并非原来需要的信息？（可能表达欠确切、存在理解歧义、设问方式不当、选择项相互干扰、背景提示不充分等）哪些是冗余而无价值的信息？哪些信息需求尚未达成？（可能有技术性原因，也可能是无法满足）

（3）分析可能获得的各项信息之间的相互关系，确定采用分别分析的方法，还是递进分析的方法，还是在分别分析后，再进行综合分析；是重在描述性的分析解释，还是重在统计性的整体说明。

（4）提出假设，从总体分析、发展差异与类别比较等方面明确信息分析的思路。常见的假设有：

某类群体与另一类群体在某因素上有显著性差异（定量的差异比较）。如：男生与女生在同情心方面有显著差异；校长与教师对继续教育活动的评价有显著差异。

某类群体与另一类群体在某方面有不同的特点或需求（定性的差异比较）。如：不同年龄的学生在伙伴选择上有不同的特点。

某类群体的某因素在不同阶段会有不同的规律或特点（定性或定量的发展比较）。如：不同年级学生的自由支配学习时间有一定的规律。

某类群体的甲因素与乙因素存在一定的相关性。如：小学生课外阅读量与解应用题的能力有一定相关性；高中生语文、政治、历史三科学习成绩有显著的相关性；学生在学习活动中的行为投入、情绪投入和认知投入与学生学业成绩有统计意义的相关性。

在问卷设计中，涉及“不同群体”、“不同阶段”等背景性因素的，常要在“基本情况”调查中增加相应的问题。

4. 多种调查方式相配合

在一般的教育调查中，不可能以一张问卷来说明一切。因为问卷在说明整体和规律性的方面有优势，而要全面透视教育活动，对实际教育改革提出建议的话，必须要关注教育对象的个性观察。这是理由一。

问卷提供的许多信息已经经过“折射”，难以栩栩如生地反映事实。教师站在教育的一线，栩栩如生的例子比比皆是，放弃这些生动例子，而只要简单的问卷调查结果显然不妥。这是理由二。

问卷在“折射”人的倾向性方面有优势，但在纯粹的客观事实的反映上，略显主观。凡事需要“立体”地看，才不致一叶障目。如案例2－9“关于学生完成作业的独立性的调查与对策研究”就采用了多种调查方式的配合“作业”，通过多方面调查对象的组合调查，来说明问题。

5. 将自己假想为被调查者来分析与修订调查计划

不同身份、不同经历、不同年龄的人对于同一段文本的理解常常会相去甚远，尤其是教师与学生。所以在调查设计中，要防止因表述不当导致的信息失真或无效。最好的办法是将自己假想为被调查者，以挑毛病的眼光审读自己设计的问卷。

调查是描述现象、透视心灵的分析技术，有些当事人愿意暴露自己，而更多的人对于心理“透视”都选择“反透视”的态度。所以，如何编制问卷，里头很有学问。

二、访谈调查的流程与技术

访谈指的是研究者通过与被访者的口头交流来了解研究对象（某一主题或被调查者），收集相关信息的研究方法。访谈与问卷都是通过沟通来获得第一手的资料，只是访谈通过口头语言来搜集信息，被访者先听后说；问卷则以书面语言来搜集信息，被访者先读后写。访谈是面对面的直接言语接触，问卷是纸与笔的间接言语接触。

我们可以将访谈视为口头的问卷调查，视为调查的准备性与观察的现场性相结合的一类方法。调查者可以进行追问，获得更多现实的材料，对深入调查比较有利。所以，访谈常常是团体问卷调查的辅助方法。

（一）访谈调查的基本类型

作为一种研究性谈话，访谈与日常谈话有许多区别。具体有：

（1）日常谈话没有明显的目的性，而访谈却有十分明确、清楚的目的性；

（2）日常谈话通常有意避免言语的重复，而访谈中访谈者经常会要求对方重复，以清楚地了解事情的具体细节；

（3）日常谈话中双方互相提问，而访谈中通常是访谈者提问，挑起新话题，而被访者主要是向访谈者提供有关信息；

（4）日常谈话中，交谈双方会使用大量的缩略语，不必详细介绍细节，而访谈时访谈者常要求对方说明细节，举例阐述自己的观点，越具体、越详细越好。①

访谈调查的分类有许多维度，如结构式访谈与开放式访谈、个别访谈与团体访谈等。

1. 结构式访谈与开放式访谈

从访谈者对访谈结构的控制程度看，访谈可以分为结构式访谈（也称标准式访谈）、半结构访谈和无结构访谈（也称开放式访谈或自由式访谈）。

结构式访谈是事先将访谈的题目设计成一份调查表，然后严格根据事先设计的调查问题及记录方式问询并收集信息，不可随意改变问题、问题次序和引导语。这样周密与统一的安排，为的是统一访谈调查的情境与条件，克服访谈问题的随机性，使访谈“标准化”，可重复，可统计。

结构式访谈的计划需考虑以下因素：访谈的具体项目、程序、重点、提问形式、分类方式、记录方式。由于这种访谈采用共同的标准程序，信息指向明确，谈话误差小，故能以样本推断总体，便于对不同对象的回答进行分析与比较。这种访谈适用于正式的、大型的社会调查。

开放式访谈是一种随意、自由、灵活的谈话。它与结构式访谈相反，无须事先制定统一的调查表，而只要一个粗线条的访谈提纲或讨论主题。这种访谈无须具体的操作程序和固定的问答用语，所得结果也不便进行标准化处理。也正是因其开放自由，使谈话更有弹性，访谈者可以灵活转换话题，变换提问方式，并就感兴趣的问题展开追问，从而可能成为深度访谈。

教育研究中的大部分访谈是介于以上两者之间的半结构访谈。这种访谈有调查问卷与访谈提纲，也给被访者留有较大的表达自己想法和意见的余地，而且访谈者又有调控访谈程序的自由。

访谈调查是一种重要的质的研究方法，因篇幅的原因，这里没有收录完整的访谈调查的案例，感兴趣的读者可参阅北京大学陈向明教授的著作《如何成为质的研究者——质的研究方法的教与学》（教育科学出版社）。

---

① 转引自：郑金洲．学校教育研究方法［M］．北京：教育科学出版社，2003：169.

2. 个别访谈与团体访谈

个别访谈是指访谈者与被访者在无第三者影响的情形中，一对一地单独交流。这种调查有利于被访者详细、真实地表达想法，被访者更易受到重视，安全感更强，访谈内容更易深入。个别访谈可以是无结构的随意交谈，也可以是半结构的交流，也可以像心理测验一样采用完全结构化的口答问卷的做法。不过，一对一的访谈调查耗时较多，描述性材料较多，也可能遭遇到“戒备”或“外交辞令”。

团体访谈（也称集体访谈）是指访谈者召集多名有代表性的被访者(最好不超过10人)，采用集体座谈的方式开展讨论，以收集信息。这种方法扩大了调查对象，减轻了被访者的心理压力，信息收集效率有所提高。而且座谈会上还可以集思广益、互相启发、彼此对证。在团体访谈中，访谈者一般就是会议的主持人，他要有较熟练的访谈能力与主持能力。一般需要相对集中的调查提纲，但又不完全拘泥于提纲，允许话题合理拓展。访谈中，要鼓励被访者畅所欲言，但也要注意主题聚焦，并做好详细记录。因为团体访谈的公开性以及人际的潜在影响，所以敏感问题不宜在此场合讨论，访谈者不宜介入争论，以免堵塞与会者的思路。

案例6-16

征求学生对教学改革活动的意见的座谈调查

在高中语文教学中，教师开展了多次课本剧形式的活动化教学。教师想了解学生的感受与教学效果，于是选择若干典型的“演员”和“观众”，请他们一起座谈，了解情况。

(1) 时间安排。在刚刚活动后，学生颇为兴奋时召开第一次座谈；在活动后一个月，学生的兴奋感已渐渐淡去时，召开第二次座谈。两次座谈调查的情况可以作相互比较。

(2) 调查提纲。调查的内容主要有：一是学生对这种形式的学习活动是否欢迎、是否积极参加、参与的程度如何；二是学生对这种学习形式的有效性的评价与分析；三是了解学生在自编自演课本剧中的时间和精力的投入情况；四是这种学习活动对学生其他素质的影响；还有……

(3) 信息分析思路。座谈调查后要及时进行信息分析。学生群体的意见是否一致？分化的原因会是什么？不同人群（男和女、演员和观众、优生和后进生等）的意见有何差异；开展这种活动的成本是否合理？有无进一步合理的可能？关于效果评价是否合理，有无出乎教师意料的学生意见？学生评价有效性的思路对于教师进一步开展教学改革有何启发？……

[**案例分析**] 座谈调查要比问卷调查更为开放，但如何提高座谈调查的效率，需要周密的策划。首先要考虑清楚要调查什么，想通过调查获得的信息说明什么。调查提纲与信息分析思路是相联系的。然后是确定座谈会的时间，选择参加座谈的人员，以更合理地实现预想目标。至于对调查中可能出现的意外或纷乱是否要有所准备，要看主持人自身的能力。

当前，访谈调查的形式还有很多。有面对面的直接访谈，也有电话访谈、网上访谈等多种形式；有一次性的“横截”的访谈，也有多次重复的“跟踪”的访谈。具体选择何种访谈方法，要视研究问题而定。

（二）访谈调查的设计流程

图 6 –3 所示的是结构性较强的访谈调查的设计流程。

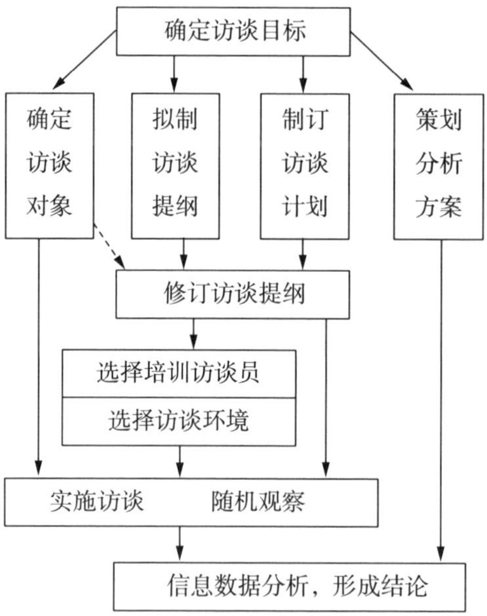

图 6–3 访谈调查的设计流程

访谈前要先明确访谈的目的与目标，接着确定访谈对象、拟制访谈提纲、制订访谈计划、策划分析方案，然后预约访谈地点与时间。如果需要派遣访谈员，还需先进行访谈员的培训。

如果是团体访谈，过程的控制性相对会差些，所以策划重点在“实施访谈”环节，数据记录采集的准备甚至比数据分析方案策划还重要，因为团体访谈的数据信息的随机性会更强一些。

（三）访谈调查的关键技术

1. 沟通技术

与被访者沟通是取得对方合作的前提。由于被访者不可能都是熟悉的，所以，在初次接触时就争取对方的合作与帮助非常重要。沟通中要注意：

（1）言谈举止要友好尊重、热情谦虚、礼貌健谈、以诚相待，要让被访者感觉此项调查对他也有帮助。

（2）应明确告知调查意图，不要引起被访者的疑惑。一般宜在初次见面时谦逊地告白，或者在座谈会的开场白中清楚地介绍。有些还将调查提纲印发给大家，以便准备。

（3）组织座谈会时，被访者要有代表性和典型性，且学历文化比较相近，这样更容易沟通。

（4）团体访谈的沟通，主要是激活讨论，要注意形成互相信任、互相启发、相互争论的气氛，鼓励争论，协调矛盾，保护少数，避免使会议变成轮流发言或一问一答的“询问会”。不过，个别访谈时应避免出现争论。

（5）访谈者对访谈开始时刻的沉默期要有所准备，应有一些应付的小技巧。

（6）事先了解被访者的有关背景情况以及他的性格、爱好，以便为友好深入地交谈打好基础。

2. 提问技术

在简单沟通后，便是正式提问。提问包括事前准备的访谈问题与现场追问的问题（现场追问也可视作一种“回应”）。访谈问题通常有实质性问题与辅助性问题之分。

常见的实质性问题有：（1）事实性问题。针对客观存在的现象、活动、事实等的提问，基本句式是“你是如何……”，如“你在教学中是怎样减轻学生课业负担的？”（2）意向性问题。针对主观的意见、态度进行提问，基本句式是“你对……怎么看？”如“你赞成取消小学生学业评价百分制的做法吗？”（3）建议性问题。针对尝试性的设想、措施等提问，基本句式是“如果你是……，你会怎么办？”如“你对实行小班教学的改革，有何看法或建议？”实质性问题是访谈的主干。[①]

为保证实质性问题的回答质量，调查者还会提一些辅助性问题。具体有：（1）接触性问题。其目的在于打开话题，消除拘束感，营造访谈气氛。如先谈谈被访者的学习、生活等比较熟悉的问题。（2）验证性问题。其目的在于检验被访者是否在真实地回答问题。如分别提两个相互依存的问题，看被访者的回答是否一致。（3）过滤性问题。其目的在于判断被访者是否需要回答后面的分叉性问题。[②]如调查中学生对微博的态度，首先要了解这位学生是否玩过微博。如果没有玩过，后面一系列关于微博的态度调查就不必问了。

关于访谈问题的设计与现场提问的建议有：

（1）访谈问题既要有选择式的，又要有开放式的，并以后者为主。这主要是用来明确区分被访者对于某些问题的态度，避免全部答案均为描述性的。少量选择式问题可以用来统计归类，为进一步分析留有余地。

（2）提问应尽量让被访者从评论或设身处地的角度思考问题。

（3）要注意维持被访者的访谈动机。

（4）提问措辞要简明扼要，委婉顺畅，不可模棱两可难以理解，要避免使用抽象的术语。在问题句式上要合理变换，防止混淆和单调。

（5）提问后，要耐心听取回答，并以恰当的语言、表情或姿势表示认可，鼓励被调查者继续讲下去。

（6）访谈者对所提的问题要保持客观、中立的立场，少发表意见，不对回答表示任何评价。

（7）把握问题数量与访谈时间。个别访谈宜在 30 分钟左右，团队访谈（座谈会）不要超过 2 小时。

3. 倾听技术

访谈是一种交流，它通过倾听与回应构成访谈者与被访者的“交流回路”。倾听是访谈者获得信息的基本手段。教育访谈中的“听”有多种多样的方式。

（1）从“听”的态度看，有“表面地听”、“消极地听”和“积极

①② 郑金洲，等．学校教育研究方法［M］．北京：教育科学出版社，2003：179.

关注地听”。访谈者应“积极地听”。要以自己的目光、神情向对方传递一种积极倾听的信号，虚心静听，并辅以微笑、颔首等体态语言，表示尊重、兴趣、认可，接纳对方的情绪反应。

(2) 从“听”的过程看，有“强加地听”、“接受地听”和“建构地听”。访谈者应把自己的判断暂且“悬置”，主动接受被访者发出的信息，注意对方使用的本土化概念，此中往往包含其价值倾向。在“接受地听”的同时，应积极与对方对话，在平等交流中，与对方共同建构对现实的理解。

(3) 从“听”的过程中的情感投入看，有“无感情地听”、“有感情地听”和“共情地听”。在通常的访谈中，访谈者一般不表露自己的感情，这样被访者的情感流露会受到压抑。所以，访谈者应该以理解和认同的表示，鼓励对方真实、自由地表达思想与情感。如果双方在交流中达成心灵的共鸣，彼此的交流会更加深刻。①

访谈中，访谈者不能轻易打断被访者的谈话，并能容忍思考的沉默；要善于捕捉稍纵即逝的信息，并听出“言外之意”；要从被访者的表情中及时洞察其心理变化，并随机应变，施以调整。

4. 回应技术

回应指的是访谈者在访谈过程中，对被访者的言行作出的反应（包括言语反应和非言语反应）。访谈者及时将自己的态度、意向和感觉传递给被访者，有利于建立良好的对话关系，在一定程度上对后续访谈产生引导与影响。

(1) 回应的类型②通常有：表示欣赏与鼓励的“认可”、意在强调话题的“重复”、意在梳理与说明话题的“解释”、意在确认信息的“澄清”、意在深入了解的“追问”以及为了促进沟通的适当的“自我暴露”。

(2) 回应的重要功能是引导。引导必须是非指导性的，否则就可能是诱导。而且要避免论说型与评价型的回应，防止访谈者的强势压制了被访者的述说。

(3) 追问是访谈者就被访者前述的一个观点、概念或事件的进一步探询。追问的方式有很多，如：正面追寻（如“您谈得很重要，能否再

---

① 陈向明．教育研究中访谈的倾听技术 [J]．教育理论与实践，1998 (4)：27－31.

② 陈向明．教育研究中访谈的回应技术 [J]．教育科学，1998 (2).

多谈一些?”“噢，我们想了解的正是您刚才说的，您继续谈。”）、侧面追问（调换角度询问同一个问题）、补充追问（如“您说得我还不是十分清楚，请解释一下”）、重复追问（重复刚才曾问过的问题，以检验答案）……

（4）追问是对提问的引申与补充。应尽可能用被访者的言语与概念来追问。追问必须适时适度，尊重被访者，不要追问到对方的为难之处，不要无视对方表情，强行抛出自己的访谈问题，强迫对方回答。

5. 记录技术

访谈的直接目的是通过收集资料来说明问题。访谈记录有现场记录与事后记录两种方式。现场记录主要凭借两种方法：一是纸笔记录，包括速记、详记、简记等；二是录音录像等辅助方法。现场记录须征得被访者的允许，特别是录音录像（有些被访者忌讳）。录音录像等可以完整保存谈话资料，便于事后整理时再现现场。如果被访者不同意现场记录，则要采取事后记录的方式。这要事先将访谈要点熟记于心，然后依序发问，以关键词、关键特征来反映调查结果。

访谈记录的内容一般包括：访谈问题、被访者的回答、访谈者的追问。有时还要记录访谈中看到的一些东西，如访谈的情境、被访者的行为、神情与反应等；有时还可以记录访谈者自己在现场的感受和体会，以及对事实的简略评注。①

访谈记录的要领主要有：

（1）要实事求是，忠实记录现场对话，不要以自己的话转述被访者的回答，不要润色，不要“添油加醋”；

（2）团体访谈中，可另外安排专人记录。但主持人在听取意见时，记与不记、快记或慢记、略记或详记，都会给被访者暗示与影响。所以，主持人要呈现积极的态度，不能随兴。

（3）个别访谈中，访谈者应随问、随听，并亲自记录。要准备好对谈话对象回答的即时分类，以方便快速记录。

（4）记录中，除被访者的回答外，追问、评注、解释、访谈情境和特殊事件的描述等都应加括号，以示区别。

总之，在访谈调查中，对访谈者的要求很高。一是要耳快，善于听取每一个发言，并敏感发现其中的观点与意见；二是要口快，适时引导

① 郑金洲，等．学校教育研究方法［M］．北京：教育科学出版社，2003：182.

谈话以不离主题，并根据要求表达看法、抛砖引玉；三是要手快，及时记录访谈对象的观点和看法；四是要脑快，善于及时准确地反应，并综合分析各家观点提出新“追问”。

三、观察研究的类型与流程

日常生活中，广义的观察无处不在。这种有一定自发性和偶然性的日常观察是观察研究的基础。观察研究指的是研究者在自然状态下，按计划、有目的地考察研究对象，搜集相关信息（感性材料）进行描述分析的研究活动。

（一）观察研究的类型分析

观察研究的分类有许多思路，我们先将观察研究活动构想成一个系统模型（如图 6-4 所示）。

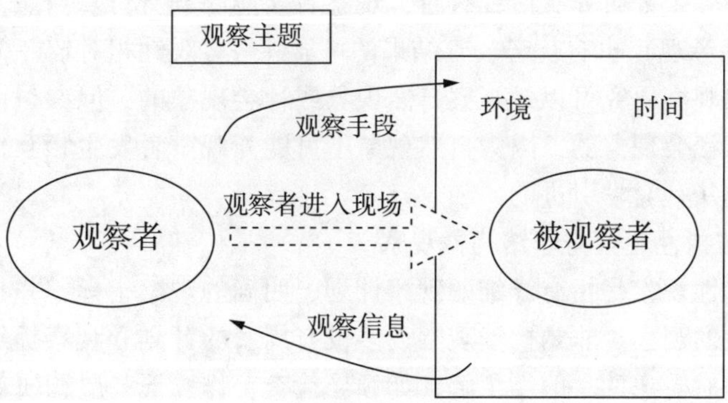

图 6-4　观察研究活动中的要素

观察研究活动有八项要素：观察者、被观察者、环境、时间、观察主题、观察手段、观察信息和观察者进入现场等。以上述八项要素的变化为判据，可以进行观察研究的多种分类。

（1）以环境的控制性为判据，可将观察研究分为自然观察与实验观察；

（2）以研究手段是否通过中介为判据，可将观察研究分为直接观察与间接观察；

（3）以观察时间的全程性为判据，可将观察研究分为抽样观察与追踪观察；

(4) 以观察者与被观察者是否同一为判据，可将观察研究分为自我观察与客观对象观察；

(5) 以观察者是否进入现场（环境）为判据，可将观察研究分为参与性观察与非参与性观察；

(6) 以观察活动是否紧扣观察主题为判据，可将观察研究分为结构性观察与非结构性观察；

(7) 以观察所得的信息是否可量化为判据，可将观察研究分为写实意义的观察与统计意义的观察。

前四种分类的分析常见于各有关书籍，这里着重讨论后三种分类。

1. 参与性观察与非参与性观察

参与性观察是指观察者参与被观察者所从事的活动，在亲自体验，并参加具体活动的过程中，更为真切地理解或领会被观察对象的生活、心理与价值倾向。但是观察者的参与不能影响被观察者的自然生活。有时，观察者公开研究身份；有时，观察者又应隐瞒身份。当然，非参与性观察（旁观）也有优势，其结果的可靠性与客观性相对较好。

虽然观察研究可以是观察自然现象或社会现象的，但参与性观察必然是关于社会现象的，因为自然现象不可能与观察者发生相互作用。这种分类是从社会学引进的。

2. 结构性观察与非结构性观察

结构性观察是指有详细的观察计划、明确的观察指标，并具有较强的控制性的观察。非结构性观察大多没有周密的计划和观察提纲，观察目的只是对对象的一般性了解。如领导检查工作、下基层调研等活动一般都是非结构性观察。

结构性观察与结构性访谈、结构性问卷调查等有相似之处，它们共同围绕调查提纲进行，但获得信息的途径不同。访谈通过言语，主要依靠口耳相传；观察通过现场的所视与感知，主要依靠眼睛；而问卷只是通过文字，见不上面也说不上话，一纸传递所附信息。

3. 写实意义的观察与统计意义的观察

写实意义的观察是指以描述性结果为主的观察活动；而观察结果可以量化处理时，则为统计意义的观察。前者是以往观察研究的主要风格。近年来，后者的设计方法渐被掌握，应用也逐渐广泛起来。

案例6-17

学生回答的类型与教师理答方式的观察[①]

为了研究课堂上师生互动交流的质量，研究者尝试将学生的课堂回答与教师的理答方式作进一步的分类，并在听课中，细致观察并记录各种类型的回答与理答的数量及其他情况。

学生回答问题的类型与教师理答方式的观察统计

项　目	行　为　类　别	频次	百分比（%）
学生回答的类型	1. 无回答	0	0
	2. 机械判断是否	14	13
	3. 认识记忆回答	36	34
	4. 推理性回答	23	22
	5. 创造评价性回答	12	11
	6. 主动提问	18	17
	7. 答非所问	3	3
教师理答方　式	1. 打断学生回答，或自己代答	12	11
	2. 对学生回答不理睬，或消极批评	11	10
	3. 重复自己的问题或学生答案	7	6
	4. 对学生回答鼓励、称赞	58	53
	5. 鼓励学生提出问题	11	10
	6. 追问	11	10

[案例分析] 这是典型的统计意义的观察。在以往的听课中，听课者可能只是粗略地分析课堂所见。但如果要基于证据来说明问题，统计意义的观察十分必要。案例中的表格一目了然地呈现了各类回答与理答的比例。当然仅仅凭数据还不能成为教学改进的依据。因为回答或理答行为是基于情境的。研究者需要基于情境来分析教学行为的正与误。这就需要保留一些典型的回答或理答的案例或片段，这需要写实意义的观

① 转引自：林卫平．校本教研行动在温州［M］．杭州：浙江教育出版社，2010：79－80.

察。所以，统计意义的观察显得很先进，但描述性的观察同样很重要，在实际研究中，两者应相互结合。

（二）观察研究的一般流程

问卷调查与访谈调查是以次为单位的，对于同一对象只进行一次（纵向访谈可能会有重复跟进的访谈）。而观察研究不以次计，表现为一段时间的持续观察和积累。它可能不厌其烦地反复跟踪同一对象观察数年。它包括若干观察活动单元的循环（如图 6－5 所示）。

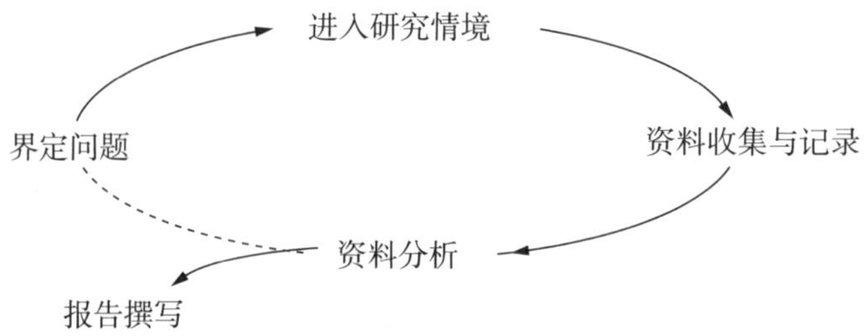

图 6-5　观察研究的基本流程

观察研究活动的基本程序包括以下五个方面。

1. 观察准备

观察准备包括：明确观察问题，选择观察对象，了解研究问题的背景，拟制观察提纲，选择设计观察条件，准备观察记录的标准与格式，对观察过程中的各种可能性的预期。

拟制观察提纲是观察准备环节的要点。观察提纲一般涉及以下几方面。

（1）谁？（有谁在场？他们是什么人？他们的角色、地位和身份是什么？有多少人在场？这是一个什么样的群体？在场的这些人在群体中各自扮演什么角色？谁是群体的负责人？谁是追随者？）

（2）什么？（发生了什么事情？在场的人有哪些行为表现？他们说/做了什么？他们说话/做事时使用了什么样的语调和形体动作？他们之间的互动是怎么开始的？哪些行为是日常生活中的常规？哪些是特殊表现？不同参与者在行为上有什么差异？在观察期间，他们的行为是否有所变化？）

（3）何时？（有关的行为或事件是什么时候发生的？这些行为或事

件持续了多久？事件或行为出现的频率是多少？)

（4）何地？(这个行为或事件在哪里发生？这个地点有何特色？其他地方是否也发生过类似的行为或事件？这个行为或事件与其他地方发生的行为或事件有何不同？)

（5）如何？(这件事是如何发生的？事情的各个方面相互间有何联系？有什么明显的规范或规则？)

（6）为什么？(为什么这些事情会发生？促使这些事情发生的原因是什么？对于发生的事情，人们有哪些不同的看法？人们行为的目的、动机和态度是什么？)①

2. 当事人的沟通

在观察研究中，要重视观察者与观察对象的沟通，使双方明白自己的任务与关注。表6-4罗列了课堂观察中的双方任务。

表6-4 课堂观察中观察者与观察对象的沟通与任务②

	观察者	观察对象
观察之前	1. 弄清本次观察的目的 2. 约见同事或助教来讨论 （1）那天课堂上会发生什么 （2）要关注什么 （3）观察过程中你会做什么 3. 确定讨论课堂观察的会议时间	1. 准备好与观察者讨论 （1）课堂目标 （2）当日课程计划的内容 （3）你需要观察者注意的地方 2. 告诉观察者 （1）你给他安排的座位位置 （2）你是否想让观察者参加课堂活动 （3）班级集合的地点和时间
观察过程中	1. 记录观察过程 2. 记录给你留下的印象和问题 3. 注意记录的观察内容间的时间间隔 4. 只在接到邀请时，才参与课堂活动	1. 把观察者介绍给整个班 2. 解释观察的目的 3. 向学生解释观察者的角色与作用 4. 及时写下课堂反思，为交流做准备

① 陈向明．质的研究方法与社会科学研究［M］．北京：教育科学出版社，2000：238.

② 根据 Roger Fisher 提供的 School Policy for Classroom Observations（学校课堂观察协议）整理而得，是美国华盛顿大学课堂观察研究者设计的一个指导性框架。

续表

<table>
<tr><th></th><th>观察者</th><th>观察对象</th></tr>
<tr><td rowspan="2">观察之后</td><td colspan="2">双方一起，重组课上发生的一切。思考课程目标及这节课，并请观察对象描述：
（1）课堂上进展顺利的内容
（2）课后觉得需要有所改变的内容
（3）课堂上的典型内容和非典型内容</td></tr>
<tr><td>（1）聆听同事的意见
（2）描述观察所见，而非评估观察所见
（3）最后，提出有建设性的建议</td><td>寻求有建设性的建议</td></tr>
</table>

3. 实施观察

在现场中，观察者的视角与思考也有阶段性的变化。观察初期，一般是全方位的开放式观察，观察员尽可能多地观察、感受和体会现场发生的事情；在对情境与对象有了初步了解后，观察逐渐聚焦，重点关注与观察问题联系密切的一些方面；随着观察与思考的深入，观察者的关注点会进一步集中，选择性观察成为这一阶段的特点。

在观察中，应把握中心不要离题，真实客观不加修饰，抓住典型透视本质，细致、顽强、积极、灵活，精确记录、及时归因。

4. 记录与收集信息

记录是观察的关键，是后续整理分析的基础。观察者事先应按照研究目的准备好各种记录表式。记录表式可以很灵活，但记录须清楚而有条理，便于今后查找。观察过程中的记录应及时，不可依赖记忆。如需临时调整记录格式或增加记录辅助手段（照片、录音、录像等）时，可临机及时调整。

走进现场，先迅速绘制一张现场草图，然后按照“事实笔记”与“个人思考”左右栏的形式记录现场的所见、所闻与所思。记录纸不要太小，页边应留有一些空白，以便补充记录或作分析评注。记录的段落不要太长，当新事件发生、新人物出现或新话题提出时，应另起一段。观察记录时，还可用符号标注重点。“个人思考”虽然反映的是观察者的主观认识，但这是现场中自然的感受与理解，也是日后研究的重要素材与细节。

5. 整理与分析材料

整理与分析材料有两种模式，一是整理分析与观察记录同步，另是整理分析稍迟于观察记录。有些专家反对同步分析的做法，因为同步分析可能会由于观察者判断的引入而影响信息记录的客观性。

整理分析观察资料比问卷调查的信息处理困难得多。因为观察研究的信息处理方案很难提前准备，许多原始资料的分析需要良好的习惯。所以，要及时小结，分类整理。

结构性观察的研究材料整理起来相对容易，有的借用医院里常用的"体温血压曲线"来记录规律性的变化。但结构性观察的分析不够翔实与生动。非结构性观察的研究材料整理起来比较麻烦，但资料丰富翔实。所以，两者的相互结合与取长补短是一条重要的策略。

（三）观察研究的记录方法

观察记录方法可以按定性或定量、全景或抽样、文字或图像等维度分为以下若干类型。

1. 完整叙述（国外称 Narrative system，译作"叙述体系"）

这是没有预先设置分类的开放记录，是定性观察记录的主要方法。观察者在对相关事件和行为作详细真实的文字记录的同时，还会附注一些自己的主观评价。这类观察笔记一般包括：教育现象的粗略描述，事后追忆的应重视的现场情况，对某些现象的分析意见和简单推论，个人的初步印象和感觉，下一步应继续搜集的信息有哪些，如何进行搜集。①

从记录的侧重点看，此中还有三种具体的记录方式：一是日记记录，这是以时间为线索的流水账；二是轶事记录，它是关于事件的详细记述，因为现场信息无限丰富，人的观察记录能力是有限的，选择关键事件进行观察记录不失为一种策略；三是时间片段记录，它是选择特定时段进行观察记录，因为观察者不可能无时无刻活动在现场，所以可以选择典型时段的观察来说明总体。轶事记录与时间片段记录可以视作事件取样与时间取样。取样记录是一种有选择的描述，是一种突出重点的观察记录。

人类学研究中常说的"实地笔记"（也称田野笔记），其实也就是观

① 王铁军．中小学教育科学研究［M］．武汉：武汉大学出版社，1997：140.

察研究的记录方式。这种记录方式的意义在于不仅要记录现场所观察到的人、行为、事件和谈话等，还要记录研究者个人的想法、推测、情感、印象等，并要求对行为背后的意义作出诠释。

2. 分类描述（国外称 Descriptive system，译作“描述体系”）

这是在一定的分类框架下，对观察目标进行各种形式的描述。

案例 6－18

学生参与状况的课堂观察记录[①]

2008 年 11 月，全国外语教学研究工作会议在温州实验小学召开。与会代表观摩了温州实验小学英语教研组的现场教研活动。活动围绕“怎样使学生的语言表达内容更丰富”的主题，进行观课议课，下表是当时的一张课堂观察记录表。

“促进学生的语言输出丰富性研究”学生参与状况记录表

学生学习活动	目的指向	参与度	参与水平	精彩发言或典型细节	听课感言
Talk about good friends.	引导表达框架				
Good friends test.	铺垫语言，激发情感				
Talk about friendship.	引导表达框架				
Learn a poem.	提供表达典范				
Make a new poem.	提供表达平台				

说明：1. 参与度评价可用数字记录：1——好；2——一般；3——差。

2. 参与水平可参考如下选项：A 准确性；B 流畅性；C 多样性；D 创造性；E 其他。

［案例分析］ 在这个课堂观察记录中，首先是对目标行为作了分解，要求分别进行细致观察。“参与度”与“参与水平”的观察是结构性的，要么是等级评价，要么是能够“对号入座”的判定。“精彩发言或典型细节”属于分类描述记录，“听课感言”则是保留教师现场思考与感受的一种形式。

① 转引自：林卫平．校本教研行动在温州［M］．杭州：浙江教育出版社，2010：83.

3. 分类定量统计

定量观察通常要预先设置行为的类目，随后对在特定时段内出现的类目内的行为作记录。郑金洲教授称此为“分类体系”，具体可分为编码体系、记号体系和等级量表。①

（1）编码体系。以课堂观察为例，国外有代表性的编码体系有几百种，弗兰德斯（N. A. Flanders）的互动分析分类体系（FIAC）是其中较早出现的较为著名的课堂行为分类方案。它将师生课堂上的言语活动分为10类（见表6-5），采用时间抽样的方式，每隔3秒记下最能描述课堂言语行为类别的相应编码。一堂45分钟的课，将会有900点编码记录，研究者据此来统计分析课堂上的师生行为。

表6-5 Flanders 互动分析分类体系的师生行为分类②

教师说话	回应	1. 接纳学生感觉 2. 赞许学生行为 3. 接受学生观点
	中立	4. 问学生问题
	自发	5. 讲解 6. 指示或指令 7. 批评或维护权威行为
学生说话	回应	8. 回答老师提问或按老师要求表述
	自发	9. 主动表达自己的观点或向老师提问
静　止	中立	10. 沉默或疑惑或不理解

（2）记号体系。观察前，预先列出需要观察并且有可能发生的目标行为的清单。观察者在这些行为发生时做个记号，最后核查这些行为有无发生以及发生的频次。通过频次的对比说明一种现象，或解释一种规律。有的称此为“行为检核”。

（3）等级量表。观察前，编制一张等级量表。经过现场观察，在观察结束时就目标行为作出相应的等级评价。它与记号体系是相仿的，但

① 郑金洲，等．学校教育研究方法［M］．北京：教育科学出版社，2003：113－114.

② 郑慧琦，胡兴宏．老师成为研究者［M］．上海：上海教育出版社，2005：149.

它要求观察者作出更多的权衡和判断。

案例 6-19

试卷分析课的观察记录[①]

温州市第三中学开展改进试卷评析课的研究，为此设计了试卷分析课的观察记录表，给老师们提供试卷评析课应遵循的规范和要求。

试卷分析课的观察记录表

<table>
<tr><td colspan="2" rowspan="2">试卷分析课整体设计
观察视角</td><td rowspan="2">时间分配</td><td colspan="5">评　价</td></tr>
<tr><td>优秀</td><td>良好</td><td>一般</td><td>不满意</td><td>未观察到</td></tr>
<tr><td rowspan="5">主要视角</td><td>整体答题分析
（有数据说明）</td><td></td><td></td><td></td><td></td><td></td><td></td></tr>
<tr><td>局部分析突出
重点与难点</td><td></td><td></td><td></td><td></td><td></td><td></td></tr>
<tr><td>知识点查漏补缺</td><td></td><td></td><td></td><td></td><td></td><td></td></tr>
<tr><td>解题方法指导
（或订正与练习）</td><td></td><td></td><td></td><td></td><td></td><td></td></tr>
<tr><td>适度拓展
（或练习跟进）</td><td></td><td></td><td></td><td></td><td></td><td></td></tr>
<tr><td colspan="8">总评价：（简要文字）

观察人姓名＿＿＿＿＿观察内容＿＿＿＿＿</td></tr>
</table>

［案例分析］ 这是一个等级评价的案例，虽不能达到等级量表的标准，但已体现分类等级分析的思路。学校要求教师在听课时按此表作为分析支架，并在课后从五个方面进行等级评价。这一设计无形中建立起了评价试卷分析课的五个基本观点：①试卷分析要有定量的统计；②要针对考纲重点或学生知识及能力进行缺漏分析；③要留给学生一定的时间动笔纠正错误；④要进行解题方法的指导与归纳；⑤要进行适度能力拓展。

① 节选自浙江省温州市第三中学胡玫老师主持的“改进初中科学试卷分析课的研究”课题的报告。

4. 图文结合的记录

在定性描述中，还有更为直观的、辅助性的记录方式，即用环境布局图、位置图等，配以现场人员活动的标注，来报告观察结果。所以，观察者一进入现场，可先绘制现场简图，以便于进行后续活动的记录。图 6－6 示意的是某班学生在某节课中呈现的学习讨论关系与组合。

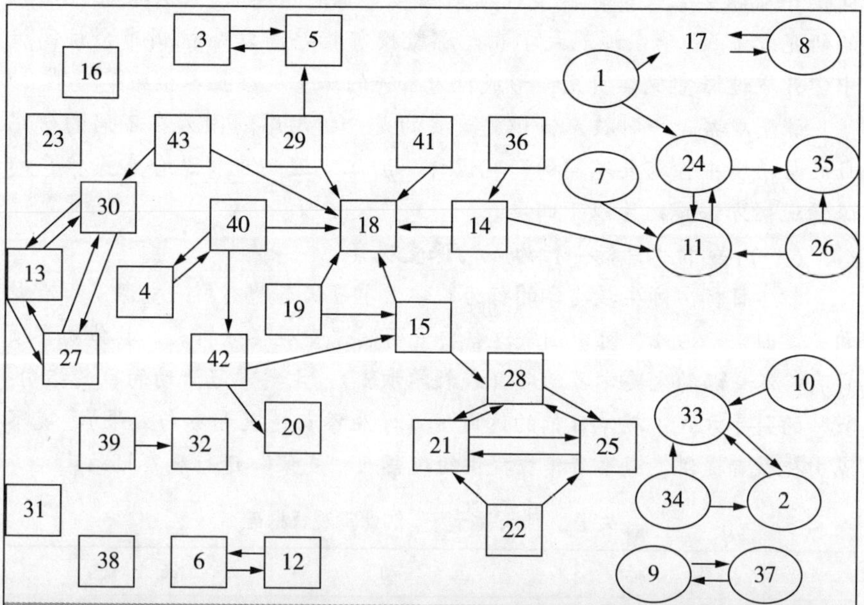

说明：该图是某班学生学习讨论关系图。全班43名学生中有4名没有加入到集体讨论，班内有5个讨论中心，其中29名学生可以全部连通。图中椭圆表示女生、矩形表示男生，数字是学号，箭头的方向表明该学生愿意主动和另一学生讨论。

图 6－6　学生学习讨论关系图①

5. 工艺学记录

这是指使用录音、录像、照片等电子形式进行现场行为事件的永久性记录的方法。这也是利用技术手段的辅助性的记录。它能够避免现场记录动作太慢、追忆记录容易信息遗失的缺陷，便于研究者反复、细致地研究现场，有助于对一些微观的问题作深层研究，并为研究提供可靠的证据。但是利用录音、录像的研究相当费时，而且费用也大。

---

① 青浦县数学教改实验小组．学会教学［M］．北京：人民教育出版社，1991．

案例6-20

实用主义的课堂观察研究思路[①]

课堂观察（Classroom Observation）是指研究者带着明确的目的，凭借自身感官以及有关辅助工具（观察表、录音录像设备等），直接（或间接）从课堂上收集资料（包括定性与定量的信息），并开展相应研究的研究方法。[②] 华东师范大学崔允漷教授曾指导浙江省杭州市余杭高级中学开展过课堂观察研究，形成较为系统的课堂观察技术框架[③]。

课堂观察是一种技术，但更重要的是分析思路。因为在不同的研究目的与情境中，需要不同的研究设计。浙江省温州市将适合常态推广的课堂观察方法总结为以下四类。

（一）关于“目标—行为”的课堂观察

教学目标、师生教与学的行为、学生学习状态是刻画一堂课是否有效的关键因素。为此，可以围绕这些要素研制课堂观察分析表。具体观察项目有：本堂课的主要学习活动（或教学步骤）；主要学习活动的目的指向；教师的引导方式；教学目标的达成度（学生参与情况和参与效果）。观察点由执教者提供，观察者根据提供的观察点“支架”进行观察记录。

关于“目标—行为”的课堂观察框架

<table>
<tr><th></th><th>目　标</th><th>互　动</th><th>状　态</th></tr>
<tr><td>教师</td><td>确立的合理性
达成的策略性</td><td rowspan="2">教师采用何种策略，教师行为如何引发互动，引发了何种互动，互动的程度如何，这种互动是否基于学生实际、目标达成、课型与知识特点等</td><td>是否关注并以何种策略促进学生良好的课堂状态的形成与维护</td></tr>
<tr><td>学生</td><td>达成度
达成效率</td><td>情绪是否饱满、参与是否积极、思维是否活跃等</td></tr>
</table>

① 整理自温州市教育教学研究院朱跃跃老师提供的研究资料，详见《校本教研行动在温州》。

② 陈瑶．课堂观察指导［M］．北京：教育科学出版社，2002：1.

③ 沈毅，崔允漷．课堂观察：走向专业的听评课［M］．上海：华东师范大学出版社，2008：1.

（二）聚焦关键问题的课堂观察

课堂教学中经常出现问题，一般情况下我们不可能面面俱到地逐个进行观察分析，而应是聚焦关键问题。聚焦关键问题的描述性观察主要属于定性观察的范畴，它要求观察者围绕特定的主题，设计相关的观察的视角和视点，根据视角与视点设计观察量表，观察收集有关信息，研究分析主要相关因素，有的放矢地尝试解决。

（三）基于价值评判标准的课堂观察

课堂教学中的许多东西是无法用具体数据来说明的，需要观察者带着一定的课堂教学评价量规，进行带有评判意义的观察。这种课堂观察有三种基本形式：一是依据观课目的制定有效性评判标准；二是依据学科特点制定价值评判标准；三是依据课堂教学构成的三要素制定价值评判标准。这种课堂观察方法既能突出和聚焦需要关注的问题，又不失过于精细、烦琐。既可以是一种鉴定或评价，也可以是一种引导和培训，使教师在课堂观察和量表制定的过程中理解和内化课堂评价的标准。

（四）自主选择观察点的课堂观察

自主定点观察分执教者定点和观课者定点两种。观察记录表可以由执教者设计，以让观课者了解执教意图及观察分析的意图；也可以是观课者根据自己的需求自主选择观察点进行观察。

例如，在主题为“从学生学习状态折射教师教学行为”的课堂观察中（执教者选择观察点），一位教师为了观察学生参与学习的情况，请另一位教师帮助观察一个小组的五位学生的学习情况，设计了进入学习状态的时间、完成任务的时间、正确度和自主学习的态度等几个有针对性的观察要求，请观察者做好记录，并尽可能多地留下信息，作为改进教学的依据或研究的基本素材。

这种观察方法的优点是能够体现教师的自主需求，有助于教师真正发现问题，比较适合教师个体的课堂研究。但如何选择观察点，对于观课者来说要求不低。选择的观察点要明晰，观察点的设计要便于记录。

四、测量调查的工具与实施

在问卷调查与观察研究中，都有测量调查的痕迹。因为作为“信息搜集技术”，它们之间有着千丝万缕的联系。将问卷调查完全量化，完全改成封闭式问题，并经标准化校验后，问卷就成了测量调查；观察调查中的评定观察其实就是一种情境测验。

测量调查法，是用一组标准化的题目，按规定程序，以测量的方式研究对象心理与教育活动规律的方法。其特点是采用标准化的测验工具，并对研究对象进行数量化分析。

（一）测验的基本类型

教育测验是应用自然科学的数理方法于教育研究时出现的。其在心理学领域的应用较早。目前的许多教育测验实质上就是心理测验，或者是用心理测验来研究教育问题。关于测验类型的分类思路很多。常见的是根据测验内容的分类①：

1. 智力测验

用以测量被试的智力的高低，其结果常以智商（IQ）来表示。如瑞文标准推理能力测验、韦克斯勒儿童智力量表（WISC－CR）和我国学者编制的团体儿童智力测验（GITC）等。

2. 能力倾向测验

用以测量被试潜在的某种能力，包括一般能力与特殊能力，以了解其发展倾向。如音乐、美术、体育、创造力、想象力、记忆力等方面的能力测验。

3. 成就测验

用以测量某一学科或领域的学业成绩，了解其在一个规定范围内知识和技能方面达到的水平。如识字量、阅读、算术测验等专项测验和学科学业测验、综合成就测验等。

4. 个性人格测验

用以评价、测量被试的气质、兴趣、态度、价值观、动机、性格等人格特征。具体包括情绪测验、品德测验、性格测验、气质类型测验等。如明尼苏达多项个性测验（MMPI）、艾森克人格问卷（EPQ）和卡特尔人格特质测验（16PF）等。

上述四类测验也被概括为心理测验（包括前述的1、2和4）和学业测验（第3项）两大类。

① 裴娣娜．教育研究方法导论［M］．合肥：安徽教育出版社，1995：198.

（二）测验量表及其编制

1. 量表的分类

测验结果必然是量化的报告。所以，标准的测验一般也称量表。常用量表有四类（其比较详见表6－6）：

（1）类别量表（称名量表）。根据对象的某一特点，用数字代表分类的一类量表。如用1表示高中生、2表示初中生、3表示小学生。其数字不具备数量意义，只具有区别作用。

（2）等级量表（顺序量表）。按照对象的某一特点，按大小或重要程度排列出等第次序。如按学生考分排列名次。其数字能够进行大小比较，但不能进行加减乘除的运算。

（3）等距量表。用间距相等的分数点表示测量的结果。这样不仅描述了顺序，也确定了等距的单位。如学生的智商值、课堂教学评比的专家评分等。因为有单位，数量可以进行加减运算，但不能作乘除运算。

（4）等比量表。在等比量表中，不仅可以测量对象之间的相关性，而且还可以知道相互间的比例。因为它有具体意义的绝对零点，如体重、身高等。数量可以表示倍数关系，也可进行加减乘除运算。所以，适用的统计方法最多。

表6-6　四类测量量表的比较①

名　称	特　点	基本功能	数学特征	适用统计方法
类别量表	分类符号	分类、描述	= ≠	百分比、x^2检验、相关系数
等级量表	分类符号 等第顺序	分类、描述 可按顺序排列	= ≠ > <	中位数、四分位差、等级相关、非参数检验
等距量表	分类符号 等第顺序 有相等单位	分类、描述 可按顺序排列 差值的确定与比较	= ≠ > < + −	算术平均数、方差、积差相关、复相关、参数检验
等比量表	分类符号 等第顺序 有相等单位 有绝对零点	分类、描述 可按顺序排列 差值的确定与比较 比值的确定与比较	= ≠ > < + − × ÷	算术平均数、方差、积差相关、复相关、参数检验、几何平均数

① 吴增基．现代社会调查方法［M］．上海：上海人民出版社，1998：72.

2. 测验量表的编制

测验量表的编制会因测验内容与性质的不同而不同。但由于测验原理大致相同，测验编制大致可分为以下几个步骤：

（1）确定测验目标（测谁、测什么内容、测验目标是什么等）；

（2）拟订编题计划（怎么测、具体项目、内容比重等）；

（3）编制测验题目（题目数量、形式、时间安排、分数分配等）；

（4）试测和项目分析（样本、题目的难度、区分度、被试的反应等）；

（5）修订、筛选测验题目（施测程序、指导语、时限、计分标准等）；

（6）组成正式测验（建立常模、编制测验手册等）；

（7）检验测验的可靠性与有效性（建立测验的信度与效度等）。

标准化测验的编制要求较高。其关键特征有三点：一是效度要高，即测验的准确性要高，确实能测出所拟定的目标；二是信度要高，即测验的可靠性要高，测验结果能真实反映被试的实际水平；三是有常模比较，即测验能解释实际测得的分数，能评价被试的水平与程度。[①]

案例 6－21

“以学评教”的学生量表的开发[②]

“以学评教”的出发点是从学生的学习状态来评价教师的教学状况，以引导教师从促进学生积极有效地学习的角度组织教学活动。根据教师有效教学行为的已有研究，课题组提出“好教学”的基本维度为：课堂教学的易懂、激励性、思维质量和满意度，并据此设计了开放性的《课堂学习感受调查问卷》。根据调查收集到的千余条学生意见与感受描述，归纳整理得到 200 多条建议，然后以此设计了按 Likert 五级评分的、由 87 个项目组成的《“以学评教”学生量表（1.0 版）》。

在进行试测以及试测结果的项目分析之后，结合学生访谈与文献研究补充项目，形成由 108 个项目组成的《“以学评教”学生量表（2.0 版）》。接着继续通过试测与项目分析，确定 24 个正式测量项目，最终

① 陶保平，黄河清．教育调查［M］．上海：华东师范大学出版社，2005：147.

② 本课题负责人系浙江省义乌市义亭中学的陈报化老师。

形成《“以学评教”学生量表（3.0版）》。根据24个项目的因素分析，归纳出量表的4个公因子，概括为本量表的4个评价维度：学业能力感、教学满意感、学习努力感和学习自控感。

“以学评教”学生量表的4个评价维度

一级评价维度	定　义	权　重
学业能力感	学生应对学习任务的能力方面的体验	35
教学满意感	学生对学习生活的满意度	25
学习努力感	学生对学习投入程度的体验	20
学习自控感	学生面临学习挑战时的主动程度	20

通过学生学习状态的评定，可以用低效层次、过渡层次、合格层次、优质层次和魅力层次五个等级来描述教师的课堂教学水平。

[**案例分析**] 案例反映了一则测量调查的形成过程。首先是测量的立意，然后是评价维度的初步架构。在开放性调查的基础上，初选测量项目，然后经过数轮试测与项目分析，形成能清晰反映有关评价维度的测量量表。作为一项测量调查，测量什么，从哪些维度进行测量，如何进行测量结果的解释与运用，需要整体规划，步步完善。其中还要涉及项目分析、因素分析等统计分析技术和SPSS等工具软件。

（三）测量调查的注意事项

测量调查的一般程序有四步：一是根据研究目的，选择合适的测量工具；二是按标准化测验的要求组织施测；三是客观准确地记录被试的反应；四是合理解释测验结果。具体实施中应注意：

1. 选择与研究需要相匹配的测量工具

选择测量工具必须符合研究需要，从研究目的、研究对象、研究资源等方面作综合考虑。当前，在中小学教育研究中，除了少量自制的测评量表外，中小学教师自己研制心理测量的量表是不现实的。更多的心理测量采用现成的工具。所以，引进测验是一种常见模式。首选的是与研究目的相配的、权威的标准化测验或量表。当然这样的权威量表较少。所以，可以退而求其次，选用经过标准化处理的有关等级量表。如果都没有，只好自编测验工具。

在许多研究课题中，以一般的考试成绩作为反映学生学业进步的证据，这是不严密的。因为通常的考试试卷尚未达到标准化测验的要求。它只能粗略描述学生的学业情况，以此为据的量化分析并不可靠。当前，学业测验的标准化是一个较为活跃的研究方向。有关研究技术尚未普及。

2. 确保测验的标准化

测验实施要尽力做到标准化，不同的测验人员在不同地点开展测验时，要严格按照测验手册中规定的要求与程序实施。要同等对待被测人员，为每位被测人员提供尽可能相同的测验条件，包括提供相同的信息，主持测验者对指导语的解释、时间限制、测试环境选择、测试时的态度均要相同。甚至当被测人员不理解题意时，是否要解释、如何解释，也要有统一的规定。这样才能保证测验的标准化，测验结果才有可比性。

要保证测验标准化，测验前必须做好充分准备。从事测验的人员须具备一定的专业基础知识或经过专门的培训，熟悉测验材料和工具，熟悉指导语与操作程序。只有保证测验操作的规范，才能保证测验结果解释的精准。

3. 要正确对待和解释测验的结果

经过标准化测验的结果应该是可信的，但测量调查也有不足之处。因为测量调查大多采用定量分析方法，难以进行定性分析，而且多在静止的水平上描述和解释。而研究对象却是处于动态变化之中，有各种变化的可能，所以不能凭一次测验就下定论。应该不断地收集材料，分析研究对象的发展变化情况。

要谨慎解释测验结果。不要给测验分数低的被测人员“贴标签”；不要伤害被测人员的自尊心。要遵守测验的职业道德。对涉及个人隐私的问题要为被测人员严守秘密。

4. 做好测验试题的保密

教育测验量表不像物理测验工具（如尺、秤等）那样，可以在被试身上反复使用。如果教育测验内容公开，就会出现针对性的提前训练，测验也便失去价值。所以，测验必须掌握在专业研究人员手中，不可随意进行社会传播。

随章任务

1. 教师作业行为的再调查

请根据案例 6-11 "关于'作业布置是否精选'的调查"的结果，倒推设计关于教师日常作业行为的调查问卷。然后组织一次问卷调查，根据调查结果作深度分析，并形成调查报告。

2. 有效作业的特征

教师们在布置作业前，应该对作业的有效性进行自我估计，然后进行如下处理：（1）根据学生程度差异提出有所区别的作业要求；（2）删掉一些质量较差的作业；（3）思考并简要记录自己作上述处理的理由。

坚持一个月后，设计一个多角度的观察和调查方案，了解这一做法有无效果，并写一篇关于"有效作业的应该特征"的小论文。

3. 选修课开设与管理的研究

案例 6-15 是关于学校开设选修课的调查问卷的片段，目前还有些粗糙，现征求对此的补充与修改。

第一步，请分析每题的解释意图；第二步，进一步明确调查目的，规划补充调查要素；第三步，将调查要素通过"调查点"反映到问卷初稿上；第四步，根据问卷初稿构想信息处理的计划；第五步，补上调查问卷的前言和基本信息调查部分；第六步，假想自己是被调查者，检查问卷初稿和信息处理计划的可行性与操作性；第七步，修订问卷，优化信息处理计划；第八步，找一个班进行试调查，根据发现的问题进行问卷的进一步修改。

形成问卷后，组织一次调查，并形成调查报告。

4. 师生座谈话教改

案例 6-16 介绍了教师通过学生座谈会的形式了解学生对课本剧形式的活动化教学的意见和参与情况。请以自己正在开展的教学改革活动为例，参照案例 6-16 策划一次师生座谈，了解学生的感受与分析视角，以为改进教学提供信息与参考。

5. 课堂观察的技术与策略

案例 6-20 介绍了系统的课堂观察技术框架与基于明确目的的课堂观察策略。案例 6-17、6-18、6-19 呈现了三则具体的课堂观察研究的实例。请在本章学习的基础上，结合自己的教学实际，找几位同事一起开展一项课堂观察研究。可以关于提问、作业、开小差、学生相互交流等方面。观察方式也可以多样，可以借助现代教育技术。要求同时应用定性与定量方法，将观察与评析结合起来。

第七章

成果的总结

成果总结环节的主要任务是整理研究资料，总结认识的发展与实践的进展，向同行提出改进教育实践的建议。

问题 1：改进实践的行动建议是什么？
问题 2：提出这一行动建议的理由是什么？
问题 3：行动建议的操作性和可推广性如何？
问题 4：精练地呈现成果的必需材料有哪些？
问题 5：还有哪些需要进一步研究的问题？

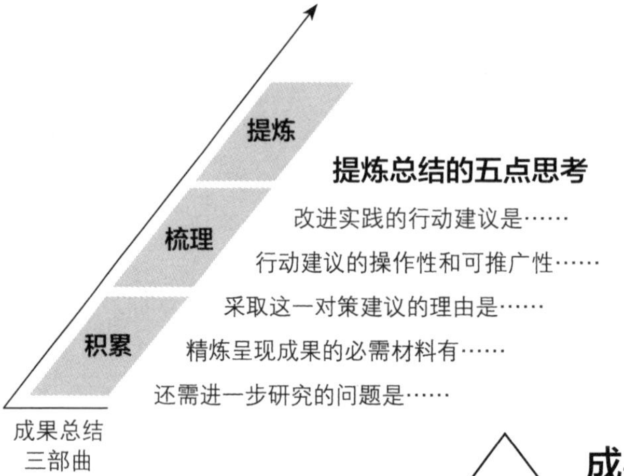
提炼
梳理
积累
提炼总结的五点思考
改进实践的行动建议是……
行动建议的操作性和可推广性……
采取这一对策建议的理由是……
精炼呈现成果的必需材料有……
还需进一步研究的问题是……
成果总结
三部曲

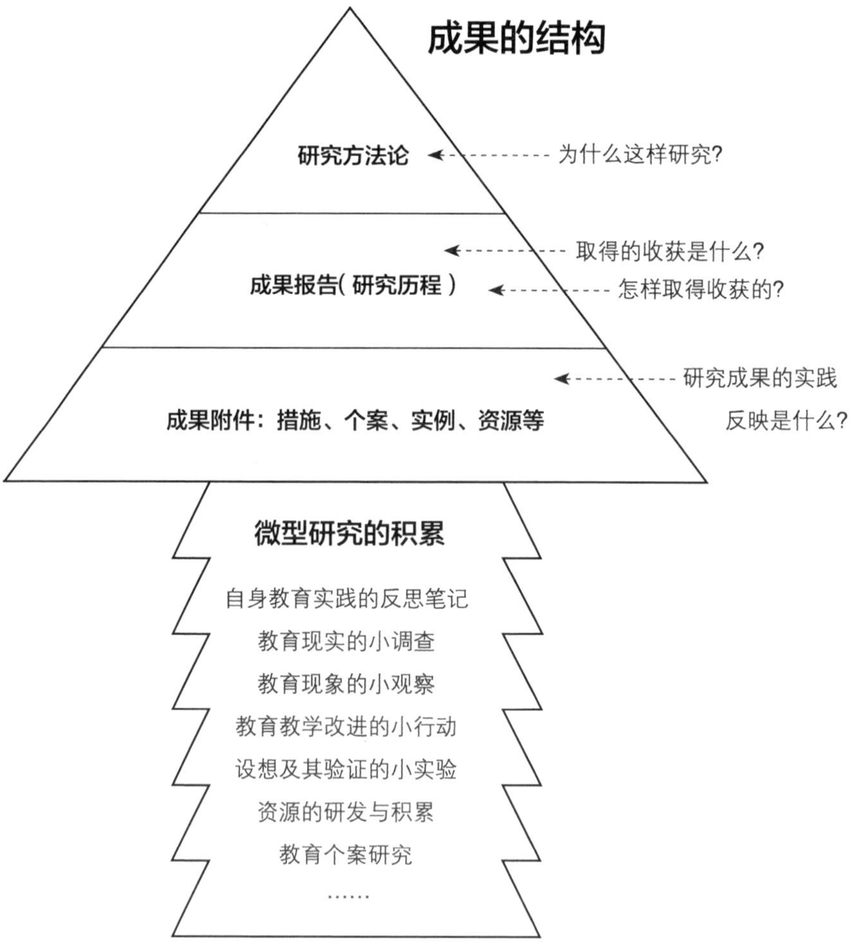
成果的结构
研究方法论
为什么这样研究?
取得的收获是什么?
成果报告(研究历程)
怎样取得收获的?
研究成果的实践
反映是什么?
成果附件：措施、个案、实例、资源等
微型研究的积累
自身教育实践的反思笔记
教育现实的小调查
教育现象的小观察
教育教学改进的小行动
设想及其验证的小实验
资源的研发与积累
教育个案研究
……

中小学教育研究的成果主要反映在教育实践的改进（或称问题的解决）、改进实践的建议以及建议背后的道理与规律三方面。怎样引导教师在研究中更好地体现实践性、建设性以及理论与实践的结合，必须及时进行研究资料的整理与总结，让思考与行动“形影相随”。研究成果的总结，不能等到课题结题时。在研究过程中，基于实践观察的思考，有的是反思，意在进一步完善行动；有的已在“积”成果之“跬步”，形成观点和建议，以求最后“至千里”。

一、研究总结的一般过程

很多课题在研究初期都会进行现状调查，据此发现实践改进的切入点；然后积极开展对策行动，并通过实践观察，及时获取并积累研究资料；在资料积累的同时，进行资料的整理、分析与提炼；最后，提出建议，形成成果报告，提交必要的佐证性材料。不少课题在总结前夕，还会进行研究成效的评估，以检验研究的真实进展。

（一）研究初期的调查分析

研究之始的调查是必要的。一方面为问题分析与归因提供证据，另一方面也是一种前测和对现状的初步描述，这为后期的成效评估提供基础信息。所以，研究总结不能忽视这一调查环节。

案例 7－1

高中数学优化学困生“作业模式”的行动研究[①]

在许多高中，由于长期以来重视以“练”为主的数学学法，衍生出以“量”取胜的错误观念。不合情理的作业常常令学生身心疲惫，信心散失，剥夺他们本该用来弥补缺陷的黄金时间。特别是一些数学学困生，仍然沿袭以往的题海训练模式，非但难以提高成绩，反会下滑更快。所以，对于高中数学学困生，必须从优化“作业模式”来突破。

“作业模式”涉及作业类型、作业量、学生学习时间的自主支配情况等多方面。

① 本课题负责人系浙江省建德市严州中学的钱大林老师。

课题组在研究初期策划了三项调查。一是以本校各班高一学年4次数学测验成绩中靠后的10名学生为样本（共60人），抽取30人进行访谈调查，了解他们花在数学作业、预习、复习上的时间情况，了解他们自主支配的时间情况，以及对作业量、作业内容和模式的期待等；二是与备课组教师座谈，结合前述调查结果，设计问卷调查的问题与选项；三是面向本市4所高中的学生，用自制问卷进行抽样调查，了解他们对于数学作业的态度，推断学困生的作业困境与现行的“作业模式”。

［案例分析］ 课题组十分精心地策划了研究初期的调研，包括问卷形成的策划、三次调查的对象选择和取样设计都很好地体现了分析学困生作业困境的研究目的。通过学生的个别访谈，从学困生的立场，掌握第一手资料，了解学困生作业及学习的基本情况，使后继调查的设问点渐渐明确；通过备课组座谈，将学生立场的想法与教师立场的分析相比照，相结合，确定问卷调查的问题和备选项。这两个步骤，既提高了问卷的质量，又以丰富的描述性信息与问卷调查的定量化结果形成互补。这样的研究初期的调查策划与结论自然成为研究报告的一部分。

（二）研究积累资料的分析

研究过程中的资料积累包括来自实践的信息与文献资料两大方面。有的资料是一些定性的描述，有的资料是量化统计的信息。成果总结的功夫一半在过程的积累，一半在最后阶段的集成与提升。及时做好资料的整理分析十分重要。

研究资料的整理分析一般分为汇总（将零散资料汇集在一起）、筛选（精选有关的代表性资料，根据重要性区分保存资料）、阅读（翻阅或泛读，了解资料的大意）、分类（根据内容进行分类保存，并编制简易的索引）、摘要（将重要内容摘录出来或整理成提纲）五个环节。具体的思辨加工过程可概括为三个步骤：素材的析分与罗列、梳理彼此间的联系、提炼核心观点。

1. 素材的析分与罗列

在全面通读有关文献与实践资料的基础上，先要进行筛选，将与研究问题有关的、有说服力的材料筛选出来，并对每一材料作一简明概括。然后将这些素材（包括实践中的具体做法、典型事例或文献资料中的主要观点等）一一枚举罗列出来，在比较中理解、运用、调整、检验、定型，形成能够相对独立地说明观点的素材。当然这应是典型而真实的。

2. 梳理彼此间的联系

孤立的素材不是成果，规律常常隐藏在事物间的相互联系之中。资料分析的第二步是从丰富的素材中分析相互的异同，寻找彼此的联系，以及区别的依据所在。这样的思维过程的核心就是归类，即将具有相同属性的素材归为同一类别。然后，在比较与归纳中，总结出归类的依据。

归类依据的总结，标示了研究从经验层次跃升到理论层次。通过事实性材料的比较，形成概括性材料，再从特殊结论推向普遍意义的一般规律。这一环节的质量主要看素材与素材间、命题与命题间的相互关系的逻辑性和严密性。

3. 提炼核心观点

在完成素材整理、明确相互联系后，应该对其间包含的普遍意义的规律加以提炼与总结，从而获得研究结论与核心观点。这一环节是成果总结的点睛之笔。

（三）研究成效的评估

成效评估是指课题组根据研究实施中收集到的材料，对行动措施是否已解决问题，或在多大程度上解决了问题，作出基本的分析与判断。它是对前因和后果两者之间的相关性或相关程度的评估。不同的研究意图，要有不同的评估策略，且选择不同的信息搜集方法。

表 7-1　不同的评估策略及相应的信息搜集方法①

评估策略	问　题	方　法	实　例
描述性评估	措施落实得如何，效果是否存在？	收集个体或小组的数据材料	学生的阅读达到了什么水平？他们在家的阅读量是多少？
相关性评估	该措施与该结果有相关性吗？	从同一小组中至少收集两组数据材料	阅读水平是否与在家的阅读时间有关？

① 摘自内部资料《学校行动研究实施手册》，汪利兵，2001 年。

续表

评估策略	问　题	方　法	实　例
准实验性评估	是该措施造成该结果吗？（弱检验）	比较两组不是随机取样的数据材料	我班的阅读水平与隔壁班（未采用家庭阅读计划）不同吗？
实验性评估	是该措施造成该结果吗？（强检验）	比较两组随机取样的数据材料	家庭阅读计划是否导致阅读水平的提高？

成效评估可以是研究完全结束前，也可以在研究阶段性小结时。不过，并不是所有的研究都必须进行成效评估。因为有些研究很难有确切的量化的成效反映，有些探索性实践的操作因子难以严格控制。

（四）形成建议与成果

较为完整地看，一项研究在完成之时，应该提交的成果包括以下几个部分：（1）研究背景的分析；（2）研究思路；（3）教育教学改革的进程；（4）主要成果（观点、认识、模式构建、理论发展等）；（5）实践建议（教育教学方案）；（6）典型素材案例；（7）实践成效与影响；（8）其他说明研究过程的资料。

这些成果应以怎样的方式呈现？具体载体有两部分。

1. 成果主报告

这是一项研究的实践概括与理性收获的集中报告，是关于研究设计、研究历程与研究结论的综合陈述。其中包括研究选题的意义的讨论、研究的思路与方法、研究历程的简要说明、基于实践素材的核心结论（观点、规律、方案和建议等）以及对成果的自我评价等。成果的关键在于是否形成有较好操作性的、改进实践的行动建议，并对对策建议背后的道理或规律作必要的阐述。

2. 成果附件

这是研究成果的实践反映，是关于问题解决建议的实践资料与反映研究过程的佐证材料的集合。前者应具有操作性，这是研究成果推广应用的起点。如关于教学改革的研究，就应该有反映教学改革的教学设计、活动设计等方面的资源；如是心理教育研究，必然会有个案研究报告。后者应强调真实性，记录研究进展中的关键事件。

附件一般包括：子课题研究报告、相关研究论文、自编的研究工具

(如调查问卷、测验量表等)、研究过程中重要活动的纪要、典型的教学(活动)设计和个案研究报告、相关成果的获奖证明等。收入附件的材料须有典型性，必要时还要在材料上作些说明或点评。同时在主成果报告的有关段落中注明“详见附件×”。

在成果总结中，要以简明、清楚、规范、适当的方式呈现成果。附件材料并不是多多益善的。研究者要认真思考，精练地呈现成果的必需材料有哪些？合理的呈现形式是什么？成果不要过度包装，也不要将无关的内容和关系不大的材料充入附件。

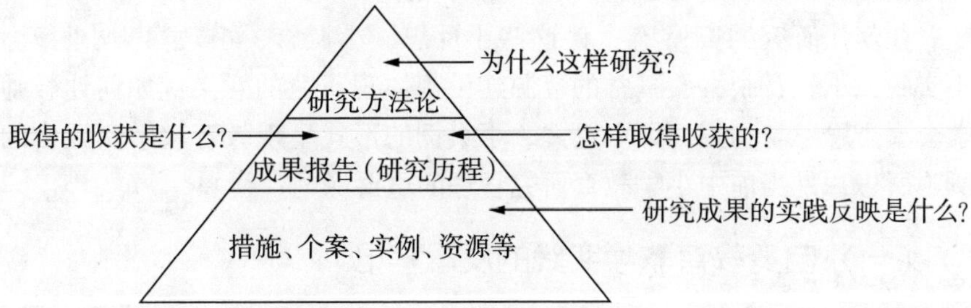

图7–1 研究成果的层次结构

上述两部分构成了研究成果的基础材料。对于专业研究者来说，可能还要思考“为什么选择这一研究思路”的问题。这是成果总结的最高层次的方法论层面的思考（如图7－1所示)，是对研究设计与成果科学性的元研究，是提高研究水平和学术能力的重要方面。但对于中小学教育工作者来说，这方面通常不必要求。

二、微型研究的积累

中小学教育研究的选题有大有小。有的大课题明确包含有若干子课题，子课题成果就是总成果的一则实践案例。但也有不少大课题没有明确的子课题，而是由若干“微型研究”有机组合而成。如果忽略了下位的“微型研究”的落实，上位的课题也便成为“空中楼阁”。

研究是否都要“搭起大架子”，值得讨论。近年来，许多地区已在调整中小学教育研究的导向，反对“大而空”，主张“小而实”，倡导教师开展面向教育教学真问题的、旨在改进实践的、小切口、低重心、易实施的小课题研究。这些小研究或独立，或整合，都是教育教学改革与研究的基础积累。

研究的“微型化”，有助于减少研究的形式要求，降低研究的难度，促进研究与教学“无缝衔接”，使研究成为教师“寻招”的实践。作为教师，教学是其首要任务。不少教师将“教学”与“研究”对立起来，认为开展研究会减少教学投入，认为搞研究是舍本逐末。但真正的“研究”不会与“教学”相对立。这种与“教学”相矛盾的“研究”，是形式主义的研究。要让教师们感受日常教学工作中存在的朴素研究，一堂课、一次习题琢磨、一个教学故事都可能是自己的一次研究。这样，教师才会接受研究，走上正确的研究发展之路。

如何让研究回归常态，让这些小反思、小调查、小观察、小行动、小实验、小教育个案、日常的资源建设都体现研究的意义；如何让教师学会享受思考与积累，以小论文、小案例的形式呈现教育教学实践中的所观所思，是当前中小学教育研究管理的重要课题。

（一）自身教育教学实践的反思笔记

实践反思是教师最朴素的研究。它是教师对平时积累起来的应对情境的经验及其依据的再思考。这些经验可能是有价值的，但处于“知其然却不知其所以然”的状态，实践可能就会违背真义；这些经验也可能是狭隘的、存在缺陷的，需要与时俱进地发展。积极的反思是指向经验的，通过其他观点、经验与自身经验的比照和辨别，促使狭隘经验、简单经验向更加合理的经验“跃升”。[①] 经常的、自觉的实践反思会使零散的教育经验得到梳理，使教师经历教育策略系统化的过程[②]，从而提高自己的专业水平。

实践反思是可以渗透到全体教师的日常工作中的，其形式有文本式的笔记或案例，也有非文本的独自默想或交流偶得。

反思是因情境而变化的活生生的思想。与一般的思考不同，反思需要怀疑，需要批判性审视。这种怀疑与批判性审视首先是指向自己的经验，不固执，不封闭。其次是指向他人的经验，不轻信，不盲从。

① 陈大伟．教育科研与教师成长［M］．上海：华东师范大学出版社，2009：202.

② 张肇丰．从实践到文本：中小学教师科学写作方法导论［M］．上海：华东师范大学出版社，2011：258.

案例 7-2

复习阶段，老师们应该干什么？

又是一个春天，初三的同学们又将面临充满期待却又令人忐忑的中考。看初三段的老师和同学们，我不免有些心疼。除了时间已被安排得满满当当外，作业荷荷沉沉，课堂饱饱撑撑，老师总有讲不完的课，学生总有做不完的题。作为业务校长，我们又能做什么？

中午巡视时，有位老师的玩笑倒是我心头潜伏已久的念头。“如果现在四月就去中考，我看同学们的成绩不见得比六月时差。”其实，在许多非正式场合，老师们好几次提到这句话。但作为学校教学管理的领导，我怎能说出口。是不忍，还是不愿？

如果这句话成立，我们原来总结起来的复习经验算什么？从四月到六月，这60天中师生没日没夜的投入算什么？但细想，这句话却不无道理。

“考前最后两个月，不同的学生应有做相同的事，还是不同的事？”我曾问老师。

“应该做不同的事，但现实中……”老师们回答。

也许这就是这60天劳而无功或劳而少功的原因吧。在今天的复习课上，老师准备了丰富的内容，怕这点被考到，怕那点上试卷了，所以口干舌燥地讲解、提示。尽管老师也承认，这样的一堂课下来，原来会的孩子当然还是会的，而不会的孩子将继续不会。但走进课堂，老师又像被“上了发条”一样，依照惯性……

其实，因为老师布置任务的繁重，挤占了学生查漏补缺的黄金时间。对学生个体差异的无视，让一堂堂课少了应有的帮助作用，多了一些安慰意义。

复习是孩子们的事，老师您又该干什么？

[案例分析] 这是一名初中业务校长的反思笔记，叙写了他对中考复习阶段存在的低效现象的反思。他对自己的复习备考的经验表示怀疑，也对复习课上教师们讲得过多的现象表示批评。也许这篇笔记今天还算不上研究成果，但我们不能否定这也是一种研究。至少这可能是一项研究的开始。今天，对于习以为常的现象的反思需要一些勇气，我们应该珍视这样的随笔中隐约可见的研究的萌芽。

（二）教育现实的小调查

在很多课题中，包含一次或多次的调查。这些小调查是一个个相对独立的研究单元，应该单独成文，并将关键结论与调查的关键设计反映在主报告中。

调查报告一般应包括两方面的内容。一是概括调查过程，用精练写实的文字对调查的目的、内容、对象、方法、步骤等进行说明；二是呈现调查成果，用客观的数据和定性的判断、推理，向读者报告调查所得的结论，以及结论中获得的启示。

调查报告的一般格式为：

（1）问题的提出（或“引言”）：研究的缘由；研究的问题；文献综述；主要研究内容。

（2）调查设计与实施（或“调查过程”）：调查对象（取样）；调查内容；调查方法与工具；调查的组织实施。

（3）调查结果与分析。

（4）调查结论与讨论。

在调查报告篇幅较长时，最后还会有一段简明扼要的“小结”。有的报告还有“参考文献”或“附录”等。

研究者要了解调查报告的一般结构，但完全“摹写”出来的报告绝不会是好报告。撰写报告不应变成填表的过程。不同的调查主题，可以有呈现的变式，但要把握好各类调查的核心要素以及调查设计的特色之处。报告的精彩主要体现在研究思考的深刻与特色。

一份调查报告的立意常常体现在报告的标题上。最普通的标题是以简明、直接的语言概括调查对象与调查内容。如“中学生社会成熟水平的调查”、“高中生物理学习动机的调查与分析”，开宗明义，直观明白。也有采用主副标题形式的，主标题常是一个主张或调查结论，副标题则是调查对象与调查内容的说明。如“努力构建立足学校的教师培养培训工作体系——浙江省教师专业发展问题的调查报告”、“高中体育选项教学应理性对待基础类项目——镇江市普通高中田径、体操类项目教学现状调查”①，观点鲜明，调查为证。

① 袁鸿祥．高中体育选项教学应理性对待基础类项目：镇江市普通高中田径、体操类项目教学现状调查［J］．上海教育科研，2013（2）：50.

案例 7-3

调研报告标题四例

(1) 为什么初中生渐渐不喜欢数学?[①]

(2) 谁来关心高中生的苦与乐?

——对高中生问卷调查结果的思考[②]

(3) 由毕业赠言看价值观念

——城市六年级小学生同学录的调查研究[③]

(4) 研究性学习实施因素管窥

——对山西省 89 所中学的一次调查[④]

[**案例分析**] 标题(1)(2)以疑问句为标题,以简洁的、有感情的语言清楚表述了调查对象与调查结论。这比用陈述句表述调查对象和调查内容巧妙得多。如果把标题(1)(2)都变换成陈述句,可能是"初中生数学学习兴趣的调查"和"高中生生活体验的调查",显然这让人无趣。标题(3)采用主副标题,让副标题中规中矩,明确告知调查对象与内容,而以主标题来"点睛",声明调查目的与调查分析的技术线路。标题(4)则将调查内容与调查对象分别放在主、副标题中,让标题更有文采,让研究对象更加突出。

(三) 教育现象的小观察

如果说"反思笔记"是无意中的"微型研究"的话,那么"小观察"指的是教师在教育教学活动中的有意的反思,即在敏锐发现研究点后,有准备地进行观察与琢磨,努力把问题看明白,将规律说出来。这类"小观察"应该比比皆是,只是很多时候,因为没有"小思考"的伴

① 卞洪树,曹继跃. 为什么初中生渐渐不喜欢数学? [J]. 数学教育学报,1997 (4):51.

② 韩国元. 谁来关心高中生的苦与乐?:对高中生问卷调查结果的思考 [J]. 上海教育科研,2013 (1):45.

③ 闫闯,郑叶瑶. 由毕业赠言看价值观念:城市六年级小学生同学录的调查研究 [J]. 上海教育科研,2012 (12):48.

④ 张荣华,杨萍. 研究性学习实施因素管窥:对山西省 89 所中学的一次调查 [J]. 山西师范大学学报:社会科学版,2004 (4):153.

随，没有及时记录并呈现为文本。

> 发现研究点后，有准备地进行观察与琢磨，努力把问题看明白，将规律说出来。

在“小观察”中，即便还没有展开教育教学实践的改进行动，但这也是普通教师工作中的朴素研究。当然，这常常就是开展行动研究的起点。

在教育实践中，观察的对象有很多，课堂观察、校园观察、学生观察、学生家庭观察、教研活动观察等，林林总总。本书第六章第三节已对观察研究的方法作了较多介绍。作为“微型研究”的“小观察”的简明思路主要是：（1）关于什么？（2）观察什么？（3）如何观察？（4）发现了什么？（5）想到了什么？

案例 7-4

关于课堂追问有效性的思考[①]

（一）课例

表 1　教学过程的记录与关键问题的整理

教学环节	教学主要过程	追问内容	追问方式
课题引入	1. 观看动画。 2. 提问：画面所包含的物体有哪些运动形式？	1. 根据什么判断物体在做机械运动？	因果追问
		2. 根据什么判断物体位置在改变？	逆向追问
		3. 判断物体是运动还是静止，以什么为标准？	因果追问

① 此项研究的负责人系浙江省苍南县灵溪一中朱郁华老师。详见：朱郁华．关于课堂追问有效性的思考：对一节机械运动教学的观察与分析［J］．中小学教学研究，2005（2）．

续表

<table>
<tr><th>教学环节</th><th>教学主要过程</th><th>追问内容</th><th>追问方式</th></tr>
<tr><td rowspan="7">新课讲授</td><td rowspan="7">1. 学生举出一些运动的物体，并说明运动的物体以什么为参照物。
2. 观察电梯运动画面，四人小组（四位学生分别标记为 A、B、C、D，A、B 为运动着电梯里两位学生，C、D 为地面的两位学生）讨论运动和静止的相对性，分角色体验坐电梯的经历。
3. 提问：以 A 为参照物，B、C、D 运动情况如何？
4. 师生归纳：选择不同的参照物，判断结果可能不同。
5. 学生举例说明对物体运动的描述与所选择的参照物有关。
6. 观看动画，判断物体是否运动以及所选择的参照物。
7. 观察动图，学习机械运动的分类。</td><td>4. 以 C 为参照物，D、A、B 运动情况怎样？</td><td>跟踪追问</td></tr>
<tr><td>5. 以 B 为参照物，A、C、D 运动情况如何？</td><td>发散追问</td></tr>
<tr><td>6. 以 D 为参照物，A 为什么是运动的？</td><td>因果追问</td></tr>
<tr><td>7. 以自己为参照物，A、B、C、D 运动情况如何？</td><td>不恰当追问</td></tr>
<tr><td>8. 你还有什么发现？</td><td>逆向追问</td></tr>
<tr><td>9. 物体位置没改变叫运动吗？</td><td>跟踪追问</td></tr>
<tr><td>10. 其他同学有什么看法，还可以选什么物体为参照物？</td><td>逆向追问</td></tr>
<tr><td>课堂小结</td><td>8. 这节课你学到了什么？
9. 解答学生提出的问题。</td><td>11. 你怎样判断物体是运动还是静止？</td><td>逆向追问</td></tr>
</table>

说明：我们把追问方式初步分为两大类。一类是：有效追问，包括跟踪追问、逆向追问、因果追问和发散追问；另一类是：无意义追问和不适当追问。

（二）观察结果的分析

1. 教师追问频数统计与分析

表 2 教师追问频数的统计

教学环节	课题引入	讲授新课	课堂小结
追问频数	3	7	1
百分比（%）	27.3	63.6	9.1

从表2中可以看出，教师课堂追问集中在讲授新课环节。这样处理，有利于学生掌握学习重点，化解学习难点；能够引导学生深入思考问题，培养学生深层次的思维能力；注重培养学生积极思考和勇于质疑的学习品质。同时，也反映了教师有较强的处理教材的能力。

2. 教师追问方式统计与分析

表3 教师追问方式的统计

追问方式	跟踪追问	逆向追问	因果追问	发散追问	无意义追问	不恰当追问
频　数	2	4	3	1	0	1
百分比（%）	18.2	36.2	27.2	9.1	0	9.1

从表3中可以看出，教师的追问方式集中在逆向追问和因果追问两种方式。因果追问能够引发学生深入思考，给学生提供展示思维过程的机会。这样有利于教师及时了解学生的学习过程和学习方法，以便教师调整教学策略，向学生提供具体的帮助和指导。逆向追问能够引导学生针对某一具体问题进行多角度、多层面的分析与研究，培养学生的反思能力，提升学生的思维水平。

（三）本课中教师追问的特征

从课堂追问有效性视角对课堂教学进行观察研究，使课堂分析更加深入。归纳起来，本课例中教师追问主要有以下几个主要特征：

（1）追问内容紧扣课标，围绕教学重点、难点进行，凸显了教学重点，突破了教学难点，有利于落实教学目标。

（2）追问内容基于学生已有的经验和亲身体验，符合学生的认知水平，追问比较有效。

（3）追问方式多样恰当，追问形式包含因果追问、跟踪追问、发散追问、逆向追问。不恰当追问和无意义追问较少，可以看出教师在处理教学内容和研究学生方面下了功夫。

（4）关注学生个别差异不够，在教学过程中出现针对一位学生追问多个问题现象，出现了尴尬局面。

（5）个别追问目的性欠明确，表述不是很清晰，出现重复追问现象。

（四）值得探讨的几个问题

1. 如何界定追问的作用。（略）

2. 如何设计追问内容。（略）

3. 如何选择追问方式。（略）

4. 如何选择追问对象。（略）

［**案例分析**］这是一例课堂观察的报告。研究始于对课堂追问的兴趣。要研究课堂追问的有效性，从一线教师的角度看，能够观察与讨论的点主要有：追问内容、追问方式、追问频数。于是，该教师认真听课，认真记录，形成了教学过程记录与关键问题的整理表。在并不繁难的统计后，不同追问方式的出现频数，能够反映有意义追问与无意义追问的基本比例。接着研究者从追问的角度，对这节课作了整体小结。在完成了这些关于实践的讨论后，该是研究者细细回味、梳理关于追问的几个问题的时候了……

（四）教育教学改进的小行动

如果说，“小观察”是“只看只想未行动”的“微型研究”，“小行动”指的是教师针对教育教学活动中的某一问题而开展的教育教学改进实践。浙江省嵊州市逸夫小学针对学校中存在的“教”、“研”两张皮现象，主张“研究就是教师‘寻招’的实践”，把以往分散进行的专业阅读、集中备课、磨课议课等活动都整合在小课题研究中，推广教育教学改进的“小行动”①。他们的研究思路见表7-2。

这种“小行动”就是典型的小课题。它在教师的日常工作中随处可见，但因缺乏思考与总结的习惯，许多好点子、好做法、好经验悄然散失。所以，一线教师的研究选题不能求大。因为没有系统学习的支持和相对从容的时间，普通教师承担大课题，也许只能“东施效颦”地做。教师只有选择自己应该做的、能够做的课题，才能够对自己有所帮助。

① 郑琰．这样的研究让师生真正受益：浙江省嵊州市逸夫小学校本教研实践略记［J］．基础教育课程，2012（4）：22-24.

表 7-2 “招数”研磨报告的格式（嵊州逸夫小学）

一、研究问题 　　这部分要开宗明义地交代这个课题主要是为了解决什么问题，为什么这个问题是重要的。
二、“招数”的提出 　　这部分需要清晰地交代为了解决这个问题，本课题组最后提出了哪些具体的策略或“招数”，并适当交代是怎么想到这些策略和“招数”的。
三、效果和证据 　　这部分的主要任务就是交代如上所提到的策略或“招数”的实践效果，以及相应的证据。
四、讨论分析 　　对本研究及其研究结论进行相应的讨论分析和反思，主要说明“招数”的优缺点，使用“招数”的注意事项，未解决的问题，继续研究的方向及初步构想，以及推广使用的可行性分析。
五、附件 　　这部分主要是提供研究过程的一些证明材料，如活动大事记、听评课记录、研究反思日记等。

“小行动”中的研究，主要是经验总结。在经验总结的同时，还可运用一些实证的方法。千万不要认为经验总结这种方法层次较低，经验总结法其实是最容易上手的研究方法。在“小行动”中，研究的简明思路是：(1) 你想解决什么问题？(2) 你的初步想法是什么？(3) 实现想法的可能困难有哪些？(4) 有无可能从他人（包括文献）处得到帮助？(5) 试着做做看！(6) 起初的想法实现了吗？(7) 下次实践怎么做？(8) 到时还应注意什么？

（五）设想及其验证的小实验

与“小反思”、“小观察”、“小行动”相比，“小实验”的要求和实施难度更高一些。教育实验研究的基本思路是设想与验证。对教育措施可能产生的效果与影响，要先有一个假设，然后在教育教学实践中，通过一定的研究设计，获得实证来说明原先的设想是成立的还是不成立的，或在多大程度上成立。(可参阅第一章第三节以及案例 3－11)

因为教育实验设计与实施技术要求较高，在教师的日常工作中，“小实验”要比“小行动”、“小观察”少。但如果以教育实验的方式来说明教育教学活动中的规律，说服力会更大。

教育实验报告的体例结构中有更多自然科学实验的实证“影子”。比较规范的教育实验报告的格式为：

(1) 问题的提出（或“引言”）。通常包括：研究问题，研究背景，目的与意义。

(2) 理论假设与依据。通常包括：变量界定，假设，理论依据（有的实验报告还有“指导思想”）。

(3) 实验设计与实施。通常包括：实验目标，实验设计（包括取样、检测方法与数据处理思路)，实验实施过程。

(4) 实验成效。

(5) 结论。通常包括：实验结论、讨论、启示、进一步研究的思考。

案例7-5

移情教育法在小学生同情心培养中的实验研究①

（一）课题的提出

同情心是指对他人的不幸遭遇表示关怀爱惜的社会情感。它是人们之间相互关心、帮助的感情基础。针对目前孩子中较为突出的“自我中心”心理和团结友爱、互相帮助思想的淡化，本课题把同情心培养作为研究主题，意在通过一系列教育活动，培养小学生体谅他人的困难，设身处地考虑他人的处境与利益，同情理解、关心帮助、助人为乐的高尚情感。并对说理教育法和移情教育法在对小学生同情心培养中的作用进行对比研究。

（二）实验设计

我们假设，不同的教育方法在小学生同情心培养中的效果是有差异的，由于学生年龄不同，同一种教育方法所产生的效果也会有所不同。基于这一假设，我们设计了说理教育法和移情教育法的对比实验。

（1）说理教育组：采用教师讲话的形式，向学生介绍他人的困难与不幸，并告诉孩子们面对他人的困难不幸的应该态度。

（2）移情教育组：向学生介绍他人困难和不幸的事例后，教师启发同学们，假如自己也遇到了这样的困难或不幸时，会怎么想，会有什么期待，希望得到哪些帮助?

（3）对照组：一般性地介绍他人困难的情况。

为严格控制实验因子，便于纵向和横向比较不同教育方法的效果，在1~5年级各选一个班作为实验班，对实验班学生用分层取样法分成三个组。甲组为说理教育组，乙组为移情教育组，丙组为对照组。关于同情心评价的方法与量表，由于篇幅原因，这里省略。

（三）实验过程及结果

根据具体的教育时机，开展了三次对比实验。（三次实验过程与实验结果的比较略）

（四）实验结果的讨论

1. 移情教育法优于说理教育法（略）

① 温岭市贯庄中心小学课题组．移情教育法在小学生同情心培养中的实验研究［J］．浙江教育科学，1999（7）：19-20.

2. 移情教育法在低年级效果相对更为明显（略）

3. 家庭经济条件对同情心的水平无明显差异（略）

4. 学生干部的表现优于一般学生（略）

（五）结论

实验效果证明，在同情心教育培养中，移情教育法比较好。当然说理教育法也是有效的，可交替使用。同情心的培养不能运动式的搞运动，也绝不能侥幸于一次的成功，要持之以恒。

[**案例分析**] 这是一则品德心理教育的小实验。实验报告应交代研究问题的由来，对教育措施（自变量：移情教育法与说理教育法）与教育目标（因变量：同情心培养）作清楚的界定，并对有关变量的测评方法有所准备。实验报告的一个看点在实验设计，以怎样的条件控制和变量操作，形成有说服力的关于因果关系的结论。实验报告的另一个看点在实验结果的讨论，在有理有据地陈述结果和分析讨论中，形成对后继教育实践有启示的观点与建议。

（六）资源的研发与积累

如果说，“小反思”、“小调查”、“小观察”、“小行动”和“小实验”都是指向规律或问题解决的话，还有一类更为“务实”的“微型研究”，即课程教学资源的开发与积累，这也是教师研究的常见形式。这些资源应该视为研究的一类成果。

在学校中，资源的含义很广泛，如课程、作业、教学（学习）设计、试题试卷、教具学具、教学软件（平台）等。它往往有明确的用途，并有具体的物化形态。这些资源的前身是一些素材。从“素材”到“资源”的生成路径可分为两类，一是复制，二是研制。一般的备课、编习题、出考卷、教具生产等，这类为了有资源而来开发资源的过程可视作资源复制。但旨在解决问题，依照创新方法（相对于个人经验的创新）开发资源，并思考和阐述资源开发与运用策略的过程，我们视为资源研制或研发，如课程建设、作业改进与创新设计、命题研究、错题资源建设等。

很多教师并没有意识到资源开发过程的研究意义。作为“微型研究”的资源研发的基本思路应该是：（1）素材的采集与整理；（2）在素材分类中寻找联系；（3）形成素材筛选的方法与标准；（4）将素材转化为可有效利用的资源；（5）资源积聚成库；（6）提出资源的运用策略。

案例 7-6

小学数学典型错题资源库的建设与使用[①]

长期以来，在对待学生的学习错误时，多数教师缺乏“主动应对”的理念和策略，缺乏对学生错题的成因分析和易错性分析，而采用较为主观的、相对简单的“重复订正”的办法，致使部分学生对于相同的错误屡错不止。如果教师把错题视作研究对象，将错题视作反思自己教学得失的载体，那么，就可以积累典型的错题错例，形成新类型的教学资源。

（一）设计并完善错例采集样表

______年级数学______册学生错例

学　校______　错例采集者______　班级人数______错误率______%

错题来源：第____单元　相关教学内容______________________

题目出处：（课堂学习、课堂作业本、教材习题等）

典型错例	教学简述：（说明此题的练习背景，包括学生已掌握的相关知识，接触过的相关题型以及后续要安排的练习） 题　　目： 学生错解：	错误类型判别　（打√）		
		要素	教师	（　）
			学生	（　）
			教材	（　）
		性质	基础性练习	（　）
			综合性练习	（　）
			拓展性练习	（　）
错因分析				
指导建议				
资源链接				

（二）进行典型错例的分类

根据错题的来源、题型、错题形成的时机和课型、错题发生的概率

① 本课题负责人系浙江省绍兴市教育教学研究院小学数学教研员汤春燕老师。

（通过大、小样本的两次调查，确定强错题、中错题与弱错题的标准）以及题目测量目标的知识属性等，进行典型错例的分类，在多样的分类中渐渐丰富错例分析的几个维度，同时因为分类，使有效教学干预的策略的讨论更为深刻。

（三）总结错例筛选的方法

第一步：搜集罗列假设错题。

第二步：把搜集的错题在自己的班级中作讲评并进行相应的变式练习。

第三步：在单元结束后进行错题问卷的大样本调查，要求样本学校统计每道错题的错误率，并列举 1～2 个错例；然后汇总样本学校数据，统计每个错例的错误率，甄别出是偶然错误还是必然错误，是高频率的错误还是低频率的错误，是强错题、中错题还是弱错题，并在各年级的错例集中以一星、二星和三星加以标注。

（四）研究教学干预的策略（略）

（五）积累、建设典型错题资源库

通过一系列的研讨活动，实验教师对错例表格的设置提出一些意见和建议，最终形成了修订版的错题卡片。

____年级____册学生错题卡片

<table>
<tr><td>采集样本</td><td></td><td>错误率</td><td colspan="2"></td><td colspan="3">采集者</td><td></td><td colspan="2">采集学校</td><td colspan="2"></td></tr>
<tr><td>错题来源</td><td colspan="3"></td><td rowspan="3">题型</td><td>基本</td><td></td><td rowspan="3">时机</td><td>课时</td><td></td><td rowspan="3">课型</td><td>新授课</td><td></td></tr>
<tr><td>题目出处</td><td colspan="3"></td><td>综合</td><td></td><td>单元</td><td></td><td>练习课</td><td></td></tr>
<tr><td>相关知识</td><td colspan="3"></td><td>拓展</td><td></td><td>总复习</td><td></td><td>复习课</td><td></td></tr>
<tr><td>知识属性</td><td colspan="3">陈述性知识</td><td colspan="2"></td><td colspan="3">程序性知识</td><td></td><td colspan="2">策略性知识</td><td></td></tr>
<tr><td>教学简述</td><td colspan="12"></td></tr>
</table>

典型错题卡片上包括：

典型错题。写清错题与错解，错解可以是一题一错解，也可以同题多错解。

原因分析。从教师自我反思、学生学习诊断及对教材的审视三个维度分析错例原因。

教学建议。根据对典型错题的归因，提出教学指导建议。具体包括以下思考：怎么避免错误再次发生？（预防措施）怎么指导学生有效订

正？（纠错方法）如何利用好错误？（错误资源）可以有怎样的教学建议？（教学改进）

资源链接。链接可供选用的教学素材，展示优秀的教学片段，推介成功的教学简案。

［案例分析］这是一项错题资源库建设的区域合作行动。但它是由学校层面资源研发的微型研究积聚而成的。一道错题，充其量只是一个“素材”。但经历采集、甄别、筛选之后的错题，已成为“典型素材”。通过典型错例的归因分析、教学干预策略的分析，提出如何利用错例改进教学的建议后，“素材”被赋予了明确的教学用途，也便成为了“资源”。当然，每一错题卡只是资源库中的基本单元，这些基本单元如何通过一种组织机制而成为资源库，以及如何让资源库成为便捷的应用体系，这个资源建设领域还有许多值得研究的课题。

（七）个案研究

如果说前述的各类“微型研究”都是关于教育事件的研究，那么个案研究则是关于人的研究。它是指综合运用观察、访谈、测验、问卷以及查阅档案记录等方法，搜集有效、完整的资料，对单一对象进行深入细致的研究。对象的单一性、方法的综合性以及研究内容的深入性是其重要特点。

因为研究对象比较集中，研究深入的要求比较高，个案研究中较多地应用心理学方法。特别在倡导“研究学生”的今天，学习心理学、发展心理学、社会心理学以及心理健康指导等方面的知识与技术已是教师做好教育教学工作的重要知识储备。再加上对于个体人的研究须非常慎重。所以，个案研究对于普通教师来说，要求有些高。

个案研究是一种“微型研究”，它通常只是一个课题的组成部分。如在“小学学习困难生教育研究”、“农村初中学业成绩优秀生危机心理的研究”等课题中，都包含关于特殊学生的个案研究，因为这一类课题常以有一定典型性的特殊学生的个案为基础。

1. 个案研究中的诊断与干预

个案研究主要应用在学习困难或行为偏差的特殊学生的针对性教育，其主要目的不只是获取关于研究对象的描述性信息，还要对典型现象进行解释，并就有针对性的教育干预策略进行总结。因而，个案研究的基本模式包括“诊断 + 干预”两大部分。

（1）诊断：问题的描述与分析。

个案研究中常用的诊断方法是观察、测验与访谈。具体包括以下四步：

一是了解背景情况，包括研究对象的个人背景、环境背景与既往经历等。这是从时空两个方面了解背景对个体的可能影响。

二是描述问题的主要表现。个案研究不是个体的全面研究，它往往从某一切入点开始，如学习困难、人际交往障碍、攻击性行为等。对这些问题的探讨须建立在问题表现的观察与描述上。

三是借用测验工具反映问题的特点。测验工具的选择和设计应视问题性质而定。常用的测验工具有智商测验、适应性测验、人格测验、成就测验、心理健康测验、性向测验和环境测验等。

四是基于综合运用各种方法获得的信息证据，对研究对象进行诊断分析与归因推论。

（2）干预：针对性的辅导与矫治。

干预是一种有目的的施加影响的活动。它是根据诊断而采取的针对性措施。干预的措施或方案须经过设计与论证，同时，又要根据干预过程的反馈，进行跟踪修订。访谈是干预的常用方法。从不同的分类角度可将干预分为直接干预与间接干预、特殊干预与全面干预，以及治疗性干预、防范性干预和发展性干预等。①

2. 个案研究的简明思路

在个案研究中，研究者需要在实践中思考以下问题②：

（1）准备解决什么问题？

（2）与主题相关的证据有什么？

（3）如何去获取有关资料？

（4）如何选择相关资料，淘汰无关资料？

（5）如何解释收集到的资料？

（6）如何区分证据和推论，辨别“事实”资料与“意见”资料？

（7）如何提出解决问题的方案与策略？

（8）尝试进行干预！如何保证干预措施操作到位？

---

① 施铁如．学校教育科学研究［M］．广州：广东高等教育出版社，1998：182.

② 郑金洲，等．学校教育研究方法［M］．北京：教育科学出版社，2003：201.

(9) 如何观察与评估干预的效果?

(10) 如何完善干预措施，形成面向未来的矫治对策?

(11) 面向未来的矫治对策还有哪些不足与局限?

(12) 本个案对于类似的教育现象或问题有何启示?

从上述思路中可以概括出个案研究的两类记录，一是研究初期为了解个体的全面情况而进行的记录，二是研究过程中就干预措施对个体的影响情况的记录。个案研究的记录须保持资料的完整性、正确性和可靠性。因为原始记录的资料是芜杂的，这要通过记录、整理，简明扼要地抓住关键特征与重要信息。

个案研究报告的一般格式包括：(1) 基本信息；(2) 背景资料；(3) 主要问题的描述；(4) 诊断与分析；(5) 指导策略；(6) 实施结果；(7) 跟踪与讨论。

三、研究报告的结构与表述

(一) 研究报告的基本结构

研究报告一般分为三大部分：一是题目，二是正文，三是附录。

1. 题目部分

(1) 标题。标题是对研究的高度概括。文字要简明、概括、一目了然。一般不超过 20 个字。如标题语意未尽，还可用副标题补充说明。也有作者通过主副标题的配合，来产生阅读效果。

(2) 署名。署名是作者劳动的标记，也是作者承担文责的承诺。如果是集体成果，应按贡献大小排名并在题注中说明。文末一般附注作者的联系方式。

(3) 摘要。以简练的文字扼要介绍研究报告的主要内容。要求用最简洁、最精练、最准确的语词，表达出这篇报告的实际内容。字数一般不超过 300 字。

(4) 关键词。选取能够准确反映研究内容和主题的 3 ~8 个词语。

2. 正文部分

研究报告的正文通常包括以下几个部分。

(1) 引言。正文的第一部分有点杂，可能包括：研究问题概述（研究背景）、文献综述、研究假设、研究目标、研究的目的与意义、关键概念的界定等。这一部分的关键是要明确研究问题，导出研究的切入点，即“为什么研究这个问题”，“为什么从这个角度切入研究”。有的报告直接以“问题的提出”为标题，也有的以“研究的背景”为题。

(2) 研究方法或研究历程。第二部分通常是交代研究设计与实施的基本过程，让读者明白“研究结论是如何得出的”，“研究成果是如何形成的”。具体可能包括：研究对象、取样方法、研究方法与设计、研究材料与工具、研究实施过程或步骤、数据处理方法、研究发展的历程等。

(3) 研究结果。第三部分要报告“研究得到了什么”。具体应罗列或概括表述本研究所发现的事实；就假设是否被验证、问题解决的情况、目标是否已达成等作描述说明。有些较周密的实证研究还要报告统计检验的结果，以说明研究结论的采信程度。

(4) 讨论与分析。与第三部分主要呈现客观成果不同，第四部分主要呈现的是主观的思考与分析，具体要报告的是“基于研究发现的事实还想到了什么”。如：对结果的诠释、研究得到的启示、对研究价值的自我评估、对研究局限性的讨论、关于后继研究的思考等。

(5) 结论与建议。正文的最后部分是对整个报告的小结。主要包括：关于问题的概括与推论；基于实践提出的建议与措施。

以上是从自然科学研究迁移过来的实证研究的报告格式。但在实际研究中，因为研究范式的多样化，标准化的报告格式已有许多变式，甚至突破。目前变化较多的有：1）“引言”与“文献综述”有合有分，文献综述部分内容比较多时，可以独立出来；2）“研究方法”渐渐变成反映研究设计的“研究过程”；3）“研究结果”部分难以包含丰富的研究内容，分成几个部分，以确切、具体、体现本研究特点的标题分别阐述；4）“研究结果”、“讨论与分析”与“结论与建议”部分的内容，根据研究主题进行不同的取舍和组合；5）有些研究将“研究成效与反思”分化出来，后置到报告结尾。

当然，这些变化并不是固定的，模式化的、雷同的格式标题应更换为反映具体研究特色的个性化的标题，要将该课题较同类研究或过往研究的发展之处反映出来。

> 不同的研究主题、不同的研究内容应该有个性化的提纲。

3. 附录部分

(1) 题注。题注是在标题页的下方就课题有关事项的说明，如课题的立项单位或课题来源、课题组成员与执笔者、对提供帮助者的致谢等。

(2) 引文注释或参考文献。研究报告的最后要列上引文注释与参考文献，其目的是：表示对被引用文献原作者版权的尊重；便于有兴趣的读者进一步追踪检索；证明所引用资料的翔实与可靠。参考文献有规定的格式。

(3) 附录。附录并非每一份研究报告所必需的，它往往是过于冗长且不宜列于正文，但又与正文有密切联系、有必要让读者了解的有关内容。如研究中使用的调查问卷或量表、研究过程中得到的主要原始资料等。附录要有编号，并在正文的链接处作标注，说明附录与正文的关系。

(二) 例谈研究报告的写作建议

1. 如何提出研究问题

很多研究报告以“问题的提出”、“研究背景”为首段的标题。这一部分的关键是揭示本研究试图解决的问题，凸显研究的切入点。揭示研究问题的常见路径有三：

一是从现实中存在的问题切入。先分析现实面对的问题，分析问题的主要表现，出现问题的主要原因，从而揭示研究的切入点。(可参阅第二章案例2-1“‘导教促学’的音乐学业评价改革体系的构建与实践”)

二是从研究背景切入。先是梳理该领域的同行研究，再在文献分析与综述中，理出研究问题，形成研究切入点。(可参阅第三章的“文献分析的思路”和案例3-1“课堂变革：从‘对话中心的课堂’到‘任务中心的课堂’”)

三是从研究的目的与意义切入。从教育改革和发展形势的需要来讨论研究的意义与必要性，从而引出研究问题。

在这三种路径中，一线教师的研究更提倡第一种思路，走务实的路线；对于有研究基础的教师，第二种思路也比较常见，但要有一定的研究视野，拥有相当丰富的研究资料；第三种思路目前很常见，但这给人一种“高举轻放”的感觉，并不提倡。

2. 如何引述已有研究

牛顿有句名言，“我只不过是站在前人的肩膀上而已”。同样，对研究现状的了解与综述是重要的。它是一个学习的过程，同时又是研究的过程，是通过信息的加工与组织，为己所用的过程。其目的主要有：

（1）向读者介绍该研究方向的理论和实践背景；（2）博采众长，形成自己的研究思路；（3）在比较中说明自己研究思路的角度和特色。这不仅有助于析解问题，更重要的是为研究设计提供关键帮助。

当前，在不少研究报告中，存在“标签式的理论依据”和“断章取义的句章罗列”等不当现象，文献分析与具体研究相脱节的现象非常严重。有些课题的文献罗列不是研究自身的需要，而是报告体例中有“国内外研究概述”栏目的要求。这种“为文献而文献”的做法是不可取的。有的报告罗列一些主题相近，但却名不见经传的网络文章的句段来作为引证。而文献是指有历史意义或研究价值的资料。它应该有一定的经典性，一般的文章不能算文献。对研究报告的文献分析环节的批评，并不是文献分析不重要，而是虚饰的文献分析是多余的。

我们不建议用“理论依据”作为文献综述部分的标题，笼统地罗列一些学派或学者的观点。

> 研究现状的分析要强调“为己所用”，在背景分析中获得研究方向与方法的启示，在联系、引述与运用中形成自己的理论。

在文献引述中，要让资料融合进自己的报告。具体建议有：（1）要尽可能简明扼要地使用资料，以使自己的独立思想不因过多地引述而湮没无闻；（2）只引用对自己有影响的，或确实引人注目的材料，以清楚阐述研究思路的形成线索，并揭示自己研究的特点；（3）不要孤立地罗列他人的观点，而要夹入自己的分析；（4）尽量不用罗列摘引的句式，建议采用转引的方式流畅地嵌入句子中，并在引语前对资料来源作准确的声明；（5）引用大段文字时，一般用自己的语言加以概括提炼。

3. 如何呈现研究设计或研究过程

当一项课题是一个完整的实证研究时，报告须清楚介绍该研究的设计与实施。包括：研究对象的选择（样本来源及构成、抽样方法等）、研究方法与工具（调查问卷或测验量表等）、研究过程与步骤等。不同类型的研究，研究设计的重点会不尽相同。所以，应根据实际，有详有略地展开研究设计的说明。

对于一些探索性的课题或部分环节采用实证研究思路的课题，需交代的主要是研究进展的思路线索与关键事件，其次是重要环节中可能对研究结果产生影响的研究设计。

案例7-7

程序性知识教与学的实证研究和实践探索[①]

一、问题的提出(略)

二、研究与实践过程

(一) 理论寻求阶段(2005 年 8 月—2006 年 1 月)

就程序性知识的理解及认知过程展开研究。主要内容有：关于运算意义的理解的“表征转化理论”；关于运算算理的理解的“类型层次理论”(算理理解的 4 个类型为：直观理解、程序理解、抽象理解和形式理解)；程序性知识的获得需经历三个阶段：认知阶段、联系阶段和自动化阶段。

(二) 实证研究阶段(2006 年 1 月—2008 年 1 月)

通过实证研究丰富理论。具体实施过程分五步：

(1) 明确程序性知识的理解的理论；

(2) 开展实证研究：设计问卷调查，临床访谈，设计课堂观察的研究工具，选取学校和班级，运用上述工具收集关于学生程序性知识学习的定量与定性的数据；

(3) 通过数据分析得到学生正确理解与错误理解的类型，构建学生的理解水平模型；

(4) 分析学生达到某种理解水平的原因；

(5) 构想程序性知识的“例规教学模式”及教学策略，提出课程目标修订与教材编写的建议。

(三) 实践探索阶段(2008 年 1 月—2009 年 7 月)

在杭州市上城区、江干区的 3 所小学和 2 所初中开展运用“例规教学模式”促进学生程序性知识学习的行动研究，验证与发展“例规教学模式”。实施过程如图 1 所示。

同时，我们开展了“小学数学图形等式推算与代数模式建构”的实验研究（其本质是借用图形表示未知数的方程和列方程解相应的应用问题），3 个地市 26 所学校的数学教师参加了实验。

① 本课题负责人系杭州师范大学的巩子坤教授。

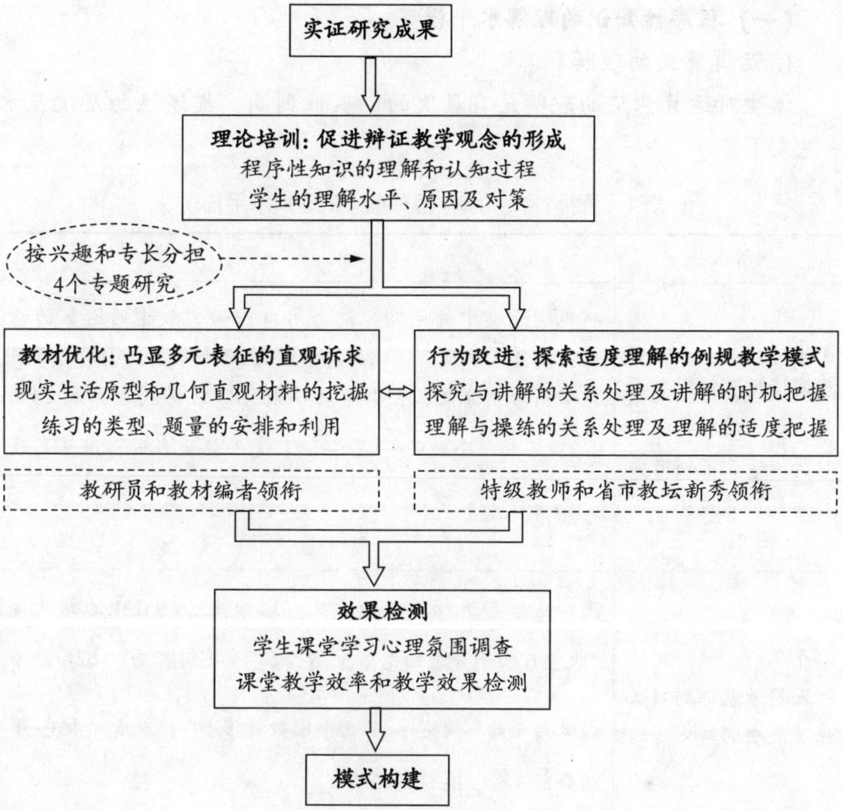

图1　实践探索的实施过程

（四）成果推广阶段（2008年9月—2010年6月）

参加首轮成果推广的是杭州市上城区和江干区的12所小学与6所初中。成果推广分三步走：一是理论培训，以课题实证研究和实践探索获得的成果为基本内容，对教师展开理论培训（具体包括全员培训、分年级备课等）；二是实践指导，深入一线进行专题的听课指导；三是展示总结，进行优质课评选和展示，并对推广成果进行工作总结。

三、理论成果

研究构建了程序性知识的理解水平模型，形成了关于“程序性知识的理解有限性”的认识，并通过实证研究，构建起程序性知识的“例规教学模式”。

（一）程序性知识的理解水平模型

1. 运算意义的理解

学生对运算意义的理解是有层次的。从低到高，描述性的层次、水平见表1。

表1　程序性知识——运算意义的理解水平描述

理解水平	概　　述
水平一： 现实情境表征到书面符号表征的转化 口头语言表征到书面符号表征的转化	将现实情境中的问题，或者用口头语言叙述的运算的意义，用算式来表示。比如，小明有20个苹果，小华的苹果是小明的十分之三，小华的苹果可以用算式表示成20×0.3；已知一个数的$\frac{5}{7}$是$\frac{2}{3}$，求这个数是多少，用算式表示就是：$\frac{2}{3}\div\frac{5}{7}$。
水平二： 书面符号表征到口头语言表征的转化	用口头语言解释算式的意义。比如，5.6×0.4的意义是“求5.6的十分之四是多少”；把$\frac{6}{7}\div 4$解释为“已知一个因数与4的积是$\frac{6}{7}$，求这个因数是多少”；或者“把$\frac{6}{7}$平均分成4份，每份是多少”。
水平三： 语言叙述	直接叙述运算的意义。比如，“一个数乘小数的意义是求这个数的几分之几是多少”；分数除法的意义是“已知两个因数的积和其中的一个因数，求另一个因数的运算”。
水平四： 口头语言表征到图像直观表征的转化	直观地表征运算的意义。比如，用图像直观地表示20的十分之一是2。

2. 运算算理的理解

学生对运算算理的理解是有层次的。

在各种理解类型上，学生的正确率比较见图2。最容易获得的是程序理解，即对于绝大部分学生而言，计算是没有问题的。然后是直观理解、抽象理解、形式理解。方差分析表明，4类理解差异显著，进一步的q检验表明，4类理解两两之间的差异显著。这4类理解所对应的是学生理解运算算理的4个水平，具体描述略。

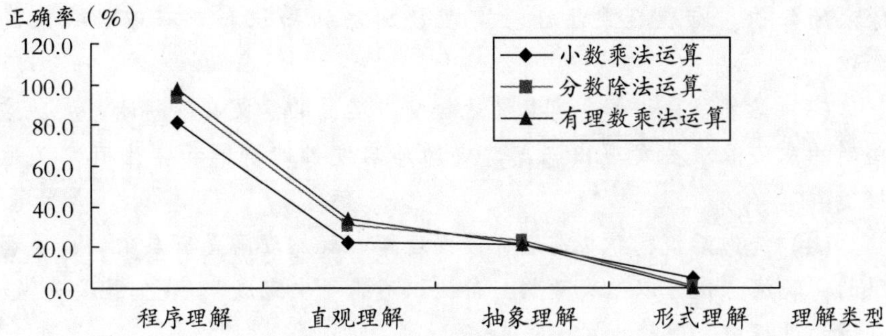

图2　学生在各种理解类型上的正确率比较

（二）程序性知识的理解有限性

（1）横向研究表明，学生对程序性知识的理解是有限的。对运算意义的理解而言，图像表征是最难获得的表征方式。如果说对小学生而言，纯粹抽象的事物是难以理解的，从一定意义上说，所谓理解实际上基本等同于建立直观形象的话，那么，学生对运算意义的理解是有限的。对运算算理的理解也是有限的，绝大部分学生都知道怎样算，而对怎样算背后的道理知之较少。

（2）纵向研究表明，学生对程序性知识的理解不升反降。纵向比较，学生对程序性知识的理解没有发生显著性变化，除小数乘法外，其他两个运算的理解水平反而下降。这表明：学生对运算的理解不会随着年级的增高而自动获得提升；不可过高地强调理解。

原因分析表明，从教师、教材、教学到学生，都比较关注抽象的解释，对直观的说明和推导较少关注。对于学生而言，抽象的解释比较难以理解，直观的表征又无从获得，因而，学生能够达到这样的直观理解水平、抽象理解水平就十分正常了。

四、实践成果：程序性知识“例规教学模式”

（一）理论基础(略)

（二）教学策略

基于实证研究，按照重要程度，梳理出以下教学策略。

（1）例规教学。例规教学的本质是选择适切的模型来推导运算法则。模型应尽可能简单、直观。模型是“拐棍”和“桥梁”，当运算熟练后，可以扔掉“拐棍”，拆掉“桥梁”。

（2）类比迁移。小数乘法迁移整数乘法的知识，分数除法迁移整数除法的知识，有理数乘法迁移有理数加法的知识和正有理数乘法的知识。

(3) 启发性地讲解，有意义地接受。运算的意义在不断地扩展，这些新的意义很难被发现出来，需要教师启发性地讲解和学生有意义地接受。

(4) 先做后说，积极前进，慢慢理解。既然理解是有层次的，是有限的，既然“饭可以一次煮熟，而认识不能一次完成”，我们就要先做，在做的过程中来理解。

(5) 有指导的再发现。学生的探究、发现，是教师启发、引导下的再发现。

(6) 适度训练。适度训练是促成技能自动化的必要环节。

(三) 教学过程

程序性知识的例规教学过程，包括“三阶段六步骤”，如图3所示。

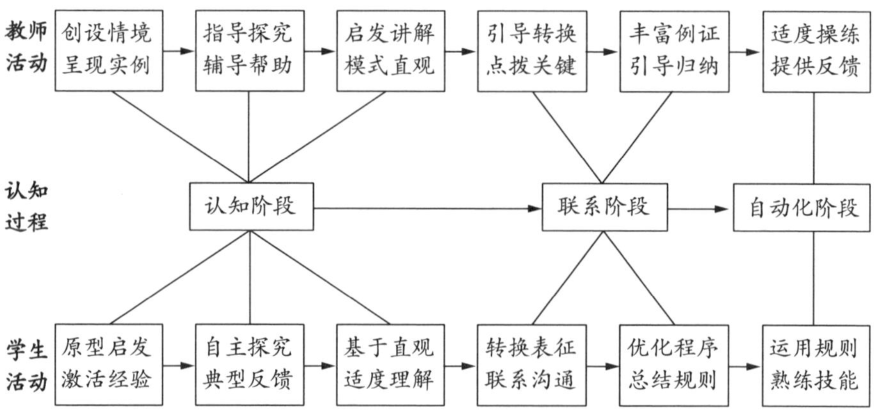

图3 程序性知识的例规教学过程

步骤一：教师创设情境，呈现实例；学生受到原型的启发，激活已有的知识经验，并形成对运算意义的理解。实例是学生理解运算的结构性支持原型，我们提出了原型选择、加工的典型性和长效性原则，开发了基于生活经验直观和几何直观的原型，形成了有理数运算原型分类表，得到了学生基于各种原型所能达到的理解水平。

步骤二：教师指导下的自主探究，学生利用已有的一般原理和方法，探索解决问题的多种程序，作出陈述性表征，并通过合作交流选取典型反馈。

步骤三：教师进行拓展性的讲解，通过原型的模式，直观帮助学生尽可能达到直观理解水平，并以此为基础，适度引导学生沟通不同方法、不同理解之间的联系，为学生提供发展高水平理解的机会。

步骤四：引导学生将陈述性表征转变为程序性表征。

步骤五：教师为学生提供进一步的例证，通过比较以优化程序并进而总结规则，建立起运算的程序（规则）与子程序的联系。

步骤六：教师通过安排有层次的适度操练，帮助学生掌握规则，运用规则解决问题。

五、实践成效

1. 改变了教师的教学行为，促进了教与学水平的提高

2008 年 1 月至 2010 年 6 月间，课题组在杭州市上城区小学数学学科、江干区初中数学学科中展开了研究成果的实验验证和实践推广，得到了学校和教师的好评。

(1) 辩证教学观念形成，营造了宽松的教学氛围。(略)

(2) 课堂教学行为改进，提高了课堂教学的有效性。

专题研究小组概括、提出了一些基本的课堂教学行为范式，如：关于情境创设，提出了选择和加工“原型”的原则和方法；关于有指导的再发现，给出了明确的活动要求，开发了“探究支持学习包”；关于合作交流，要求教师对于具有个人意义的、不适于推广的方法不作教学展开；等等。通过反复的课堂实践，教师掌握了这些课堂教学行为范式，提高了课堂行为的有效性。我们对 15 位实验班教师和 15 位对照班教师进行课堂练习时间（把课堂教学分成新授和练习两部分）和练习量的比较，发现对照班的教师，在运算意义、算理理解上用时较多（表略）。

(3) 课堂学习效率提高，促进了运算技能的发展。(略)

2. 形成了“程序性知识教与学”的系列研究成果，为课程标准的修订提供了重要参考，为教材编写提供了重要依据（略）

3. 打造了区域的骨干教师队伍，扩大了成果的影响（略）

[**案例分析**] 本案例节选自一项优秀研究成果的研究报告。它以数学的有理数运算为例，通过五年多的理论研究与实证探索，提出了关于程序性知识的“例规教学模式”，形成了较有推广价值的研究成果。从研究报告看，值得借鉴的地方有：

(1) 课题组采用划分阶段的方式反映研究设计与实施过程，简明地汇报了研究进展的内在逻辑。因为抓住了每一阶段研究活动与方法的核

心特点，四个阶段一目了然。在这四个阶段中，第二、第三阶段是研究设计的关键。所以，以提纲或示意图的形式，更清晰地介绍了该环节的研究思路与方法。这样，读者能对整个研究有一个整体印象，并对成果是否可信、成果的形成路径等有一个基本判断。

（2）因为限定了研究报告的总字数不超过8000字，所以成果表述十分简练（收入本书时还作了一些删减）。但在如此惜墨如金的要求下，课题组对于哪些部分应当精简，哪些部分应当“浓笔”，把握得相当好。对照很多研究报告中充斥着大段的雷同的形式性说明，本报告几乎没有废话，句句都有意义。

（3）成果陈述中没有出现“建议”二字，但研究提出的关于程序性知识的“例规教学模式”就是一个典型的建议。从实践成果的三部分——步骤、策略以及理由，构成了简明、完整、有较好操作性的、以教学模式及实施策略来解决问题的教学方案。

（4）因为课题负责人是一位高校学者，他不满足于操作建议的一般道理的讨论，所以理论的发展成了本研究的重要突破方向。好多细节表明，本研究的理论成果并非在第一阶段完成的。第一阶段形成的理论初模，历经第二阶段的实证研究后，才变得有理有据，具体丰富。

（5）对于成果的表述，本文没有采用“构建了……模型”、“提出了……”等动宾词组，而直接以“程序性知识的理解水平模型”、“程序性知识‘例规教学模式’”为标题，一目了然。

4. 如何展开研究内容？

在不少研究报告中，形式化的结构、模式化的标题相当严重。除了交代“问题的提出”、“研究设计”以及后面的“实践成效”等文字外，其他都统在“研究结果”（或“研究内容”）的标题下。有些报告中，这一部分的篇幅占到全文的50%以上。“研究结果”像个“框”，什么都“往里装”。这样的报告结构明显不合理，而且可读性不强，形式化的结构掩蔽了具体研究内容的“光华”。

我们认为，除了纯粹的实证研究应遵照规范的结构体例外，其他研究报告的提纲不宜采用模式化的标题。研究成果的主要内容应展开来，上升为一级标题，以更为确切地概括观点与实践。“研究结果”、“结论”与“讨论”，甚至“文献综述”都可以进行重组。

案例 7-8

例说研究报告结构的调整

原报告提纲	调整后的报告提纲
课时改革　评价引领　扫描纠错 ——促进高中生自主学习的三大策略	**高中生自主学习的“严州模式”**
（一）研究背景及意义	（一）教学改革的背景
（二）研究过程	（二）逐渐成熟的学校教学管理模式
（三）成果主要内容	（三）“让教于学”的学习时间管理
1. 课时改革	（四）基于独立学习的导学课堂
2. 评价引领	（五）诊断与补偿：以生为本的学业评价
3. 扫描纠错	
（四）实践成效	（六）教学改革的实践成效
（五）成果的创新与发展	

[案例分析] Y 中学从 2006 学年开始，以“改变教师的教和学生的学”为着眼点，推行“课时改革”，以改善课堂教学；引入“有效分数”评价，以激活学业评价；开展“扫描纠错行动”，以创新练习矫正。《人民教育》曾报道该校给学生留出“独立思考的时间”、让学生掌握“独立思考的方法”的“生本导学课堂”。左侧是按照研究报告的规范格式而写的提纲。但形式化的结构把富有创造性的教改实践“掩埋”了。

分析 Y 中学教学改革的核心特点是“促进高中生自主学习”，“课时改革、评价引领、扫描纠错”是三方面措施，但除了“扫描纠错”能顾名思义推测其含义外，其他两点的指代都有些模糊不清。这是因为概括过度而“以形害意”了。那么如何调整研究报告的结构呢？

细看“课时改革”，现实意义很强，但名词却是杜撰的，如果将此概括为“‘让教于学’的学习时间管理”，不仅意义确切了，而且立意也突出了。“评价引领”一词的概括力有限，学校尝试的“有效分数”（其实质是面向学生个体，发展性地、激励性地运用考试分数进行评价）也未被体现出来。“扫描纠错”的核心是以学生个体为单位，建立诊断与补偿的反馈体系。两者可以以“诊断与补偿：以生为本的学业评价”

来概括。促进学生自主学习，绕不过去课堂教学。好在学校的前期实践中有相应的努力。于是右侧的提纲有了这一点。三项核心措施分别成为新报告的第（三）（四）（五）部分。原报告的第（一）与（六）部分无须说明，第（二）部分只是表述的小变化，以示研究主题的范畴和发展历程的纵深感。

在展开研究内容时，要重视观点的阐述与实践素材的结合，有事实有分析，有理有议；要善于利用正反两面的事实说明问题，注意事实的典型性；要注意概念、语言的通俗性，不要东施效颦地套用专业话语；要有读者意识，将自己假想为读者而决定应该怎样展开论述；最重要的是要实事求是，尊重研究结果，不弄虚作假，坚持对教育事实的如实描述，不为权威与舆论所左右。

在研究报告的最后，一般需要有所小结。小结通常的写法有三：一是讨论，在结论难下的情况下，可以用讨论的形式来分析研究结果；二是形成观点或结论，但如何付诸实践改革，由读者自己去规划；三是形成具体的改进教育教学实践的建议或策略，这是一类操作性较好的成果总结方式。

5. 如何形成实践建议?

中小学教育研究的主要目的是解决教育教学实践中的具体问题，形成关于改进实践的建议，及其背后的观点与道理。所以，研究应避免“空对空”的分析，在实践研究的基础上，提出建设性的对策，回过来指导实践。建议通常有三类：

（1）针对性解决问题的教育教学方案。这是指已成体系的、有特点的方法、模式、课程等。如案例7－7“程序性知识教与学的实证研究与实践探索”中的“例规教学模式”。

（2）面对问题时的应对策略。这是指尚未形成操作体系的解决问题的思路与办法。如案例7－9“高中物理探究教学路径的创新实践”中提出的“探究技能训练、探究教学内容的梳理和三种探究教学方式”。

（3）经验集锦。这是指更为分散的、片段的解决问题的方法。这是在研究尚未形成系统对策时，以经验总结为主要方法，或结合实证研究提出的解决方法与运用策略。

案例7-9

高中物理探究教学路径的创新实践①

探究教学路径是指教师根据探究教学理论设计的探究技能训练方法、探究教学内容选择、教学情境创设、探究教学方式运用等一系列的教学途径。

我们按以下行动框架实施研究：

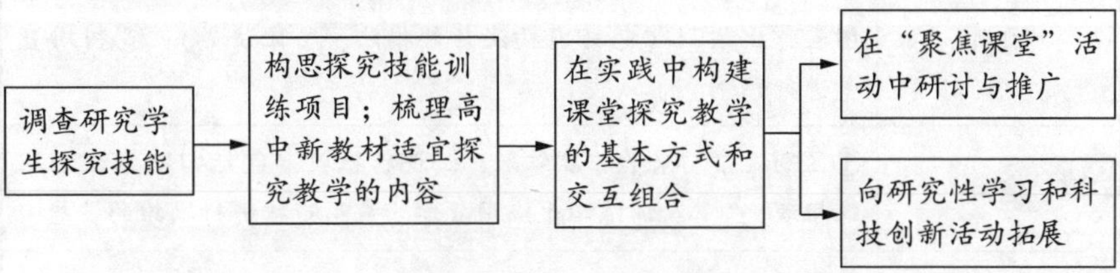

（一）调查研究：高中生探究学习情况调查与分析

课题组从探究态度、探究技能（包括探究流程模式和探究基本技能、整合技能）和探究的元认知三个维度，设计调查问卷，了解高中学生的探究学习技能理解和运用情况。

调查启示主要有：(1) 开展探究教学务必加强实验，不仅是教师做给学生看，改变学生感性认识匮乏、实际经验缺乏的实际现状，更要加强学生自己动脑设计、动手做有自己的实验目的的假设检验型的设计性实验。(2) 演绎推理是学生的强项，实验和归纳推理是学生的弱项，探究教学中要有意识地培养学生自主发现问题、提出问题的能力。(3) 要培养学生的合作意识。调查反映出的问题是自我评价高的学生愿意帮助别人；自我评价低的学生不愿向他人学习，认识到这点，在合作探究教学中教师应有所作为。

（二）高中物理探究技能的训练

综合文献，探究技能包括科学探究过程技能和科学探究流程模式两方面。结合高中生探究学习情况和认知特点，科学探究过程技能还可分为基本技能与统整技能两大类。整理高中物理探究的基本技能与统整技能的训练项目见表1和表2。

① 本课题负责人系浙江省宁波市鄞州区姜山中学的周纪良老师。

表1　高中物理探究基本技能的训练方向与项目

基本技能的训练方向	探究基本技能的训练项目
观测	①测量系统的选择；②测量仪器的操作；③原始数据记录；④估算水平的提高
分类	①分类标准的确定；②两分法和多分法；③分类活动的情境性
预测	①利用可靠的证据来预报某个未来事件或未来的发展；②利用图表作出预测（包括内插法与外推法、类比法等）；③利用直觉进行预测
推理	①区别观察结果和推理结果；②逻辑推理（包括归纳推理和演绎推理），重点训练学生应用数学、应用规律进行思维的技能
建模	①“确定研究对象”，按对象建模训练；②“画示意图”，把未知事物的本质的心理映像表达出来；③“数形实三结合”，按规则建模训练，注意数、形、实三结合；④“关系分析”，按关系建模训练，实验数据的计算机拟合；⑤“动态分析”，按动态建模训练
信息技能	①运用工具的能力；②获取信息的能力；③处理信息的能力；④生成信息的能力；⑤信息交流的能力
交流	科学的语言表达能力和口头表达能力 ①个人训练方法：记录个人所做的工作，其中运用多种不同的交流技巧，包括口头方式、书面方式、绘画方式、图表方式、数学方式、电子方式；②合作性小组的训练方法：小组每位成员在小组交流时都应做到口报告、耳倾听、心判断

表2　高中物理探究统整技能的训练方向与项目

探究统整技能的训练方向	探究统整技能的训练项目	显性训练方法
形成假设	①阐明假设；②构建对假设的检验	问题卡
操作性定义	①区分实验过程的常量和变量；②区分自变量和因变量	猜想卡

续表

探究统整技能的训练方向	探究统整技能的训练项目	显性训练方法
控制变量	①说出所有的操作变量和所有保持不变的变量名称；②为了得到实验结果，控制实验条件使某些量保持不变，观察和测量另一些自变量与因变量的关系	概念图卡
实　验	①独立完成实验的能力；②设计简单的实验方案并处理相关的实验问题	实验设计卡
解释数据并得出结论	①形成观点—证据意识；②形成假设—证据意识；③创建数据表并形成结论	推理卡

（三）高中物理新教材中的探究内容分析

认真研读人教社普通高中必修模块《物理1》和《物理2》的教科书，分析归纳了其中适合探究学习的内容，帮助教师在具体教学设计中更好地选择和把握探究点。

（四）高中物理探究教学的方式

研究构建了史实引导、问题引导和实验引导三种基本的探究教学方式，它们应用于物理概念、规律、实验和习题等不同内容和目标的教学时，可以有不同的变式与组合。史实引导探究教学方式的示意图见下图。

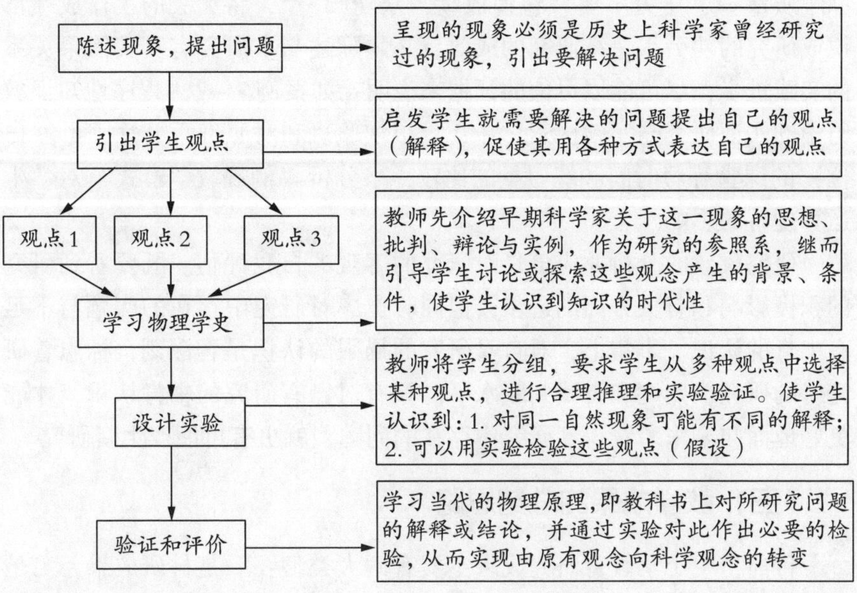

［案例分析］课题组基于文献学习与教学实际，形成关于高中物理探究技能的基本框架；然后基于高中生探究学习情况的调查，提出探究教学的一些思路；继而设想并开展探究技能专项训练，梳理分析出新教材中的探究教学内容，总结了三种基本的探究教学方式。这项研究因为有调查的铺垫而更有针对性，其建议主要反映在探究技能训练、探究教学内容的梳理和三种探究教学方式等方面。这是以内容体系及实施方法为建议的研究案例。因为报告没有对如何提出这些内容体系、具体的实施方法与策略作充分的说明，因而这些建议能否解决问题，能在多大程度上解决问题，因为怎样的机制而解决问题，目前尚是一个“黑箱”。

6. 如何准确自我评估?

完成研究时，需作两方面的盘点。一是成果，主要反映在理性认识与实践建议；二是成效，指的是研究所获得的事实结果，它反映的是研究对实践的确切影响与贡献。在研究总结时，常有教师错将成效当成果，也有在成果的前面加个动词，又变成果为成效（如在实践成效中罗列：“开发了……课程”、“建构了……模式”）。这些都是不足取的。

任何实践性的研究都必然会产生一定的实践成效。分析实践成效不是宣传，也不是评功摆好，不要笼而统之地自我标榜（如“极大地促进了教师观念的转变”、“有力地促进了学生的个性发展”、“有效地提高了办学质量”），千万不要“包揽成绩，众功归一”，将无关的工作成绩都说成研究的功劳。总结研究的成效，必须陈述与本研究有真实因果关系的实践进步，尽可能以可信的证据来说明。如案例 7－7“程序性知识教与学的实证研究与实践探索”中，就以实验班和对照班两组教师（各 15 位）的课堂练习时间和练习量的比较，来分析“例规教学模式”对学生运算理解的影响。

研究成效的分析，应该是对研究的客观的自我评估。既要看到研究的积极影响和有关方面的进步，但同时也应对研究中存在的问题与不足有中肯的认识。事实上，对自身研究的局限的认识是否深刻，标志着研究者的研究成熟度和自我判断水平。只有对已有研究的中肯认识，才能更好地面向未来。看得到研究中存在的问题，就更有可能产生新研究。

（三）教学成果的总结思路

目前，中小学教育研究成果主要有两大类型：一是科研成果，二是教学成果。顾名思义地辨析，科研成果是把教育教学视作具体研究领域的教育科学研究成果，它当然要关注教育教学实践的改进，但它更重视研究对于繁荣和发展教育科学的意义；教学成果是在研究与改进教学的过程中形成的，经实践检验能有效提高教学质量的教学方案及其阐述。

教学成果总结一般包含以下属性：(1) 行动性。教学成果须以课程教学及教学管理实践为基础，包含具体的教改行动的探索历程。(2) 研究性。教学成果须遵循教育教学规律，体现一定的理论水平，特别是运用理论改进实践的思考研究。(3) 操作性。教学成果须贴近教学及教学管理实际，有较好的操作性和可推广性。(4) 实效性。教学成果须经实践检验，产生显著成效和真实的区域影响。

在基础教育实践中，教学成果的形成应先于科研成果。但在研究氛围不足、研究技术与方法缺乏的时代，教学成果“沉”于实践，没有得到充分的关注，没有得到很好的总结。20 世纪末，我国中小学开始了一轮教育科研普及运动，群众性教育科研的广泛开展、教育科研成果的五彩缤纷，成为那个时期教育发展的一道“风景”。在这个背景下，因为研究方法的武装，教学成果的总结如雨后春笋，迅速涌现。但是，经历十余年的培育与收获，教学成果与科研成果渐有同质化的倾向，但两者还是有一些区别（见表 7－3）。

表 7–3 教学成果总结与科研成果报告的比较

	科研成果报告	教学成果总结
研究历程	提出问题→研究问题→解决问题	动因→历程→成果→成效
成果的核心	重点介绍研究设计与结果，以研究设计的水平来提高研究结论的说服力，在研究结论中体现成果的创新性	重点介绍教学方案及其学理阐述，以研究历程与成效分析说明探索的真实性与操作性
要素	1. 问题的提出 2. 文献综述 3. 研究设计、方法与过程 4. 研究结果与讨论 5. 研究结论 6. 实践成效	1. 教学探索的背景 2. 教学探索的行动历程 3. 可供推广的教学方案 4. 教学方案的学理分析 5. 直接相关的成效

案例 7－10

基于“助读稿”的小学语文阅读“学习设计”研究[①]

（一）研究背景

在过去很长时间的小学语文阅读教学中，教师们关注的是教师在课堂上的设问与演绎。大家津津乐道的常常是教师的精彩表现，而不是学生的学习进展。

怎样的课才是有效的课？我们一直在研究和探索。在前期研究中，我们认识到应该基于学习者的学习规律来设计教学。但是怎样让“教”真正服务于“学”，而不是“学”依附于“教”？我们于2006年开始以“助读稿”为载体进行小学语文阅读“学习设计”研究。研究的切入点主要有：

1. 怎样将教材“学习化”？

现行的新课程教材为教师留下了较大的二次开发的空间，但这也给阅读学习的茫然无序留下了隐患。如何明确学习内容与学习要求，让教材“学习化”成为教学研究的重要课题。当然，教材的“学习化”，一定要考虑课程标准的要求，以及阅读学习不同文本的不同特点。

2. 怎样支持学生的自主阅读学习？

教师的核心任务不是讲课，而是组织学习，特别是促进学生的自主学习。“学习设计”就是在教材“学习化”的基础上，从便于学生自主学习的角度，尝试将“教材”变为“学材”。我们试图通过具体学习活动的设计，以“助读稿”的形式，呈现学习线索，隐示学习方法，为学生学习提供支架。

3. 怎样转化为对教师组织学习的帮助和教师的教学研修？

事实上，基于“助读稿”的学习设计研究，不只是支持学的工具的研究。“助读稿”同时也成为教师的教学简案。教师们要研究“助读稿”的运用，从而更好地实现“便教利学”的作用。当然，教师研究设计“助读稿”的过程，以及研究“助读稿”的运用，又是最实在的教师教学研修。

① 本课题负责人系浙江省温州市籀园小学的林乐珍老师。

带着这样的研究设想，我们查阅了大量资料。当前，对助读系统的研究成果主要集中在对美国及中国台湾、香港等异域教材与我国各版本教材的助读系统的比较评论。据我们掌握的资料，真正将此落实到实践层面的主要有王荣生、郑桂华教授在主编《国家课程标准试验教科书语文教师手册：语文教材建设新探·试教交流》时的一些分析。而小学语文界对阅读学习的助读系统研究尚属空白。

（二）研究过程

本研究主要经历了以下三个阶段。

1. 关注目标的层级聚焦的“助读稿”设计

2006 年至 2008 年，针对当时教师课标意识淡薄，找不到课文核心内容的现状，“关注目标的层级聚焦”成了我们研究的重点。在学习梳理课程标准的基础上，各年级由骨干教师引领，定位课文不同功能，并围绕核心内容寻找每篇课文的工具性与人文性的结合点，然后教师结合实际调整学习内容。这是我校“助读稿”设计研究的一个高潮。

2. 基于学生阅读期待的分析的“助读稿”设计

2008 年下半年至 2009 年上半年，随着研究的深入，我们发现，“助读稿”要解决的是学生头脑中“未知”与“已知”的矛盾，这也是“助读稿”设计的基础：学生最需要学什么。说起学情分析，我们往往会关注学生的原有认知水平和认知规律，却忽视了学情分析中很重要的因素：“学生阅读期待的分析”。因此，“学生阅读期待的分析”成了我们研究的重点。

3. 小学语文阅读“助读稿”设计的研究完善

2009 年下半年至今，我们进一步清楚，“助读稿”设计，不仅要关注到在课程标准指导下目标的层级性，还要关注到对学生阅读期待的分析。因此，这个阶段“助读稿”的设计更为完善，既为学生学习提供支架，也为教师组织学习提供帮助。

（三）成果的主要内容

“助读稿”是学生自主学习的支架，即“用什么”学。因此，为保证学习的高效，设计“助读稿”的前提就是学习目标的准确定位，即“为什么学”，而设计“助读稿”的基础则是学生阅读期待和认知规律的分析，即“学什么”、“怎么学”。在分析两者的基础上，我们形成小学语文阅读“助读稿”设计的多种形式。

1. “助读稿”的目标定位：解读与梳理课程标准

小学语文阅读教材的每一篇课文都是带着某个教学任务进入教材的，不同的课文会有不同的教学价值。尽管各篇课文之间不构成连续和递进关系，但每一篇课文都是语文课程目标体系中的一个点，即通过这篇课文完成某一个课程目标，一篇篇课文聚沙成塔，最终达成课程总目标。因此，设计“助读稿”首先要深刻理解课程标准，把握课程标准对学生的总体期望，将课程标准具体化为每一篇课文的学习目标。我们将语文课程标准提出的小学语文各年段阅读学习要求进行梳理归类。(略)

2. “助读稿”设计的基础：学生阅读期待和认知规律的分析

通过以上的目标定位，我们基本上能把握一篇课文中学生学习内容的范围。然而如何在这个范围内设计“助读稿”?“助读稿”的主要矛盾是学生头脑中“未知”与“已知”的矛盾，因此，学生阅读期待的分析是“助读稿”设计的基础。

如果说学生“原有认知水平的分析”是“学生现在在哪里”，那么“阅读期待的分析”是“学生要到哪里去”，基于这两者的分析才能最终确定“学生最需要学什么”。在此基础上，分析“学生的认知规律”，从而确定“怎么学更有效”。

3. “助读稿”的设计：更好地实现“便教利学”

基于以上认识，现行新课程教材在承担学生自主学习与教师组织学习的指导功能方面还有待改善。为更好地实现“便教利学”，我们研究了单篇课文“助读稿”的设计和单元“助读稿”的设计。

(1) 单篇课文“助读稿”的设计。包括阶梯式“助读稿”的设计、嵌入式“助读稿”的设计、整合式“助读稿”的设计。(分析与案例略)

(2) 单元“助读稿”的设计。包括前置任务式“助读稿”的设计、整理式“助读稿”的设计。(分析与案例略)

(四) 研究价值与成效

(1) 在解读课程标准基础上进行的目标分类，明确了课文不同功能的定位，为执教者分析课文的教学价值提供了支架。

(2) 关注学生阅读期待的分析开阔了学情分析的视野，从原有认知水平—阅读期待分析(“学生最需要学什么”)—认知规律的分析(“怎么学更有效”)的学情分析为执教者定位“学什么”、“怎么学”提供了清晰的路径。

(3) 已形成177个支持学习的“助读稿”，可以用作学生自主阅读学习的材料，也可以作为教师的教学简案，便教利学。同时，为现行教材的二次修订提供了鲜活的一线案例。

(4) 教师研究“助读稿”的设计及运用过程，是最实在的教师教学研修，研究与工作相互促进，为学校开展校本教研提供了成功的案例。

[案例分析] 这是一线教师撰写的成果报告。作者没有绕弯子，而是单刀直入，点出问题（怎样基于学习者的学习规律来设计教学，让“教”真正服务于“学”）和本研究想干什么（以“助读稿”为载体的小学语文阅读的“学习设计”），然后简明扼要地提出研究的三个切入点，直截了当，一下子厘清了研究主题和研究目的。

这与当前一些研究报告中，以“明知故问的咬文嚼字”来进行“概念界定”相比，既痛快又巧妙。这里的文献分析起的是验证性的作用。在文献分析后，研究者了解了相关研究的现状，知晓了本研究在业内的大致位置。

因为是一个以探索积累为特点的研究，所以没有像实证研究报告一样，详细介绍研究设计与研究方法，而是按照研究思路推进的线索将数年研究划分成三个阶段，既交代了研究成果形成与发展的基本过程，也将内在逻辑与关键事件“一线串起”。这种以阶段分期的方法呈现研究过程和研究设计的表述方法较为简明。

因为篇幅的原因，收入本书时删去了大量“助读稿”设计与分析的实例。在这个有些“骨感”的框架中，可以看出本研究对于同行的可能帮助主要体现在：一是基于课程标准对小学语文各年段每篇课文的阅读学习要求的梳理归类；二是提出阅读期待分析的方法；三是基于学习目标与学情分析，设计了177个支持学习的“助读稿”；四是总结提出多种“助读稿”的设计策略。这里既有策略与方法的建议，又是丰富的资源成果。它体现了促进学生自主学习的价值导向，又让教师出现在学生需要帮助的地方。好的成果报告，会从读者需要的角度，总结和陈述自己的研究所得。

四、研究成果的自我评价

在初步完成研究成果总结时，有必要回头对研究活动与研究成果作一审视。一是可以发现研究中不尽完善之处，以便及时调整和修改；二是能够更好地体悟研究的方法论意义，提高研究的策略水平；三是有助于发现深化研究的切入点。所以说，善于自我评价也是研究者的一项基本能力。

（一）优秀成果的关键特征

怎样的成果是有价值的成果？除了必须符合国家教育方针、切合地方教育发展实际等原则要求外，成果应反映教育教学改革的实践创新与发展逻辑，对提高教学水平和教育质量产生真实成效，并有应用和推广价值。具体特征包括：

（1）针对性：针对教育教学实践中的真实问题展开研究，对研究指向的问题分析透彻，研究探索能抓住问题的关键方面；

（2）实践性：建立在真实的具体实践的基础上，反映教育教学实践的改革、发展与完善；

（3）科学性：结合实践阐明支持教育教学改革的理论依据（道理），在理性认识上有所发展，且符合规律，并有一定的发展或创新；

（4）建设性：提出的改进教育教学的建议符合教育教学规律，能有效解决问题，有较好的操作性，得到同行认可与一定的推广；

（5）先进性：实践建议与理性认识在同类研究与探索中居领先地位，有一定的实践特色；

（6）实效性：实事求是地评价研究的实践成效，成效与探索有内在的相关联系；

（7）简明性：报告表达简洁，阐述清楚，观点鲜明，有条有理。文本不要拘泥于形式结构，少一些空话、套话。成果附件有较强的说明力。

（二）对研究的自我评价

完成研究之初，开展基于提纲的自我评价，其实是关于研究方法论的一个学习过程。对研究的自我评价有两个侧重点，一是重在成果的评价，二是关注研究过程的评价。

1. 关注成果的自我评价

成果的要素一般包括：（1）主题；（2）观点与结论；（3）论证；（4）建议；（5）实践性的案例；（6）研究的反思。成果的自我评价可以从形式、质量、成效三方面进行。以下是一种评价指标框架。

质量
- 能有效解决问题
- 基于精当的问题分析与实践探索
- 阐明解决问题的道理，形成基于实践的理论
- 基于科学设计的实证方法

形式
- 解决问题的建议的科学性与操作性
- 观点表述与行文表达的准确、明白
- 材料论证的逻辑与条理
- 成果结构合理、完整、丰富

成效
- 成果对于同行的可推广性
- 相对于条件与基础，分析成效的进步意义
- 对于教育教学活动，以及学生、教师发展方面的贡献
- 成果的社会影响（发表、转载、获奖、采用）

在研究成果的自我评价中，最重要的是以同行的眼光分析其可推广性，分析研究是否对同行形成帮助和启发。

2. 关注研究过程的自我评价

表 7–4　教育研究课题的过程评价方案

	评价指标	4 分	3 分	2 分	1 分
1 研究设计 （20 分）	• 对研究目的和意义的思考是否清晰	□	□	□	□
	• 对相关研究的研究现状是否基本掌握	□	□	□	□
	• 对课题研究特色的自我分析	□	□	□	□
	• 对研究过程的设想是否具体可行	□	□	□	□
	• 对研究条件是否有充分的估计	□	□	□	□
2 研究实施 （20 分）	• 研究方法是否科学规范	□	□	□	□
	• 研究过程的资料积累是否及时有序	□	□	□	□
	• 研究过程是否与工作改进紧密结合	□	□	□	□
	• 是否经常与同行及专业研究人员进行研讨	□	□	□	□
	• 研究过程中是否经常反思与调整	□	□	□	□

续表

	评价指标	4分	3分	2分	1分
3 研究总结 (20分)	• 研究成果能否全面说明理论与实践的收获	□	□	□	□
	• 研究结果的表述能否为更多的教师所理解	□	□	□	□
	• 研究成果有无创新之处	□	□	□	□
	• 研究成果对同行有无启发与帮助	□	□	□	□
	• 研究成果是否已以某种形式发表	□	□	□	□
4 研究应用 (20分)	• 是否在教育教学活动中取得较好效果	□	□	□	□
	• 对于提高自身业务素质是否有明显的作用	□	□	□	□
	• 研究成果是否具备学习推广的价值与条件	□	□	□	□
	• 成果推广应用的主要困难将会是什么	□	□	□	□
	• 有无下阶段进一步研究的思路与计划	□	□	□	□
5 研究组织 (16分)	• 研究工作进展是否达到预期目标	□	□	□	□
	• 课题组的分工与协作的效率如何	□	□	□	□
	• 研究活动中工作精神的自我评价	□	□	□	□
	• 对深化学校教育研究活动的影响如何	□	□	□	□
6 开放分析 (4分)	• 请谈谈研究完成后，在研究方法论方面的收获	□	□	□	□

表7-4是一个重在研究过程的评价方案。它增加了对研究设计、研究实施、研究组织的关注，并进一步细化了对研究总结与应用的观察与评价。这种过程评价在研究入门阶段是一种督促，而进入深入研究阶段后，这种比较细化的评价容易增加形式性的要求。

随章任务

1. 教师继续教育的调查与报告

案例6－8是一个较完整的关于教师继续教育问题的调查问卷。请组织一次样本数大于100的小范围调查。运用适宜的方法进行调查结果的统计分析，并撰写一份较为工整的、又小有创新的调查报告。

2. 体会一次“寻招”的实践

浙江嵊州逸夫小学提出“教师研究就是‘寻招’的实践”的口号，意在推动教师针对教学实践中的真问题，开展小研究。表7－2呈现的是他们的“招数”研磨报告的格式。

请参照这一思路，以自己教育教学实践中的某一真实问题为对象，开展一项小研究，并总结自己“寻招”的思想与过程。特别要总结实践中形成的解决问题的建议。可以是经验集锦，也可以是面对问题的应对策略，还可以是针对性解决问题的教育教学方案。

3. 开展学习指导活动

学生的学习进步通常有三条线索：一是知识的增长，二是学科能力的提高，三是通用学习能力的提高。目前教师对于学生解决学科问题的能力比较重视，但对没有具体知识背景的、分析和解决问题、获取和表述信息的、综合性的通用学习能力的培养关注不够。

案例4－11着重介绍了以课程模式实施学习指导的一个案例。请参考这些资料，结合自身教育教学实际，选择一种或几种实践模式，尝试开展旨在促进学生“学会学习”的、参与式的学习方法指导活动，并形成一份突出教学建议的研究报告。

4. 不再雷同的研究报告提纲

案例7－8呈现的是将工整的研究报告变为个性化提纲的研究报告的一个例子。请选择一份已完成的研究报告，仿照案例7－8的思路，调整报告结构，编拟体现该课题自身特点的小标题。如是自己曾经参与的研究，不妨完成报告的改写。看看哪一种报告体例更悦读，更简明，更有启示意义。

后　记

5 个月 150 天，数度拾起又放下的任务，终于完成了。

面对窗外释然的夜风，我开始回忆十多年前在家乡工作时的一幕幕。

我是在浙江省台州市教育科学研究所工作时开始自己的“教育研究之旅”的。我无法忘记陈及人先生慈父般的关心与教诲，我仍然记得张宪尧老师对我的鼓励与帮助，我依然保留着和全市教科系统的伙伴们共同努力的那份记忆。《台州教育科研发展丛书》是最好的证物，它记录了台州教育科研的兴起，记录了早期群众性教育科研的朴素与务实，也记录了我们基于实践去发展理论的“无畏”与“稚嫩”。

当年的《问题与建议——中小学教育科研方法新谈》就是本书的前身。这是我们对中小学教育研究方法的初浅理解。在今天看来，这一概括还是有着比较鲜明的特色和指导意义。在完成该书的第二年春天，我调任台州市教研室主任。2006 年秋，我又调到浙江省教研室工作。因为工作一直与基础教育研究密切相关，所以，我也一直在思考、讨论和积累。其间，有过两次修订该书的念头，但因工作忙碌，或是自己勇气不够而作罢。不过，这十多年间从事的基础教育课程改革、校本研修、教研工作研究、课堂教学改革等方面的积累，其实以另一种形式催熟本书的修订。

2011 年夏，偶遇教育科学出版社的池春燕老师。是小池老师的热情与执着感染了我，鼓励我下决心启动修订。谢意诚致！

从正月初三（2 月 12 日）到 7 月 12 日，几乎整整五个月，我把所有可能的业余时间全部投入到本书的修订之中。不过，说是修订，其实是重写，七成以上的文字是新写的。在重新拾起、认真“咀嚼”时，我为当年自己的“无畏”而汗颜。新的这段写作是一轮新的学习，新的思考。沉浸于中，有深深的反思，也有激越的畅想……

2013 年的春天，是一个生发的季节。看妻在阳台的窗外拾掇小葱青菜，悦目的绿色，简朴的蓬勃，这大概就是愿景中的返璞归真。

十多年致力于教育研究的经历，对社会与生活的许多理解已悄悄有些改变。但无法改变的是父母的瞩望对自己的影响，还有自己对基层教育实践中坚持朴素研究的同仁们的敬意。在本书的案例中，1/3 是原书中继续保留下来的当年的研究；1/3 是我最近十多年积累收集的基层老师的新成果（书中已一一作了标注）；还有 1/3 是我新近亲历的研究。在诚挚感谢大家的智慧为“研究之道”所作的精彩注释的同时，请允许我再次感谢一起坚持以研究的方式面对工作的同行和伙计，同时真挚感谢在我个人的学术成长中给予我重要影响的上海市教育科学研究院的顾泠沅教授、张肇丰老师和王洁博士，感谢浙江省教育科学研究院和浙江省教研室诸位领导的帮助与鼓励。

虽然最后成书时，本书已较原书有了很大的变化，但我还是愿意以 2001 年原书后记中的那段小诗，作为本书的小结。

在敲完最后一个字符的时候
疲惫的喜悦不禁夺眶而出
在母亲七月溘逝后的一百五十天里
我勇敢地完成了心愿中的战役
冬至时分，终于可以到母亲坟前去烧书了
那是滂沱的雨中我给妈妈的承诺
从二十岁大学毕业到今年冬天的十一年里
不知吐落的字与掉落的头发孰少孰多
教科所确是一个不很容易读懂的单位
在潜在的文化中，我们斟满了进取的酒
成书的经历犹如炼狱中的渴望
在期待中，我们虔诚，我们勃动
尘封八年未曾坦然的诗句刹那间泉涌
最后的感怀给所有关心和支持过我的师长和朋友

缘于自己专业能力的不足和视野的局限，本书肯定还有一些不当与错漏之处，敬请读者批评与谅解。如有联系，请电邮 zf@ tzedu. org。

张 丰

2013 年 7 月 12 日于杭州翠苑

出 版 人　所广一
责任编辑　池春燕
版式设计　杨玲玲
责任校对　贾静芳
责任印制　叶小峰

图书在版编目（CIP）数据

从问题到建议：中小学教育研究行动指南/张丰著
.—北京：教育科学出版社，2013.9（2020.9 重印）
ISBN 978-7-5041-7953-1

Ⅰ.①从…　Ⅱ.①张…　Ⅲ.①中小学教育—教育研究—研究方法　Ⅳ.①G632.0

中国版本图书馆 CIP 数据核字（2013）第 178364 号

从问题到建议——中小学教育研究行动指南
CONG WENTI DAO JIANYI——ZHONGXIAOXUE JIAOYU YANJIU XINGDONG ZHINAN

出版发行	教育科学出版社		
社　　址	北京·朝阳区安慧北里安园甲 9 号	**市场部电话**	010-64989009
邮　　编	100101	**编辑部电话**	010-64989441
传　　真	010-64891796	**网　　址**	http://www.esph.com.cn
经　　销	各地新华书店		
制　　作	北京金奥都图文制作中心		
印　　刷	保定市中画美凯印刷有限公司		
开　　本	720 毫米×1020 毫米　1/16	**版　　次**	2013 年 9 月第 1 版
印　　张	18.25	**印　　次**	2020 年 9 月第 10 次印刷
字　　数	288 千	**定　　价**	36.00 元